Sarah Newman
**Kleine Schritte vorwärts –
Spiele und Aktivitäten für Kinder mit Behinderungen**

Sarah Newman

Kleine Schritte vorwärts

Spiele und Aktivitäten für Kinder mit Behinderungen

Tübingen
2014

Aus dem Englischen übersetzt und deutsche Bearbeitung von Lena Rudert, Bremen

Die Originalausgabe erschien unter dem Titel: Small Steps Forward. Using Games and Activities to Help Your Pre-School Child with Special Needs

Copyright © Sarah Newman 2008

This translation of *Small Steps Forward: Using Games and Activities to Help Your Pre-School Child with Special Needs* is published by arrangement with Jessica Kingsley Publishers Ltd.

> **Bibliografische Information der Deutschen Nationalbibliothek**
> Die Deutsche Nationalbibliothek verzeichnet diese Publikation in der Deutschen Nationalbibliografie; detaillierte bibliografische Daten sind im Internet über http://dnb.d-nb.de abrufbar.

© 2014 dgvt-Verlag
Im Sudhaus
Hechinger Straße 203
72072 Tübingen

E-Mail: dgvt-Verlag@dgvt.de
Internet: www.dgvt-Verlag.de

Umschlagbild: © Nino Cavalier, © Lightspring – shutterstock.com
Umschlaggestaltung: Vogelsang Design, Jens Vogelsang, Aachen
Layout: VMR, Monika Rohde, Leipzig
Gesamtherstellung: KESSLER Druck + Medien GmbH & Co. KG, Bobingen

ISBN 978-3-87159-287-4

Inhalt

Vorwort 9
Wie dieses Buch aufgebaut ist 10
Wie Sie mit diesem Buch am besten arbeiten 12
    Zur Beachtung 12

1. Überlebensstrategien 15
Die Tatsache, ein behindertes Kind zu haben, akzeptieren lernen 16
    Strategien 17
Wie Sie bei Kräften bleiben 17
    Strategien 18
Was Eltern tun können 20
Die Beziehung zu Ihrem Partner 22
    Strategien 23
Die anderen Kinder 25
    Strategien 26
Beziehungen zu Freunden und Verwandten 27
    Die Familie 27
    Freunde 28
Über den Umgang mit Reaktionen in der Öffentlichkeit 29
    Strategien 29
Die Diagnose 31

2. Hilfreiche Tipps für den Alltag 33
Die bestmögliche Spielumgebung schaffen 33
    Der richtige Zeitpunkt 33
    Lärm 34
    Ablenkungen 34
    Sitzen 35
    Beleuchtung 35
    Die Position des Erwachsenen beim Spiel mit dem Kind 36
Planung von Aktivitäten 36
    Lernen in kleinen Schritten 36
    Mit einfachen Dingen beginnen 37

Inhalt

Die Reihenfolge wechseln	37
Motivation	38
Sich die Vorlieben des Kindes zunutze machen	38
Loben und ermutigen	39
Belohnungen	40
Spielsachen wechseln und tauschen	41
Einige allgemeine Hinweise für den Umgang mit einem behinderten Kind	42
Geben Sie Ihrem Kind ausreichend Zeit zum Reagieren	42
Durchhaltevermögen	42
Fehlende Reaktion	43
Visuelle und andere sensorische Hilfsmittel	43
Routinen und vorhersehbare Abläufe	44
Generalisierung erlernter Fähigkeiten	46
Sich nicht auf eine spezielle Fähigkeit fixieren	47
Dinge zu Ende bringen	47
Im Einklang mit Ihrem Kind	48
Haben Sie große Erwartungen	48

3. Entwicklung ... 51
Die Theorie	51
Was sind kognitive Fähigkeiten?	51
Entwicklungsverlauf	51
Parellelentwicklung	57
Spiele und andere Aktivitäten	59
Allgemeine Richtlinien	59
Entwicklungsphasen	59
Parallelentwicklung	74

4. Sprachentwicklung ... 79
Die Theorie	79
Was ist Sprachentwicklung?	79
Entwicklungsverlauf	79
Parallelentwicklung	84
Spiele und Aktivitäten	85
Allgemeine Richtlinien	85
Entwicklungsverlauf	87
Parallelentwicklung	102

5. Physische Entwicklung ... 107
Die Theorie ... 107
    Was bedeutet physische Entwicklung? ... 107
    Grobmotorische Fähigkeiten ... 107
    Chronologische Entwicklung ... 107
    Feinmotorische Fähigkeiten ... 112
    Chronologische Entwicklung ... 112
Spiele und andere Aktivitäten ... 115
    Grobmotorische Fähigkeiten ... 116
    Chronologischer Ablauf der Entwicklung ... 116
    Parallelentwicklung ... 127
    Feinmotorische Fähigkeiten ... 130
    Chronologischer Ablauf der Entwicklung ... 130
    Parallelentwicklung ... 139

6. Sensorische Entwicklung ... 143
Die Theorie ... 143
    Sehen ... 143
    Hören ... 144
    Geschmackssinn ... 145
    Tastsinn ... 145
    Geruchssinn ... 146
Spiele und Aktivitäten ... 146
    Sehen ... 146
    Hören ... 150
    Geschmackssinn ... 153
    Tastsinn ... 153
    Geruchssinn ... 154
    Sensorische Integration ... 154

7. Soziale Entwicklung ... 159
Die Theorie ... 159
    Was ist soziale Entwicklung? ... 159
    Chronologische Entwicklung ... 159
    Parallele Entwicklung ... 165
Spiele und Aktivitäten ... 166
    Zeitliche Entwicklung ... 166
    Parallele Entwicklung ... 175

8. Emotionale Entwicklung 177
Die Theorie 177
    Was bedeutet ‚emotionale Entwicklung'? 177
    Zeitliche Entwicklung 177
Spiele und Aktivitäten 182
    Chronologische Entwicklung 182

9. Alltägliches Leben – Verhalten, Schlafen, Toilettentraining 191
Sozialverhalten 191
    Strategien, um angemessenes Verhalten zu fördern 191
    Wie man anhaltend schlechtes Verhalten ändern kann 194
    Weitere Problembereiche 199
    Strategien für Eltern und Betreuer, mit unerwünschtem Verhalten umzugehen 201
Schlafen 202
    Die Theorie des Schlaf-Trainings 203
    Die Praxis des Schlaf-Trainings 203
Toilettentraining 208
    Vorbereitungen und praktische Vorrichtungen 208
    Die Theorie 209
    Die Praxis 210

10. Unterstützungmöglichkeiten 213
Unterstützung durch Gesundheits-, Erziehungs- und soziale Einrichtungen 213
    Geburt – 2 Jahre 213
    3 Jahre – Vorschulalter 216
    Grundschulalter 216

11. Anhang 218
Weiterführende Literatur 218
Spielanregungen 221
Nützliche Adressen für Eltern behinderter Kinder 221

Literaturverzeichnis 223

Vorwort

Kurz vor Christophers erstem Geburtstag suchten wir mit ihm einen Kinderarzt auf, da er sich nicht seinem Alter entsprechend zu entwickeln schien. Dort wurde uns gesagt, seine Entwicklung sei tatsächlich verzögert. Um eine genauere Diagnose zu stellen, unterzog man ihn allen möglichen Tests, unter anderem einem Gentest und einer Hirnszintigraphie. Wir hatten das große Glück, dass Christopher innerhalb einer Woche einen Platz in einer ad-hoc-Gruppe bekam und schließlich auch jede Art von Hilfe: Sprach-, Reit- und Ergotherapie sowie Beförderung. Zuerst aber durchlebten mein Partner David und ich eine Zeit schlimmster Verzweiflung und Hilflosigkeit. Christopher war unser erstes Kind, Schwangerschaft und Geburt waren komplikationslos verlaufen. Von Anfang an verlief seine Entwicklung etwas verzögert, und wir dachten, nun ja, er entwickelt sich langsamer als andere Kinder und braucht etwas Förderung. Niemals dachten wir an ernste Entwicklungsstörungen. Inzwischen haben wir zwei weitere Söhne, Nicholas und William, und rückblickend wird deutlich, dass Christopher von Anfang an anders war als sie. Er konnte nicht aufrecht sitzen, es gab keinen Blickkontakt, und nichts und niemand konnte sein Interesse wecken – außer einem Schlüsselbund.

Nachdem feststand, dass mit Christopher etwas nicht stimmte, wollte ich ihm helfen in seiner Entwicklung voranzukommen. Ich suchte nach einschlägiger Literatur, aber ich fand kein einziges Buch, das auf für Laien verständliche Weise die frühkindliche Entwicklung thematisierte. Da Christophers Diagnose noch nicht feststand, war es schwierig, die passenden Einrichtungen und Organisationen zu finden, die uns hätten weiterhelfen können. Schlussendlich gelang es mir immerhin, einigen Fachleuten so lange mit meinen Fragen zuzusetzen, bis sie mir immerhin ein paar praktische Ratschläge gaben, beispielsweise Blickkontakt zu üben und an der Objektpermanenz zu arbeiten. Ich brauchte einfach das Gefühl, irgendetwas für meinen Sohn tun zu können. Und ihm half es auch. Im Alter von ungefähr 20 Monaten begann er merkbare Fortschritte zu machen, und das dauert bis heute an. Ich kann den zahlreichen Fachleuten, die damals trotz voller Terminkalender die Zeit für Gespräche mit uns fanden, nicht genug danken. Mein besonderer Dank gilt Pam Gammer und Jenny Gurd. Ich kann mir nicht vorstellen, was wir ohne sie getan hätten.

Als Pam eines Tages, kurz vor Christophers drittem Geburtstag, ihre Tasche mit Spielsachen auf unserem Wohnzimmerteppich auspackte, kamen dabei auch zwei Bücher mit Spielanleitungen für Kinder zum Vorschein. Sie erzählte, einige ‚ihrer' Mütter hätten nach Spielideen gefragt, woraufhin sie diese beiden Bücher für ‚normale' Kinder mitgebracht habe, deren Anregungen man vielleicht entsprechend dem jeweiligen Entwicklungsniveau anpassen könne. An diesem Nachmittag erwachte in mir der Gedanke, ein Buch für Eltern von Kindern mit Behinderungen zu schreiben, das Buch, nach dem ich anfangs vergeblich gesucht hatte. Es sollte Eltern zeigen, wie kindliche Entwicklung verläuft, damit sie verstehen, wie weit ihr Kind bereits ist und wohin es sich entwickeln kann. Es sollte kein Buch über eine bestimmte Art von Behinderung sein, da sich die Probleme bei verschiedenen Krankheitsbildern oft sehr ähneln und viele jüngere Kinder noch gar keine genaue Diagnose haben. Was Christopher betraf, so eröffnete man uns, kurz nachdem ich mit dem Schreiben dieses Buches begonnen hatte, die Diagnose Autismus.

Das ist nun zehn Jahre her, und inzwischen ist eine Vielzahl an Material zu dem Thema auf dem Markt, und die Frühdiagnostik hat große Fortschritte gemacht. Dennoch wird dieses Buch weiterhin gern von betroffenen Eltern gelesen, denn es hat einen positiven Ansatz, ist leicht verständlich und enthält viele Beispiele aus dem Alltagsleben. Für die zweite Auflage habe ich die letzten beiden Kapitel überarbeitet und sie dem aktuellen Forschungs- und Entwicklungsstand angepasst. Zwar verläuft kindliche Entwicklung immer noch auf die gleiche Weise, aber ich habe in die zweite Auflage neue Methoden wie PECS (Picture Exchange Communication System) and Sensory Integration mit aufgenommen, die einen großen Fortschritt in der Förderung von Kindern mit Behinderungen darstellen.

Wie dieses Buch aufgebaut ist

‚Normale' Kinder sind sozusagen darauf programmiert, ständig dazuzulernen und sich weiter zu entwickeln. Sie lernen, indem sie alles Mögliche ausprobieren und untersuchen, und was sie dabei herausfinden, liefert ihnen wichtige Informationen über die Welt, in der sie leben. Sie sind offen, interessiert, motiviert und kreativ. Sie saugen Informationen geradezu auf, und verarbeiten sie sinnvoll. Sie haben die Motivation und die nötigen Fähigkeiten zur Weiterentwicklung, und sie sind in der Lage, sich die dafür nötige Unterstützung und Information von den Erwachsenen zu holen.

Für Kinder mit Behinderungen ist das weniger einfach. Sie brauchen in mancher Hinsicht mehr Hilfe und Ermutigung. Sie brauchen besonders viel Anregung, Motivation, Information und Unterstützung. Entwicklung passiert nicht wie von selbst – manches Mal müssen Eltern ihrem Kind auf die nächste Stufe helfen, indem sie ihm beispielsweise Spiele anbieten, die ihm bei bestimmten Problemen helfen. Dafür ist es notwendig, den aktuellen Entwicklungsstand des Kindes zu kennen und zu wissen, wie die nächste erreichbare Stufe aussehen kann. So können Sie ihrem Kind helfen, in kleinen Schritten vorwärts zu kommen und sein Potenzial voll auszuschöpfen.

Dieses Buch kann Ihnen helfen, den Verlauf kindlicher Entwicklung zu verstehen. So können Sie erkennen, wo Ihr Kind steht und was es erreichen kann. Das erste Kapitel habe ich „Überlebensstrategien" genannt – es wird darum gehen, was es bedeuten kann, mit einem behinderten Kind zu leben, und Ihnen hoffentlich hilfreiche Tipps geben. Dann steigen wir ein in das Thema entwicklungsförderndes Spielen. In diesem Buch unterteile ich die kindliche Entwicklung in folgende Bereiche: Die kognitive, sprachliche, physische, sensorische, soziale und emotionale Entwicklung. Diese Einteilung dient aber im Grunde nur der besseren Verständlichkeit. Tatsächlich bestehen Wechselwirkungen zwischen all diesen Bereichen, so dass sich viele der erlernten Fähigkeiten mehr als einem Bereich zuordnen lassen – beispielsweise Sich-Abwechseln, Nachahmung und Objektpermanenz.

Jedes der darauf folgenden Kapitel richtet das Hauptaugenmerk auf einen der genannten Entwicklungsbereiche. Es werden die verschiedenen Entwicklungsstufen beschrieben, dann folgen Anregungen für spezielle Spiele und Aktivitäten. Es wird einerseits die chronologische Entwicklung des Kindes beschrieben, die Reihenfolge also, in der Fähigkeiten erworben werden, und andererseits die parallele Entwicklung, d.h. Fähigkeiten, die sich kontinuierlich nebeneinander entwickeln. Kapitel 9, „Den Alltag bewältigen", soll Ihnen Hilfestellung im Umgang mit Verhaltensstörungen, Schlafproblemen und Sauberkeitserziehung geben.

Kapitel 10 informiert über Angebote in Gesundheits-, Erziehungs- und sozialen Fragen. Es zeigt Ihnen, wohin Sie sich wenden können, wenn Sie den passenden Kindergarten oder ein gute Schule für Ihr Kind suchen, professionelle Hilfe oder finanzielle Unterstützung benötigen.

Wie Sie mit diesem Buch am besten arbeiten

Ich habe dieses Buch nicht geschrieben, um Ihnen vorzuschreiben, wie Sie mit Ihrem Kind umzugehen haben. Es soll Ihnen Anregungen und Orientierung geben und Ihnen Spielideen anbieten, wenn Sie den Wunsch haben, strukturierter mit Ihrem behinderten Kind zu arbeiten. Ich will Ihnen das Leben keinesfalls noch schwerer machen – im Gegenteil: Oft möchte man einfach nur entspannt und ohne große Ansprüche Spaß mit seinem Kind haben. In solchen Momenten lassen Sie das Buch einfach im Regal.

Sie müssen nicht alles auf einmal lesen. Fangen Sie mit dem ersten Kapitel an, wenn Sie gerade nach ‚Überlebensstrategien' suchen. Suchen Sie sich die für Sie und Ihr Kind relevanten Passagen heraus. Wenn Sie das ganze Buch hintereinanderweg lesen, fühlen Sie sich möglicherweise wie erschlagen von zu viel Information. Vieles betrifft Sie vielleicht heute noch gar nicht, sondern erst in zwei Jahren. Manches trifft auf Ihre Situation gar nicht zu. Konzentrieren Sie sich auf die Teile, die Ihnen die aktuell wichtigen Informationen liefern, und heben sich das andere für einen späteren Zeitpunkt auf.

Nicht alle Ideen funktionieren bei jedem Kind und bci jeder Art von Behinderung. Probieren Sie es aus und übernehmen Sie das, was sich bewährt hat.

Ich habe ganz bewusst keine Altersangaben hinsichtlich der zu erreichenden Fähigkeiten gemacht, da bestimmte Richtlinien aufzustellen nicht sehr hilfreich ist. In jeder Gruppe einjähriger Kleinkinder werden Sie große Entwicklungsunterschiede feststellen. Eltern sollten ein waches Auge für die Fortschritte ihres Kindes haben, und seien sie noch so klein, aber es hat wenig Sinn, sie ständig mit ihren Altersgenossen zu vergleichen. Wenn Sie dennoch gern Vergleichswerte hätten, finden Sie sie in anderen, ausgezeichneten Büchern zu diesem Thema (siehe Literaturliste).

Zur Beachtung

1. Ich zitiere in diesem Buch Erfahrungsberichte betroffener Eltern. Die Namen der Kinder wurden teilweise verändert.
2. Die im Text sprachlich verwendeten weiblichen und männlichen Formen sind jeweils austauschbar.
3. Dieses Buch wurde von mir aus der Sicht einer Familie, bestehend aus Mutter und Vater, geschrieben. Es ist mir natürlich bewusst, dass dies nicht

die einzig mögliche Familienkonstellation ist, und ich hoffe sehr, dass sich auch die vielen alleinerziehenden Eltern hier wiederfinden und die vorgestellten Ideen und Aktivitäten auf sich anwenden können.
4. Achten Sie bei der Auswahl oder Herstellung von Spielzeug für Ihr Kind unbedingt darauf, dass es ungefährlich ist und Ihr Kind damit umgehen kann.
5. Bei Unsicherheiten oder Fragen zur Entwicklung Ihres Kindes scheuen Sie sich nicht, sich an Ihren Haus- oder Kinderarzt zu wenden.

1 Überlebensstrategien

Dieser Abschnitt ist der Versuch, zu beschreiben, wie ich mit meiner eigenen Situation umgegangen bin und mit welchen Emotionen ich zu kämpfen hatte. Ich werde auch von den Erfahrungen berichten, die mir andere Eltern in ähnlicher Lage mitgeteilt haben. Möglicherweise fühlen Sie sich ganz anders als ich es tat und sind erstaunt über die Schilderung der emotionalen Abgründe, in die mich das Ganze gestürzt hat, und vielleicht haben Sie andere Wege gefunden, Ihren Alltag mit einem behinderten Kind zu meistern. Ich wünschte, ich hätte damals schon gewusst, was ich heute weiß, aber wie auch immer – ich habe es durchgestanden.

Die wichtigste Voraussetzung ist, dass Eltern sich der Tatsache stellen, dass ihr Kind behindert ist. Bei vielen dauert es sehr lange, bis sie es schaffen, das zu akzeptieren. Für viele Eltern ist die Diagnose ein furchtbarer Schock. Sich allmählich darüber klar zu werden, was das für ihr gegenwärtiges und zukünftiges Leben bedeutet, kann überwältigende Gefühle der Trauer, Enttäuschung und Verzweiflung mit sich bringen.

Als ich erfuhr, dass Christopher ernsthafte Probleme hatte, war ich vollkommen am Boden zerstört. Ich stand der Situation völlig unvorbereitet gegenüber und fühlte mich ihr in keiner Weise gewachsen. Schuldgefühle quälten mich – vielleicht hatte ich irgendetwas Entscheidendes getan oder unterlassen? Oder war dies die Bestrafung dafür, dass wir vorschnell und wie selbstverständlich optimistische Voraussagen für Christopher gemacht hatten: ... wenn er später studiert, ... wenn er von zu Hause auszieht und ähnliches. Nichts war mehr vorhersehbar – möglicherweise würde er noch nicht einmal laufen oder sprechen lernen. Was würde das alles für meine Zukunft, für meinen Partner und mich, für unsere kleine Familie bedeuten? Könnten wir es wagen, weitere Kinder zu bekommen? Wie würde unser Leben aussehen, mit einem auffälligen und völlig von uns abhängigen Kind? All meine süßen, glücklichen, harmonischen, NORMALEN Träume zerstoben von einem Moment auf den anderen. Was mir blieb, war eine nie gekannte Traurigkeit, das Gefühl, ganz allein auf der Welt zu sein, woran auch das Vorhandensein eines wunderbaren Partners und einer Familie, die immer für mich da war, nichts ändern konnte. Ich fühlte mich angesichts unserer plötzlich so unsicheren und unvorhersehbaren Zukunftsperspektiven schrecklich hilflos und ausgeliefert. Und da war dieses kleine Wesen, dass ich so lieb hatte und das so vollkommen

> *auf mich angewiesen war, und um das ich mich Tag für Tag und Stunde um Stunde kümmern musste. Wahrscheinlich war genau das meine Rettung: Mein Kind zu lieben und bei ihm zu sein und zu lernen, immer einen Tag nach dem anderen zu bewältigen.*

Entgegen anders lautender Aussagen habe ich die Erfahrung gemacht, dass man sich nie an die Tatsache ‚gewöhnt', ein behindertes Kind zu haben. Der Kummer darüber bleibt, und die Schwierigkeiten und Probleme verändern sich zwar, sind aber stets präsent und hören nie auf. Dennoch lernen die meisten Familien, irgendwie damit umzugehen und die Situation, so wie sie nun mal ist, zu akzeptieren.

Die Tatsache, ein behindertes Kind zu haben, akzeptieren lernen

Die Erkenntnis, dass das eigene Kind behindert ist, kann Ihr ganzes bisheriges Leben wie ein Erdbeben erschüttern. Diese Tatsache wird Sie von da an immer begleiten und Ihr Denken und Tun in allen Lebensbereichen bestimmen oder zumindest beeinflussen. Viele Betroffene sind danach nicht mehr dieselben – ein solcher ‚Schicksalsschlag' kann wütend und verbittert machen, aber auch toleranter, aufmerksamer und fokussierter auf die wirklich wichtigen Dinge im Leben.

> *Nachdem ich erfahren hatte, dass mein Sohn massive Probleme hat, durchlief ich in der folgenden Zeit einen regelrechten Trauerprozess. Ich trauerte um mein Kind, um die Erwartungen, Hoffnungen und Träume, die sich nun nie erfüllen würden. Christopher war damals ein Jahr alt, und wir wussten zu diesem Zeitpunkt noch nicht einmal, ob er jemals laufen und sprechen lernen würde, ob er eine Schule besuchen und irgendwann einmal imstande sein würde, selbständig zu leben. So etwas zu akzeptieren braucht seine Zeit. Bei mir hat es fast sechs Monate gedauert, mich halbwegs an den Gedanken an ein Leben mit einem behinderten Kind zu gewöhnen, und wieder Mut zu fassen, in die Zukunft zu schauen. Aber selbst heute noch, nach so vielen Jahren, schmerzt mich die Erinnerung an das, was hätte sein können. Manchmal tut es weh, gesunde Kinder beim Spielen zu beobachten, oder die gedankenlosen, verletzenden Kommentare anderer Eltern zu hören.*

Strategien

✦ Konzentrieren Sie sich darauf, wie sehr Sie Ihr Kind lieben und wie sehr es Sie braucht. Freuen Sie sich an Ihrem Kind. Sehen Sie es vor allem als Ihr geliebtes und gewünschtes Kind, und erst in zweiter Linie als ein Kind mit Behinderungen.

Als ich nach der Diagnose mit Matthew aus dem Krankenhaus kam, fand ich es plötzlich sinnlos, mit ihm zu reden – er würde ja sowieso nichts verstehen. Dieser Gedanke hielt glücklicherweise nur ein paar Stunden an – dann holte mich das instinktive Gefühl der Liebe und Fürsorge für mein Kind wieder ein. Im Rückblick erschrecke ich selber über meine negative, resignierte Reaktion.

✦ Versuchen Sie, immer einen Tag nach dem anderen zu bewältigen und nicht allzu weit in die Zukunft zu schauen. Nehmen Sie Ihr Kind so, wie es im Augenblick ist. Niemand kann wirklich vorhersehen, wie es in fünf oder zehn Jahren sein wird.
✦ Konzentrieren Sie sich auf die Fortschritte, die Ihr Kind macht, und seien sie noch so gering, ohne ständig Vergleiche mit Gleichaltrigen anzustellen.

Wie Sie bei Kräften bleiben

Kinder zu haben ist immer Schwerarbeit. Das gilt in noch viel höherem Maße für die Eltern behinderter Kinder. Es kann Betreuung fast rund um die Uhr bedeuten, möglicherweise besondere medizinische Pflege und therapeutische Maßnahmen. All das muss in einen sowieso schon ausgefüllten Familienalltag integriert werden. Behinderte Kinder zeigen oft Verhaltensauffälligkeiten, die eine zusätzliche Belastung mit sich bringen. Kinder, die nicht selbständig gehen können, müssen gehoben und getragen werden. Körperpflege und eine Menge anfallende Wäsche kommen dazu, und das alles bedeutet eine große körperliche Belastung. Man ist vollauf damit beschäftigt, Termine bei Ärzten und Therapeuten einzuhalten und das Kind zu Behandlungen und Spielgruppen zu bringen und wieder abzuholen. Nicht zuletzt sind die ständigen Verhandlungen mit Ämtern und Krankenkassen über die bestmöglichen Therapien, und nicht zuletzt die eigenen Sorgen und Gedanken über die Zukunft zeitraubend und zermürbend.

Vermutlich kann sich niemand, der nicht selbst betroffen ist, wirklich vorstellen, was es bedeutet, mit einem behinderten Kind zu leben. Fragt man Freunde oder Verwandte mit Kindern, wie es ihnen geht, bekommt man zu hören, wie anstrengend alles ist. Mich hat diese Antwort in der ersten Zeit total deprimiert. Ihr Leben war anstrengend, aber sie kamen klar. Ich musste wohl eine Versagerin sein, wenn ich mich so überfordert fühlte. Erst später, als mein zweites Kind auf der Welt war, wurde mir klar, dass ich durchaus nicht unfähig war, weil das Leben mit einem behinderten Kind einfach ganz anders und viel schwieriger ist als mit einem gesunden.

Eltern bekommen eher selten positive Bestätigung. Von Freunden und Verwandten gesagt zu bekommen, dass man seine Sache gut macht, ist wohl die Ausnahme. Solange man nicht um Hilfe ruft, wird wie selbstverständlich davon ausgegangen, dass alles gut läuft. Es ist also Sache der Eltern, sich einzugestehen, dass sie Unterstützung brauchen, und sich diese auch zu holen. Viele Eltern glauben, mit allem allein zurechtkommen zu müssen. Wenn ihnen doch einmal alles über den Kopf wächst und sie um Hilfe bitten müssen, haben sie das Gefühl, versagt zu haben. Dazu kommt noch, dass die Eltern gesunder Kinder manchmal mit Neid auf unterstützende Maßnahmen wie Betreuungsangebote und therapeutische Kindergruppen schauen und durchblicken lassen, man sei als Eltern eines behinderten Kindes doch in gewisser Weise privilegiert.

Strategien

★ **Sehen Sie der Realität ins Auge.** Nur Sie selbst wissen wirklich über Ihr Kind, Ihre Situation und Ihre Bedürfnisse Bescheid. Sie müssen keine Heldentaten vollbringen! Nehmen Sie alle Hilfe an, die Sie bekommen können, nutzen Sie die Angebote Ihrer Familie, Ihrer Freunde und aller zur Verfügung stehenden Institutionen. Lassen Sie sich im Haushalt und bei der Kinderbetreuung unterstützen. Wird Ihr Kind von einer Tagesmutter betreut, überzeugen Sie sich, dass es dort sicher und gut aufgehoben ist. Traut die Tagesmutter sich die Betreuung eines behinderten Kindes zu? Versteht sie sich gut mit dem Kind und weiß mit ihm umzugehen? Können Sie Ihr Kind völlig entspannt und vertrauensvoll in Ihrer Obhut lassen? Am besten gehen Sie zu Anfang nur für etwa eine Stunde weg, das können Sie dann allmählich steigern, in dem Tempo, mit dem sich alle am wohlsten fühlen. Die Tagesmutter kann Ihr Kind bei Ihnen zu Hause betreuen, Sie können es aber auch zu ihr bringen – das Kind wird auf jeden Fall von der neuen Erfahrung profitieren, und so haben alle etwas von diesem Arrangement.

- ✱ *Nutzen Sie wirklich jede Möglichkeit, die Sie entlasten könnte,* wie therapeutische Kindertagesstätten oder spezielle Fördergruppen. Vielleicht schrecken Sie zuerst davon zurück, denn dies würde bedeuten, die Tatsache, dass Ihr Kind behindert ist, zu akzeptieren und es dort mit anderen Kindern mit möglicherweise noch schwereren Beeinträchtigungen zu sehen. Überwinden Sie Ihrem Kind zuliebe diese Abneigung, denn Sie können alle davon profitieren.
- ✱ *Suchen Sie nach lokalen Netzwerken von Eltern in ähnlicher Situation.* Es gibt zahlreiche Möglichkeiten, andere Eltern kennenzulernen, um Erfahrungen auszutauschen. Vielleicht gibt es in Ihrer Nähe eine Selbsthilfegruppe oder eine Regionalgruppe staatlicher Institutionen oder Vereine (s.Kap.11). Sie können sich auch an Ihre behandelnden Ärzte und Therapeuten wenden, vielleicht können sie Ihnen Kontakte zu anderen Eltern vermitteln. Nicht jeder Mensch ist einem auf Anhieb sympathisch, aber es ist einen Versuch wert – vielleicht finden Sie neue Freunde. Eltern kennenzulernen, die das gleiche durchgemacht haben wie Sie – und überlebt haben! – kann sehr hilfreich und beruhigend wirken. Sie bekommen vielleicht nützliche Informationen, können Gedanken und Befürchtungen austauschen. Vielleicht treffen Sie Eltern von Kindern, die etwas älter sind als Ihres, und Sie bekommen eine Vorstellung davon, wie es mit Ihrem Kind weitergehen könnte. Manche Eltern fürchten sich aber gerade davor, weil es ihnen möglicherweise ihre Illusionen zerstört. Der Umgang mit anderen Eltern von Kindern mit Behinderungen ist oft entspannter, weil sie mehr Verständnis für Verhaltensauffälligkeiten haben und ihre Wohnungen meist dementsprechend eingerichtet sind. Das erspart einem das Gefühl, sich ständig für sein Kind entschuldigen zu müssen.
- ✱ *Nehmen Sie sich Zeit für sich selbst.* Verglichen mit den Bedürfnissen und Problemen Ihres Kindes erscheinen Ihnen Ihre eigenen Wünsche und Interessen vielleicht unwichtig. Aber für Ihr Kind ist es ebenso notwendig wie für Sie, dass es Ihnen gut geht, Sie entspannt und energiegeladen sind. Vielleicht möchten Sie einen Spaziergang machen oder schwimmen gehen, in Ruhe ein Buch lesen oder sich etwas Hübsches zum Anziehen kaufen. Vielleicht kann das Kind von Verwandten, Freunden oder in einer Kurzzeitpflege betreut werden, damit Sie Zeit für sich haben. Nach so einer Atempause kommen Sie mit aufgeladenen Batterien zu Ihrem Kind zurück.
- ✱ Wenn Sie manchmal beim Anblick Ihres randvollen Terminkalenders verzweifeln möchten, *machen Sie sich klar, dass es völlig in Ordnung ist, auch zu Ärzten, Therapeuten etc. mal ‚Nein' zu sagen.* Wer ein geistig

behindertes Kind mit zusätzlichen medizinischen Problemen hat, fühlt sich manchmal, als würde er einen medizinischen ‚Fall' betreuen und nicht sein eigenes Kind. Informieren Sie Ärzte und Therapeuten über Ihren Tagesablauf und Ihre alltäglichen Verpflichtungen, damit diese ihre Therapiepläne entsprechend anpassen. Wenn Sie das Gefühl haben, es wird zu viel, erkundigen Sie sich nach den aktuell am vordringlichsten Maßnahmen und kümmern sich erst einmal ausschließlich darum. Oder, wenn möglich, gönnen Sie sich und Ihrem Kind eine Pause, in der Sie sich alle einfach entspannen und Spaß haben, bevor Sie mit den Therapien, Spielgruppen etc. weitermachen.

✯ *Sie müssen kein schlechtes Gewissen haben, wenn Sie zu Ihrem Kind auch einmal ‚Nein' sagen.* Natürlich können und wollen Sie nicht jederzeit tun, was das Kind will. Sie haben auch andere Verpflichtungen und eigene Bedürfnisse. Wenn Ihr Kind Lust hat zu malen, und Ihnen klar ist, dass Sie hinterher ein volle Stunde brauchen, um Zimmer und Kind wieder sauber zu bekommen, wozu Ihnen gerade die Zeit oder die Energie fehlt, ist es Ihr gutes Recht, ‚Nein' zu sagen. Kinder müssen lernen, dass nicht jedes ihrer Bedürfnisse sofort und in vollem Umfang befriedigt werden kann, weil andere Menschen möglicherweise andere Bedürfnisse und Wünsche haben. Es ist also in Ordnung, ‚Nein' zu sagen – aber tun Sie es nicht allzu häufig. Und bedenken Sie, dass auch Ihr Kind das Recht hat, hin und wieder ‚Nein' zu Ihnen zu sagen.

✯ *Wenn Sie sich überfordert fühlen, sagen Sie es offen* und holen Sie sich Hilfe!

Was Eltern tun können

Niemand kennt ein Kind besser als seine Eltern. Sie sind die wichtigsten Bezugspersonen, verbringen die meiste Zeit mit ihm, spielen mit ihm, geben ihm die Sicherheit, Unterstützung und Liebe, die Voraussetzung für seine Entwicklung sind. Sie folgen dabei keinem Lehrplan mit festgelegten Zielen. Eltern sind keine Lehrer oder Therapeuten. Egal, ob es Fortschritte macht oder nicht – Eltern lieben ihr Kind und sind gern mit ihm zusammen, geben ihm die sichere Basis, wo es sich geborgen und zufrieden fühlen kann, ohne ständig gefordert und getestet zu werden.

Viele Eltern stellen sich die Frage, ob sie als Mutter/Vater ‚gut genug' sind. Eltern wollen in der Regel nur das Beste für ihr Kind und möchten alles dafür tun, dass es ihm gut geht. Da ist es fast unausweichlich, immer wieder von dem Gefühl heimgesucht zu werden, dass es nicht genug ist, und dass man als Eltern irgendwie versagt hat. Diese Gefühle helfen weder Ihnen noch Ihrem Kind. Sie müssen nicht die perfekten Eltern sein – Sie tun, was Sie können. Sie werden von allen Seiten mit Ratschlägen und Broschüren bombardiert, Sie glauben, hundert Dinge auf einmal tun zu müssen, und immer ist es zu wenig. Und manchmal ist all die Mühe dann auch noch erfolglos. Aber *Sie tun, was Sie können. Und das ist genug.*

Seien Sie sich Ihrer Fähigkeiten und Stärken als Eltern bewusst und vertrauen Sie auf Ihr intuitives Verständnis für die Bedürfnisse und Wünsche Ihres Kindes. Die Erkenntnis, ein behindertes Kind zu haben, kann das Selbstvertrauen der Eltern heftig erschüttern, besonders wenn die Diagnose völlig unerwartet kam. Wenn ein ganzes Team von Ärzten und Therapeuten damit beschäftigt ist, dem Kind Sitzen und Essen beizubringen, wirken Eltern daneben wie Amateure und fühlen sich hilflos und unnütz. Dabei spielen Sie tatsächlich eine wichtige Rolle. Das Beste, was einem Kind mit Behinderungen passieren kann, ist, dass Eltern und Fachleute eng zusammenarbeiten. Therapeuten wissen, welche Behandlungsmethoden helfen können, aber Eltern kennen ihr Kind in der Regel gut genug, um beurteilen zu können, ob sie bei ihrem Kind funktionieren oder ob sie möglicherweise auf seine besonderen Bedürfnisse und Fähigkeiten abgestimmt werden müssen. Eltern liegen oft instinktiv richtig, wenn es um den Umgang mit ihrem Kind geht. Sie kennen es am besten und merken meist auch als erste, wenn etwas nicht gut läuft.

Normalerweise ist ein Kind Teil einer Familie. Es wäre also falsch, seine Bedürfnisse isoliert zu betrachten. Daneben gibt es immer auch die Bedürfnisse seiner Eltern und Geschwister. Wenn ein Kind unermüdlich von seiner Mutter betreut wird, die darüber ihre eigenen Bedürfnisse und die der anderen Familienmitglieder vergisst, ist das keine gesunde Beziehung. Andererseits wird eine Mutter, die sich auch Auszeiten von der Kinderbetreuung zugesteht, Energie daraus schöpfen, die ihr selbst und sowohl dem behinderten Kind als auch dem Rest der Familie zugute kommt. Eine ‚gute Mutter' sollte also auch an ihre eigenen Zufriedenheit denken.

Engagierte, motivierte und willensstarke Eltern können Erstaunliches für ihr behindertes Kind erreichen. Sie sollten dennoch diesem Kind nicht selbstlos ihr ganzes Leben widmen, sondern auch die anderen wichtigen Dinge und Menschen in ihrem darüber nicht vergessen:

Persönliche Bedürfnisse

Frischgebackene Eltern haben häufig das Gefühl, ihre eigenen Interessen und jegliche freie Zeit würde von dem nie endenden Kreislauf von Füttern, Windeln wechseln, Baden und Herumtragen verschlungen. Aber normalerweise werden die Gelegenheiten zum Aerobic zu gehen, ungestört ein Fußballspiel anzugucken oder ein Buch zu lesen irgendwann wieder häufiger, weil das Baby nicht mehr rund um die Uhr betreut werden muss. Bei einem Kind mit Behinderungen ist das etwas anderes. Es scheint seine Eltern ständig zu brauchen, so dass es ihnen egoistisch und geradezu frivol erscheint, sich die Zeit zu ‚stehlen' um Dinge zu tun, die ihnen Freude machen. Es fühlt sich an, als nähmen sie ihrem Kind damit etwas weg. Aber auch wenn es so wäre – es ist überlebensnotwendig und tut der Gesundheit und dem Selbstwertgefühl der Eltern gut, sich die Zeit für eigene Bedürfnisse zu nehmen.

Beziehungen zu Familie und Freunden

Sich die Zeit zu nehmen, um die Beziehungen zu Verwandten und Freunden zu pflegen, ist von nicht zu unterschätzender Wichtigkeit. Ich werde später noch auf dieses Thema zurückkommen.

Die Beziehung zu Ihrem Partner

Ein neues Baby stellt immer auch eine Belastung für die Beziehung der Eltern zueinander dar. Sie müssen sich auf ihre neue Rolle und die mit einem Kind verbundenen Veränderungen in ihrem Leben erst einstellen. Manche Väter fühlen sich durch die enge emotionale und physische Verbundenheit zwischen Mutter und Neugeborenem ausgeschlossen. Dagegen hat die Frau vielleicht das Gefühl, alles laste auf ihr, während der Mann seinen Anteil darauf beschränkt sehe, das Geld nach Hause zu bringen. Wenn er selten Zeit hat, das Kind zu Therapien und Gruppen zu begleiten, und es somit kaum je unter Gleichaltrigen beobachtet, fällt es ihm möglicherweise schwerer, zu sehen und zu akzeptieren, dass es ernstzunehmende Probleme hat. Die Erkenntnis, dass ihr Kind behindert ist, geht einher mit großem Kummer und zusätzlicher Belastung für beide Elternteile. Sie stellt eine Beziehung sehr krass auf den Prüfstand und wirft ein grelles Licht auf Schwächen und Gegensätze, die unter normalen Umständen vielleicht unbemerkt oder unbeachtet geblieben wären.

Strategien

* ***Hören Sie einander zu*** und respektieren Sie die Gefühle und Meinungen des Anderen. Manche Mutter ist der Ansicht, ihr Kind besser zu kennen, da sie die meiste Zeit mit ihm verbringt, aber der Vater spielt dennoch eine unersetzliche Rolle in seinem Leben und hat einen anderen, wichtigen Blickwinkel, der auf keine Fall ignoriert werden sollte.

* ***Versuchen Sie, es möglich zu machen, dass beide Elternteile bei wichtigen Terminen mit ärztlichen und pädagogischen Fachleuten zugegen sind*** und beide voll über den Zustand und die Entwicklungsfortschritte Ihres Kindes informiert sind. So können beide Situationen richtig beurteilen und gemeinsam Entscheidungen treffen.

* ***Reden Sie miteinander.*** Finden Sie heraus, was Ihr Partner über wichtige Angelegenheiten denkt, statt Vermutungen anzustellen oder davon auszugehen, sie wüssten schon, was er/sie denkt und fühlt.

* ***Seien Sie sich bewusst, dass Menschen unterschiedlich mit Situationen umgehen.*** Wenn Ihr Partner seinen Schmerz und seine Trauer nicht in gleicher Weise zeigt wie Sie, ist das nicht gleichbedeutend damit, dass er weniger empfindet als Sie.

* ***Machen Sie nicht den Fehler, Ihre Meinung extremer darzustellen, als sie eigentlich ist, nur um Ihrem Partner möglichst überzeugend zu widersprechen.*** Manche kennen vielleicht diese Situation: Ein Partner stellt eine Situation sehr düster dar, woraufhin sich der andere aufgefordert sieht, ein optimistischeres Bild zu zeichnen, als er es eigentlich selber glaubt. Daraufhin fühlt sich der erste provoziert, alles noch extremer darzustellen. Das kann so weit gehen, dass einer der Beteiligten bestreitet, dass es überhaupt irgendein Problem gibt. Seien Sie ehrlich zu sich und zueinander und geben Sie zu, das keiner von Ihnen sagt, was er wirklich denkt, und das in Wahrheit Ihre Meinungen gar nicht so weit auseinander liegen. Häufig wird die Auseinandersetzung dadurch verschärft, dass die Beteiligten nicht ausreichend über die Einzelheiten des Zustands ihres Kindes informiert sind. Suchen Sie also vor allem nach jeder Information, die Sie bekommen können, damit Sie beide sich besser verständigen und gemeinsame Entscheidungen treffen können.

✸ ***Unterstützen Sie sich gegenseitig.*** Versuchen Sie, die familiären Verpflichtungen gerecht und sinnvoll aufzuteilen, damit sich niemand überfordert oder benachteiligt fühlen muss. Diese Aufteilung wird bei jedem Paar, je nach Verpflichtungen und Neigungen, anders aussehen. Wenn es einem Partner in einem bestimmten Bereich absolut nicht möglich sein sollte, Anteile zu übernehmen, sollte er Wege finden, woanders einen Ausgleich zu schaffen.

Ich kümmere mich ganztags um die Kinder und John geht ganztägig arbeiten. Für mich ist das total in Ordnung, denn ich weiß, dass er mir, wenn er um sechs Uhr abends nach Hause kommt, die Kinder komplett abnimmt, sie badet und ins Bett bringt. Währenddessen räume ich auf und kümmere mich um unser Abendessen. Wenn wir gegessen haben, räumt John ab und macht den Abwasch und ich habe Feierabend. Wir geben die Wäsche zum Bügeln weg und beschränken uns beim Putzen auf das Notwendigste. Bis jetzt funktioniert es ganz gut so.

✸ ***Machen Sie sich darauf gefasst, dass Sie Ihr Leben total umkrempeln müssen.*** Viele Leute haben sehr optimistische Vorstellungen darüber, wie ihr Leben aussehen wird, wenn sie Kinder haben. Natürlich wird die Frau so bald wie möglich wieder arbeiten gehen, die Haushaltspflichten werden gerecht aufgeteilt – und warum sollte man nicht auch mit Kindern eine Trekkingtour durch den Himalaya unternehmen können? Aber die Realität sieht oft anders aus. Mit einem behinderten Kind kommen noch größere Herausforderungen auf Sie zu, und es ist besser, wenn Sie die Situation von vornherein realistisch einschätzen. Wenn Sie beispielsweise einen tollen Job haben, aber lange Arbeitstage und einen sehr langen Anfahrtsweg, ist das für den, der zu Haus beim Kind bleibt, eine große Belastung. Es könnte also notwendig werden, sich einen (möglicherweise weniger attraktiven) Job in der Nähe zu suchen.

✸ ***Schaffen Sie sich ‚kinderfreie Zeit'.*** Engagieren Sie einen Babysitter und gehen Sie aus, und sei es nur für eine Stunde. Sprechen Sie über Ihr Kind und was die Situation für Sie beide bedeutet. Aber finden Sie auch andere Gesprächsthemen, die gar nichts mit dem Kind zu tun haben, denn Sie sind auch weiterhin ein Paar und nicht nur Eltern.

Die anderen Kinder

Bei Geschwistern von Kindern mit Behinderungen beobachtet man häufig große Zuneigung, Sorge und Verantwortungsgefühl.

Als mein Mann und ich eines Tages im Urlaub spaßeshalber im Beisein unseres damals achtjährigen Sohnes Pläne schmiedeten, wie wir später, wenn er erwachsen wäre, große Touren mit den Mountainbikes unternehmen würden, fragte er besorgt, wer sich denn dann um seinen behinderten Bruder kümmern würde? Wir waren sehr betroffen, denn wir hatten ihm nie gesagt, dass er für seinen Bruder verantwortlich sein würde.

Kinder können sich riesig über die Fortschritte ihres behinderten Bruders oder ihrer Schwester freuen, aber wie in allen Geschwisterbeziehungen gibt es auch hier heftige Eifersucht, gepaart mit den unvermeidlichen Belastungen und Einschränkungen, die das Leben mit einem behinderten Kind mit sich bringt. Ein behindertes Kind fordert mehr Aufmerksamkeit, braucht spezielle Hilfsmittel, häufige Arztbesuche und sorgt allgemein für ständige Aufregung. Deshalb ist es wichtig, auch den anderen Geschwistern immer wieder deutlich zu zeigen, dass auch sie geliebt und geschätzt werden, und auch ihre Bedürfnisse zu berücksichtigen. Irgendwann registrieren Kinder, dass ihr Geschwisterkind „anders" ist. Wann das ist, hängt von der familiären Situation, dem Grad der Behinderung und dem Alter der Kinder ab. Es besteht die Gefahr, dass Eltern so in die Sorge um das behinderte Kind eingebunden sind, dass sie gar nicht bemerken, wenn mit dem Geschwisterkind etwas nicht stimmt. Der Groll darüber, dass die Eltern all ihre Aufmerksamkeit, ihre Energie und Zeit dem behinderten Kind schenken und für den Bruder/die Schwester nichts übrigbleibt, kann jahrelang anhalten – manchmal sogar ein ganzes Leben. Inzwischen gibt es Organisationen und Einrichtungen, die sich mit den Problemen, die es mit sich bringt, ein behindertes Geschwisterkind zu haben (Überforderung, mangelnde Aufmerksamkeit der Eltern, schwaches Selbstwertgefühl, Hänseleien) beschäftigen. Einschlägige Adressen im Anhang.

Es ist eine beinahe unlösbare Aufgabe, die elterliche Aufmerksamkeit und die familiären Prioritäten stets so aufzuteilen, dass sich auch wirklich niemand benachteiligt fühlt. Die folgenden Strategien können aber zumindest hilfreich sein:

Strategien

- *Reden Sie mit Ihren Kindern über Ihre Gefühle.* Nehmen Sie Ihre Probleme ernst, aber behalten Sie dennoch immer eine positive Haltung Ihrem behinderten Kind gegenüber bei. Versichern Sie ihnen, dass sie nicht für ihr behindertes Geschwisterkind verantwortlich sind und dass nicht von ihnen erwarten wird, dass sie für es sorgen, wenn sie erwachsen sind.
- *Vermeiden Sie übersteigerte Erwartungen an Ihre anderen Kinder.* Manchmal messen Eltern ihre Kinder unbewusst an extrem hohen Standards hinsichtlich ihrer Leistungen und ihres Verhaltens, was sich für diese dann so anfühlen kann, als müssten sie die Behinderung des Geschwisterkindes quasi wiedergutmachen. Aber sie sind einfach nur Kinder – lassen Sie ihnen den Raum um sich frei zu entwickeln und sich auszuprobieren.
- *Ermöglichen Sie Ihren Kindern, wenigstens hin und wieder einmal, auch Dinge zu unternehmen, die mit dem behinderten Geschwisterkind zu umständlich oder einfach nicht möglich sind.* Organisieren Sie eine Betreuung, bitten Sie Freunde oder Verwandte um Unterstützung oder teilen Sie sich auf, so dass der eine das behinderte Kind betreut und der andere mit den anderen Kindern zum Sport oder ins Kino geht.
- *Versuchen Sie, Ihren Kindern das Gefühl zu nehmen, zu kurz zu kommen und immer zurückstecken zu müssen,* indem Sie sie auf alle Dinge hinweisen, die Sie für sie tun. Vielleicht sind die ihnen gar nicht bewusst. Und erwähnen Sie auch ruhig einmal die Vorteile, die es manchmal haben kann, ein behindertes Geschwisterkind zu haben: Man kann beispielsweise im Freizeitpark und im Zoo einfach an der langen Warteschlange vorbeigehen!
- *Es ist wichtig, dass Ihre Kinder einen Ort haben, an den sie sich zurückziehen können,* und wo sie ihre persönlichen Besitztümer vor dem behinderten Geschwisterkind in Sicherheit bringen können, wenn nötig mit einem Riegel an der Tür oder einem abschließbaren Schrank.
- *Suchen Sie nach Möglichkeiten, dass Ihre Kinder mit anderen Geschwistern behinderter Kinder zusammenkommen können.* Es ist meistens hilfreich und tröstlich, zu wissen, dass andere ähnliche Probleme haben.
- Wenn Ihr behindertes Kind seinen Geschwistern gegenüber aggressiv ist oder sich in der Öffentlichkeit laut und unangemessen verhält und die anderen Kindern damit ständig in Verlegenheit bringt, *versuchen Sie es mit dem in Kapitel 9 beschriebenen Verhaltenstraining.*

⭐ *Planen Sie Aktivitäten, die der ganzen Familie Spaß machen.* Das kann ein Besuch im Schwimmbad sein, ein Picknick im Park oder ein gemeinsamer DVD-Abend.

Beziehungen zu Freunden und Verwandten

Verwandte und Freunde sind in der Regel die ersten, an die sich Eltern wenden, wenn Sie erfahren, dass Ihr Kind behindert ist. Natürlich kann nicht jeder gleich gut mit einer solchen Situation umgehen. Einige werden sicher einfühlsamer, aufmerksamer und unterstützender sein als andere.

Die Familie

Großeltern entstammen einer anderen Generation, deren Einstellung behinderten Kindern gegenüber noch eine ganz andere war als heute. Noch vor 40 Jahren galten Kinder mit geistiger Behinderung als nicht lernfähig. Auch wenn Großeltern durch den direkten Kontakt mit einem geistig behinderten Kind neue Erfahrungen gemacht haben, ist es doch schwer, sich von festsitzenden Anschauungen zu lösen. Sie müssen mit den Reaktionen ihrer Umwelt fertig werden, sowie mit ihrer eigenen Trauer und ihren enttäuschten Erwartungen. So kann es passieren, dass statt der erhofften großelterlichen Unterstützung die eigenen Eltern Trost und Ermutigung brauchen.

Manchmal scheint die Familie nur das Problem, das ‚Unglück' zu sehen und dabei zu vergessen, dass es sich doch um ein kleines Kind handelt. Besonders häufig ist das der Fall, wenn die Behinderung gleich bei der Geburt diagnostiziert wurde. Eltern freuen sich auf ihr Kind, und möchten seine Geburt feiern, ohne dass ständig seine Behinderungen im Vordergrund stehen.

Es kann auch sein, dass Großeltern sich schlicht weigern, überhaupt zu akzeptieren, dass etwas mit dem Kind nicht stimmt. Sie wollen nicht darüber reden und lehnen alle Maßnahmen ab, die Sie zur Förderung und Unterstützung für sinnvoll halten. Machen Sie ihnen klar, dass diese Einstellung niemandem hilft, am wenigsten dem Kind.

Ich fand es immer am richtigsten, vollkommen offen mit Joshs Problemen umzugehen und sie so realistisch wie möglich zu sehen. Wenn man die Behinderung leugnet, erkennt man auch die Fortschritte nicht.

Natürlich gibt es ganz unterschiedliche Beziehungen zwischen Eltern und Großeltern, in den meisten Fällen ist es aber sinnvoll, die Großeltern über alles Wichtige ihr Enkelkind betreffend zu informieren und sie mit einzubeziehen. Großeltern sind immer ein bisschen etwas Besonderes, und sie können mit ihrer Liebe und Fürsorglichkeit eine große Hilfe sein. Sie haben einen anderen Blick auf die Dinge, der neue Impulse und Informationen bringen kann. Nebenbei haben sie häufig auch erfreulich viel freie Zeit und können Ihnen manches abnehmen.

Freunde

Die meisten von uns fühlen sich in hochgradig emotionsgeladenen Situationen unwohl. Man hat das Gefühl, etwas Angemessenes, Tröstliches sagen zu müssen, findet aber nicht die richtigen Worte. Auch Schweigen kann für die Betroffenen verletzend und enttäuschend sein, denn die meisten Menschen drängt es, über ihren Kummer zu sprechen.

> *Ich erinnere mich noch sehr gut an eine Dinnerparty bei Freunden aus der Geburtsvorbereitungsgruppe. Es war zwei Wochen nach Aishas erster Diagnose. Natürlich wurde vor allem über die Kinder gesprochen, aber mich überging man dabei geflissentlich, niemand sah mich an, keiner stellte eine Frage. Ich fühlte mich, als würde ich nicht mehr existieren. Mein ganzes Inneres war aufgewühlt von der Sorge und Liebe für meine kleine Tochter und den verstörenden neuen Informationen – aber man gab mir keine Chance, darüber zu sprechen! Im Nachhinein wurde mir bewusst, dass sie alle schrecklich unsicher waren, und dass es an mir gewesen wäre, die Sprache auf meine Tochter zu bringen. Inzwischen habe ich die Erfahrung gemacht, dass meine Freunde interessiert und mitfühlend reagieren, wenn ich von Aisha, ihrem Zustand und ihren Fortschritten erzähle.*

Wenn Sie nicht über Ihr Kind reden, glauben Ihre Freunde möglicherweise, dass Sie nicht darüber sprechen *wollen* und stellen aus Rücksicht auf Ihre Gefühle lieber keine Fragen. Seien Sie offen und haben Sie Vertrauen – gute Freunde sind eine enorme Quelle der Stärke und Unterstützung, also lassen Sie die Verbindung nicht abreißen.

Über den Umgang mit Reaktionen in der Öffentlichkeit

Bei der Recherche für dieses Buch wurde mir häufig von Situationen berichtet, in denen Menschen ziemlich übel auf das Verhalten oder Erscheinungsbild eines behinderten Kindes in der Öffentlichkeit reagiert hatten.

Jeder hat seine persönliche Art, in so einer Situation zu reagieren. Das hängt von den Umständen ab, von der eigenen Persönlichkeit, vom betroffenen Kind und auch von der jeweiligen Tagesform. Es gibt auch keine RICHTIGE Reaktion. Manchmal fühlen Sie sich stark und selbstbewusst genug, um denjenigen angemessen in seine Schranken zu verweisen, ein anderes Mal möchten Sie einfach nur so schnell wie möglich verschwinden, auch wenn Sie sich hinterher wünschen, Sie hätten irgendeine schlagfertige Bemerkung parat gehabt.

Auf der anderen Seite gibt es aber auch Menschen, die Ihnen mit übertriebener Teilnahme und betont positiven Bemerkungen auf die Nerven gehen. ‚Ach, er sieht doch ganz normal aus', ‚Machen Sie sich keine Sorgen, das machen doch alle Kinder', oder ‚O', das muss ja schrecklich für Sie sein!'

Strategien

* ✯ Denken Sie immer daran: Es geht um Ihr Kind, und nicht darum, anderen Menschen Nachhilfe in Chancengleichheit und Mitmenschlichkeit zu geben. Sie schützen Ihr Kind und tun, was Sie für richtig halten und was jetzt und auf lange Sicht gut für Ihr Kind ist. Wenn Andere damit nicht umgehen können, sollte das deren Problem sein und nicht Ihres.
* ✯ Auf herabsetzende Kommentare könnten Sie etwa so reagieren: ‚Es tut mir leid, dass Sie sich von Amy's Verhalten gestört fühlen; sie hat Zerebralparese/Autismus/ein Herzleiden' – und dann gehen Sie einfach weiter.

Wenn Mohammed sich in der Öffentlichkeit auffällig benahm und die Leute begannen, ihn missbilligend anzusehen, fing ich an, mit ihm in Gebärdensprache zu kommunizieren, und zwar ganz demonstrativ und ein bisschen übertrieben, so dass für niemanden zu übersehen war, dass er eine Behinderung hat. Meist wandten die Leute sich dann ganz schnell ab, und nur in seltenen Fällen kamen sie auf uns zu und fragten nach, ob er taub sei oder äußerten sich interessiert über die Gebärdensprache.

✱ Für Ihre Lebensqualität und die Ihrer Kinder ist es enorm wichtig, dass Sie ein so normales Leben wie nur möglich führen. Gehen Sie raus, machen Sie Einkäufe, gehen Sie in den Park oder machen Besuche. Seien Sie sich aber auch Ihrer Grenzen und derer Ihres Kindes bewusst. *Es nutzt niemandem etwas, wenn Sie sich unglücklich machen, nur um der gerechten Sache willen.* Es gibt beispielsweise genug Geschäfte, die auf Kinder eingestellt sind und wo das Personal geduldig und freundlich ist. Gehen Sie dorthin und meiden Sie Läden, wo das nicht so ist. Es gibt immer Tage, da fühlt man sich stark und selbstbewusst in jeder Lebenslage, aber manchmal fühlen Sie sich vielleicht müde und verletzlich und möchten lieber zu Hause bleiben. Realistisch betrachtet sind bestimmte Aktivitäten, wenn man Kinder hat, schwierig oder unmöglich. Versuchen Sie also, immer wieder Zeit für sich zu haben, um wichtige Dinge auch mal ohne die Kinder tun zu können.

✱ Wenn Ihr Kind in der Öffentlichkeit die Aufmerksamkeit der Leute auf sich zieht, *gehen Sie nicht sofort davon aus, dass diese Sie für eine unfähige Mutter und Ihr Kind für schlecht erzogen halten,* oder Sie mit verächtlicher Neugier anstarren. In vielen Fällen mag das so sein, aber es gibt durchaus Ausnahmen – Menschen, die Sie mit echter Sympathie und Mitgefühl anschauen.

In meinem kleinen Dorf gehe ich häufig mit meinen beiden Kindern einkaufen. Beim Lebensmittelhändler kann Tom nie die Hände vom Hundefutter, den Cornflakes und den Gurken lassen, bei der Post ist es der Briefmarkenautomat und im Zeitschriftenladen das Kühlregal mit den Getränken. Eines Tages war es besonders schlimm – in jedem einzelnen Laden hatte ich alle Hände voll zu tun, Tom davon abzuhalten, Dinge aus den Regalen zu zerren und alles Mögliche kaputtzumachen. Ich spürte, wie die Ladeninhaber Tom entsetzt beobachteten und missbilligend zu mir herüberschauten. Ich fragte mich ernsthaft, ob ich meinen Sohn jemals wieder zum Einkaufen würde mitnehmen können.

Am nächsten Tag ging ich allein. Im Zeitschriftenladen sprach mich Karen an, und zu meinem Erstaunen fragte sie mich, woher ich die Kraft nähme für den Alltag mit Tom, und beglückwünschte mich zu seinen Fortschritten. Sie hatte beobachtet, dass er die Gebärdensprache verwendete und fragte mich nach dem Zeichen für ‚Hallo'. Ihre Blicke waren also gar nicht ärgerlich und missbilligend gewesen, sondern voller Sympathie und Mitgefühl. Ich hatte die Situation – und vielleicht viele andere vorher – völlig falsch interpretiert.

Wenn ich andere Eltern in ähnlich problematischen Situationen sehe, versuche ich immer möglichst empathisch zu wirken, aber vielleicht sehe ich für sie dennoch wie eine dieser selbstgefälligen, voreingenommenen Mütter aus. Es ist manchmal gar nicht so einfach, Solidarität und Unterstützung zu zeigen, ohne neugierig oder aufdringlich zu wirken.

Die Diagnose

Wenn Eltern zum ersten Mal damit konfrontiert werden, ein Kind mit Behinderungen zu haben, liegt in den meisten Fälle noch keine genaue Diagnose vor, wahrscheinlich sprechen die Ärzte zunächst etwas vage und unspezifisch von allgemeinen Entwicklungsstörungen oder Verzögerungen der Sprachentwicklung. Manchmal vergehen Monate, sogar Jahre, ehe es zu einer konkreten Diagnose kommt, und viele bekommen nie eine.

Eine klare Diagnose kann von außerordentlich großer Bedeutung sein. Viele Eltern sehen in ihr die Antwort auf alle Probleme ihres Kindes – einen Plan für die rettende Behandlung und eine Voraussage für seine Zukunft. Andere plagen sich mit der Befürchtung, irgendwie für den Zustand ihres Kindes verantwortlich zu sein und erhoffen sich von der Diagnose die Befreiung von den belastenden Schuldgefühlen. Die Information, ob es sich um eine genetisch bedingte Störung handelt, kann für die Entscheidung wichtig sein, weitere Kinder in die Welt zu setzen. Andererseits kann man ohne eindeutige Diagnose die Hoffnung schüren, die Ärzte hätten sich geirrt und alles sei nicht so schlimm.

Eine Diagnose ist in vieler Hinsicht von Bedeutung. Nach dem ersten Schock wissen die Eltern endlich, womit sie es zu tun haben. Vielleicht trifft es sie hart, aber nachdem man seinen schlimmsten Befürchtungen ins Auge gesehen hat, kann man vorwärts schauen und versuchen, die Dinge so positiv wie möglich anzugehen. Es kann auch den Umgang mit anderen Menschen erleichtern. Wenn Sie die Krankheit beim Namen nennen können, brauchen Sie nicht mehr das Gefühl zu haben, immer wieder als unfähige Mutter eines schlecht erzogenen Kindes dazustehen.

Für mich war es irgendwie eine Erleichterung, als ich sagen konnte: ‚Unser Sohn ist autistisch', um Fremden sein seltsames Verhalten zu erklären.

Jetzt, da Sie wissen, womit Sie es zu tun haben, können Sie den Kontakt zu einschlägigen Organisationen und Selbsthilfegruppen suchen. Dort bekommen Sie viele nützliche Informationen, Unterstützung und Ideen und lernen Eltern in ähnlicher Situation kennen.

Wenn Sie nun also eine Diagnose haben, lesen Sie die nachfolgenden Punkte und berücksichtigen Sie sie bei Ihren weiteren Schritten. Wurde noch keine Diagnose gestellt, tun Sie das Gleiche, bevor Sie eine Menge Geld und Energie darin investieren, eine zu erhalten.

Jedes Kind mit Behinderungen ist ein einzigartiges Individuum und sollte auch als solches behandelt werden. Es besteht die Gefahr, dass die Diagnose dem Kind ein Etikett aufklebt. Die Art der Behandlung und Therapie, die es braucht, sollte einzig und allein von seinen Bedürfnissen abhängen. Dass Kinder mit Down-Syndrom sich häufig nach einem bestimmten Muster entwickeln, heißt noch lange nicht, dass jedes betroffene Kind das tut. Die übliche Form der Therapie bei einer bestimmten Diagnose muss also nicht zwingend die richtige für jedes Kind sein.

Das ‚Etikett' jeder Diagnose umschließt eine solche Vielzahl an Fähigkeiten und Entwicklungsmöglichkeiten, dass es keine wirklichen Hinweise auf die zukünftige Entwicklung geben kann. Denken Sie nur an das große Spektrum innerhalb von Autismus, Down-Syndrom oder Zerebraler Lähmung. Die Diagnose gibt Ihnen die Möglichkeit, sich gezielter zu informieren, aber als Eltern müssen Sie weiterhin nach der geeigneten Hilfe suchen, Entscheidungen treffen und die Geduld aufbringen, abzuwarten, wie sich die Dinge entwickeln.

Dass mit Christopher etwas nicht stimmte, wurde uns bewusst, als er ein Jahr alt war. Mit drei Jahren bekamen wir bei einer Routineuntersuchung bei unserem Hausarzt die Diagnose Autismus. Ich erinnere mich, dass ich mit erleichtertem Aufatmen dachte: ‚Ach so nennt man das, was Christopher hat!' Endlich hatte das Unerklärliche einen Namen.

Manche Eltern sind so verzweifelt fixiert darauf, endlich eine Diagnose zu bekommen, dass sie sich selbst verrückt machen. Ein Kind wird nicht anders dadurch, dass seine Krankheit einen Namen hat. Letztlich ist es wirklich nur ein Etikett, und die dafür aufgewendete Energie könnte man besser in andere Aktivitäten investieren.

2 Hilfreiche Tipps für den Alltag

In diesem Kapitel will ich Ihnen zeigen, wie Sie ohne allzu großen Aufwand Ihre häusliche Umgebung und den Umgang mit Ihrem Kind so gestalten können, dass es seinem Wohlbefinden und seiner Entwicklung förderlich ist. Es werden verschiedene Strategien beschrieben, um Ihr Kind in seinem Alltag, beim Spielen und anderen Aktivitäten bestmöglich zu fördern. Das Kapitel gibt Hilfestellung im Umgang mit Situationen, die besonders viel Aufmerksamkeit und Motivation erfordern.

Die bestmögliche Spielumgebung schaffen

Alle Kinder lassen sich von dem, was um sie herum passiert oder zu sehen ist, leicht ablenken. Wenn sie das, womit sie gerade beschäftigt sind, wenig interessant finden, wenn sie physische Probleme haben, die es ihnen schwer machen, sich zu konzentrieren, oder wenn sie grundsätzlich eine geringe Aufmerksamkeitsspanne haben, werden sie leicht unruhig und zappelig. Es ist also wichtig, für eine möglichst ruhige und lernfreundliche Umgebung zu sorgen. Wenn das Kind besondere Empfindlichkeiten hat, lesen Sie unbedingt die Seiten 154ff. über sensorische Integration. Im Folgenden geht es um die direkte häusliche Umgebung.

Der richtige Zeitpunkt

Starten Sie die Aktivitäten zu einem Zeitpunkt, wenn das Kind wach und in guter Stimmung ist, weder Hunger hat noch müde ist und Sie selbst genug Zeit, Energie und Enthusiasmus haben, um sich ganz Ihrem Kind zu widmen. Wählen Sie einen Moment, in dem Sie sicher sein können, nicht gestört zu werden und wenn Sie nicht durch andere Notwendigkeiten abgelenkt werden. Dann ist die Wahrscheinlichkeit einer positiven Reaktion am größten.

Lärm

Wenn im Hintergrund der Fernseher, das Radio oder Musik läuft, erschwert das die Konzentration. Schalten Sie also nach Möglichkeit alle Nebengeräusche ab, bevor Sie mit Ihrem Kind spielen. Besonders wichtig ist das, wenn das Kind Probleme mit dem Gehör oder mit der Sprache hat, weil es dann seine ganze Konzentration braucht, um zu hören und zu verstehen, was Sie sagen.

Ablenkungen

Räumen Sie alles Unnötige vom Tisch oder vom Boden, bevor Sie dort mit dem Kind spielen. Wenn ein Spielzeug nicht mehr gebraucht wird, lassen Sie es nicht einfach liegen, sondern tun Sie es außer Sichtweite. Das Kind würde sich sonst möglicherweise immer wieder davon ablenken lassen und nicht wirklich bei der Sache sein.

Wenn Ihr Kind leicht ablenkbar ist und ständig mit irgendetwas herumfummelt, lassen Sie möglichst wenig herumliegen. Manche Kinder lassen sich extrem leicht durch alle möglichen Gegenstände, Spielsachen oder auch auffällige Muster ablenken. Sie brauchen eine möglichst reizarme Umgebung mit so wenig Einrichtungsgegenständen wie möglich und mit gedeckten Farben.

Es hat sich bewährt, mit Kindern am Esstisch oder an einem niedrigen Couchtisch zu spielen. Sie werden dann weniger leicht abgelenkt und können nicht jeden Moment woanders hinlaufen.

Um das Kind so gut wie möglich von Störungen abzuschotten, ist die Einrichtung einer ‚Arbeitsnische' zu erwägen, wie man sie auch in Sonderschulen findet. Dort arbeiten die Kinder an Tischen, die an drei Seiten von hellen, einfarbigen Wänden begrenzt sind, so dass die Kinder durch nichts abgelenkt werden und sich voll auf ihre jeweilige Beschäftigung konzentrieren können. Die Aufgaben liegen auf der linken Seite und werden, wenn sie fertig gestellt sind, auf der rechten Seite abgelegt, so lernen die Kinder das Arbeiten von links nach rechts. Das mag Ihnen für zu Hause etwas übertrieben erscheinen, aber es käme der Idee auch schon recht nahe, einen Schreibtisch in einer ruhigen Ecke vor schmucklosen, hellen Wände aufzustellen. Vielen Kinder hilft es sehr, einen speziellen ‚Arbeitsplatz' zu haben.

Sitzen

Viele Kinder spielen ganz konzentriert und fröhlich, während sie auf dem Boden oder an einem normalen Tisch sitzen. Kindern mit körperlichen Einschränkungen jedoch kann das Probleme bereiten. Sie brauchen Unterstützung, um in einer stabilen Position bequem sitzen zu können.

Ein Kind, das unstabil und unbequem sitzt, fühlt sich unbehaglich, unsicher und benötigt seine ganze Konzentration, um sich aufrecht zu halten. Wenn es seine Hände braucht, um sich festzuhalten, kann es nicht richtig spielen. Sitzt ein Kind gut gestützt in einer bequemen Spielposition, so hat es Hände und Kopf frei, um konzentriert seiner Beschäftigung nachzugehen. Auch besonders zappelige Kinder profitieren von einer guten Sitzposition. Sie sitzen ruhiger und können nicht so leicht jeden Moment weglaufen und Ihnen entwischen.

Für stabiles Sitzen gibt es vielfältige Möglichkeiten. Sie können einen speziellen Stuhl anschaffen, oder einen niedrigen Tisch mit integriertem Sitz, einen Hochstuhl mit eigener Tischplatte oder einen Kinderstuhl am Esszimmertisch. Die Entscheidung hängt einerseits von den jeweiligen räumlichen Gegebenheiten ab, aber es kann auch sinnvoll sein, sich mit einem Ergotherapeuten zu beraten.

Wenn das Kind keine Probleme mit dem Gleichgewicht hat, kann man auch mit verschiedenen Sitzpositionen experimentieren. Das ist auch gleich ein gutes Körpertraining. Beim Spielen auf dem Fußboden, auf einem Stuhl am Tisch oder kniend an einem niedrigen Beistelltischchen nimmt das Kind immer andere Haltungen ein und entwickelt dabei verschiedene Muskelgruppen.

Beleuchtung

Gute, helle Raumbeleuchtung ist besonders für Kinder mit Sehbehinderungen wichtig, um die Sehkraft, die ihnen zur Verfügung steht, so gut wie möglich nutzen und trainieren zu können. Hingegen muss man bei besonders lichtempfindlichen Kindern darauf achten, grelles Licht zu meiden und für eher schwaches, indirektes Licht sorgen.

Die Position des Erwachsenen beim Spiel mit dem Kind

Der Erwachsene sollte dem Kind möglichst direkt gegenüber sitzen, wenn er mit ihm spricht oder spielt. Das erleichtert den Blickkontakt – das Kind kann Ihnen ins Gesicht sehen, Ihren Gesichtsausdruck beobachten und Sie nachahmen. Auch wenn das Kind beispielsweise üben soll, selbständig zu essen, ist es sinnvoll, es in einen Hochstuhl zu setzen und sich selbst gegenüber niederzulassen, möglichst ohne ein Fenster oder eine andere Lichtquelle im Rücken, damit Ihr Gesicht nicht im Schatten liegt.

Planung von Aktivitäten

Aktivitäten mit Ihrem behinderten Kind haben eine wesentlich bessere Aussicht auf Erfolg, wenn sie sorgfältig vorbereitet sind. Der folgende Abschnitt gibt hierfür einige Anregungen.

Lernen in kleinen Schritten

Um neue Fähigkeiten zu erlernen ist es wichtig, sie in kleine Lernschritte zu unterteilen. Wenn Sie beispielsweise üben wollen, mit einem Löffel zu essen, können Sie folgendermaßen vorgehen: Tun Sie etwas von der Speise auf den Löffel. Dann wird geübt, den Löffel zum Mund zu führen, dabei können Sie dem Kind ein wenig die Hand führen. Wenn das gut gelingt, ist der nächste Schritt, den Löffel zurück zum den Teller zu bewegen und selbständig die Speise auf den Löffel zu bugsieren. Mehrere kleine Schritte bedeuten auch mehrere kleine Erfolgserlebnisse.

Das Gleiche gilt für das „Töpfchentraining". Konzentrieren Sie sich zuerst nur darauf, dass das Kind sein kleines oder großes ‚Geschäft' ins Töpfchen macht. Sein Höschen auszuziehen und den Po abzuwischen, wieder anziehen und Händewaschen erledigen Sie. Wenn das Kind gelernt hat, wozu das Töpfchen da ist, können Sie es nach und nach mehr Dinge selbst tun lassen. Vielleicht ist es schon in der Lage, sich selbst die Hose herunter zu ziehen, danach übt es das Anziehen und später das Händewaschen. Irgendwann kann es dann die ganze Prozedur erst mit ein wenig Beistand und später dann ganz selbständig ausführen.

Mit einfachen Dingen beginnen

Wählen Sie zu Beginn Spielsachen und andere Gegenstände, mit denen das Kind gut umgehen kann. Nach einer Weile können die Spiele dann anspruchsvoller werden. Fangen Sie also nicht gleich mit einem 2000-Teile-Puzzle an, sondern lassen Sie das Kind zuerst eines mit drei oder vier Teilen versuchen. Wenn Sie das Auffädeln auf eine Schnur üben wollen, beginnen Sie mit handlichen Kugeln und einer dicken, festen Kordel, bevor Sie zu Perlen und dünnen Baumwollfäden übergehen. Um das Essen mit dem Löffel zu üben, nehmen Sie weichen, dicken Brei, der einfach zu löffeln ist, dann vielleicht Joghurt, kurze Nudeln, bis Sie es mit dünnflüssiger Suppe versuchen.

Verwenden Sie Gegenstände, die mit Kinderhänden gut zu greifen und leicht zu handhaben sind. Große, unhandliche Dinge sind am Anfang ebenso ungeeignet wie winzige, schwer zu greifende.

Die Reihenfolge wechseln

Jede Aktivität besteht aus mehreren kleinen Schritten. Man kann dem Kind etwas beibringen, indem man mit den einfachen Teilen eines Ablaufs beginnt und die Anforderungen langsam steigert. Es kann aber auch sinnvoll sein, das Kind zuerst den letzten Schritt eines Ablaufs machen zu lassen, damit es das Ziel kennt, weiß, worauf es ankommt, und nicht zuletzt ein schnelles Erfolgserlebnis hat.

Wenn Sie zum Beispiel üben wollen, das Gesicht zu waschen, beginnen Sie beim ersten Schritt – das Kind taucht seine Hände ins Wasser und macht das Gesicht nass. Alles Weitere erledigen Sie. Oder, wenn ein Turm aus Holzklötzen gebaut werden soll, lassen Sie das Kind den untersten Stein hinlegen und bauen dann darauf weiter. Beim nächsten Versuch kann das Kind schon zwei Klötze übereinander stapeln, und irgendwann gelingt ihm ein ganzer Turm.

Soll ein Puzzle zusammengesetzt werden, fangen Sie am Ende an. Setzen Sie das Puzzle zusammen und lassen nur das allerletzte Teil weg. Dieses Teil darf dann das Kind einsetzen, so dass es die Freude und den Triumph erlebt, das Bild vollendet zu haben. Lassen Sie allmählich immer mehr Teile weg. Ein schnelles, sicheres Erfolgserlebnis kann die nötige Motivation mit sich bringen, sich an größere Herausforderungen zu wagen.

Behalten Sie die Entwicklung Ihres Kindes gut im Auge. Auf welchem Gebiet macht es die besten Fortschritte, wo liegt das meiste Potenzial? Achten Sie darauf, es nicht zu überfordern. Die Aktivitäten sollten so erfolgversprechend wie möglich sein, um das Kind nicht zu enttäuschen und zu entmutigen.

Motivation

Behinderte Kinder haben meist keinen besonders starken Antrieb, sich mit ihren Spielsachen zu beschäftigen und Neues auszuprobieren. Man muss sich also etwas ausdenken, um sie zu motivieren.

Sich die Vorlieben des Kindes zunutze machen

Es gibt sicher Dinge, für die Ihr Kind sich interessiert und die es mag – Sie können sie nutzen, um es zu motivieren.

Neue Fähigkeiten kann man auf viele verschiedene Arten lernen. Den richtigen Weg für Ihr Kind zu finden, ist der Schlüssel zum Erfolg. Gegenstände in eine Schachtel zu legen ist zwar eine wichtige Fähigkeit, aber nicht besonders spannend. Sie können sie aufregender gestalten, indem Sie Dinge verwenden, die interessante Geräusche machen, wenn sie in die Schachtel fallen, oder indem Sie die Schachtel, wenn alle Sachen eingeräumt sind, in die Hand nehmen und sie wieder herausspringen lassen. Wenn das Ihrem Kind Spaß macht, wird es das Spiel gern wiederholen.

Für die meisten Kinder gibt es mindestens eine Beschäftigung, die sie besonders mögen und die variantenreich genug ist, um dabei neue Fertigkeiten zu lernen. Später wird es leichter sein, diese Fertigkeit auch auf andere, weniger reizvolle Aktivitäten zu übertragen. Wenn Ihr Kind beispielsweise Spiele mag, bei denen sich etwas bewegt, ist eine Murmelbahn, die man selber aus verschiedenfarbigen Teilen zusammenbaut, eine großartige Sache. Man kann viele Dinge damit üben:

- ✯ die Bahn aufbauen und dabei die passenden Teile finden (sogar Kinder, die sich für Duplo und ähnliche Bausteine nicht interessieren, sind hier wegen des Kugelspielelements viel motivierter);
- ✯ Kugeln auf die Bahn legen (Murmeln sind ja ziemlich klein – eine gute Übung für die Feinmotorik);

- sich abwechseln, sowohl beim Aufbauen als auch beim Murmelspiel
- die Namen der Farben lernen („Gib mir ein blaues Teil") und üben („Welche Farbe hat die Murmel?");
- Zahlen (‚Gib mir ein Teil'; ‚Wie viele Murmeln sind das?');
- Sprache (‚Gib', ‚Nimm', die Murmel ‚in' die Bahn legen, die Murmel kommt ‚aus' dem Loch ‚heraus'.

Loben und ermutigen

Gehandicapte Kinder brauchen bei allem, was sie tun, besonders viel Ermutigung und Lob. Übertreiben Sie dabei ruhig ein bisschen, denn es kann sein, dass ihnen einfaches Lob und dezenter Beifall einfach entgeht und sie gar nicht reagieren. Loben Sie also laut und überschwänglich. Wenn ein Kind etwas zum ersten Mal richtig gut hinbekommen hat, zeigen Sie Ihre Begeisterung mit Worten, Mimik und Gestik. Lachen und jubeln Sie, klatschen Sie in die Hände, um das Gesagte noch zu unterstreichen. Wenn etwas zum wiederholten Mal gut gelingt, kann der Beifall nach und nach etwas weniger lautstark ausfallen.

> *Als Madeleine zum ersten Mal selbständig quer durch das Zimmer gelaufen ist, wurde sie dafür von der ganzen Familie lebhaft bewundert und gefeiert, um ihr zu zeigen, dass sie etwas Außergewöhnliches geschafft hatte. Nach einem halben Jahr lief sie zwar noch viel besser, aber es war inzwischen nichts so Besonderes mehr.*

Kindern ist oft gar nicht bewusst, dass sie etwas Besonderes getan haben, man sollte sie also, wenn man sie lobt, ausdrücklich auf den Anlass dazu hinweisen. Nur ‚Fein gemacht' oder ‚Braves Mädchen' zu sagen, ist zu allgemein. Sagen Sie besser ‚Wie schön du winken kannst!' oder ‚Sehr gut gelaufen!' oder ‚Fein hast du in dein Töpfchen gemacht!' Das mag sich etwas albern anhören, ist aber die beste Art, erwünschtes Verhalten zu bestärken.

Versuchen Sie, stets positiv und ermutigend Ihrem Kind gegenüber zu sein. Betonen Sie bei allem, was es tut, die Erfolge und weisen nicht ständig auf seine Fehler hin. Wenn Ihr Kind versucht, sich selbständig die Hosen anzuziehen und dabei beide Beine in ein Hosenbein steckt, können Sie zu ihm sagen ‚Hey, du ziehst ja deine Hose ganz allein an, toll! Und jetzt nehmen wir das Bein und stecken es hier hinein' oder sie können sagen: ‚Ach nein, du machst ja alles falsch, du hast ja beide Beine in dasselbe Hosenbein gesteckt!' Kinder lernen besser durch Lob als durch Tadel.

Wenn Sie glauben, einen Fortschritt, eine neue Fertigkeit bei Ihrem Kind beobachtet zu haben, sich aber nicht sicher sind, ob es nicht nur ein Zufall oder ein Glückstreffer war, gehen Sie immer von der besten Möglichkeit aus, nämlich dass es eine absichtliche, bewusste Aktion war. Loben und belohnen Sie das Kind und zeigen Sie ihm, wie sehr Sie sich freuen. Sollte sich herausstellen, dass es doch nur ein Zufall war, schadet das auch nichts. Es wäre viel schlimmer, wenn Sie feststellten, dass Sie einen großen Fortschritt Ihres Kindes einfach ignoriert hätten.

Belohnungen

Wenn Sie den Eindruck haben, dass Ihr Kind durch Lob und ermutigenden Zuspruch nicht genug motiviert wird, versuchen Sie es mit handfesten Belohnungen. Eine ‚dicke' Umarmung, etwas Leckeres zum essen oder trinken funktionieren fast immer. Eine andere Möglichkeit sind Spiele oder andere Aktivitäten, die das Kind besonders gern hat.

> *Rebecca liebt es, mit Seifenblasen zu spielen, und würde fast alles tun, wenn ihr das als Belohnung winkt. Als wir mit dem Töpfchentraining anfingen, versprachen wir ihr also Seifenblasen, wenn Sie brav auf dem Topf sitzen blieb. Wir hofften, die Sitzung würde ‚erfolgreich' sein, so dass wir Sie dafür loben und belohnen könnten. Es funktionierte tatsächlich, und sobald sie begriffen hatte, worum es ging, konnten wir die Seifenblasen weglassen und uns auf enthusiastisches Lob beschränken.*

Damit Belohnungen wirksam sind, sollte man sie unmittelbar und gezielt verabreicht werden und nicht zu üppig ausfallen. Verteilen Sie sie auch mal nach dem Zufallsprinzip, so dass es manchmal ‚einfach so' eine gibt, und dann auch mal wieder gar keine. Damit beugt man der totalen Fixierung auf die Belohnung vor, denn schließlich soll das Kind ja Freude am Tun an sich haben. Machen Sie also ein paar Seifenblasen für Ihr Kind, wenn es etwas gut gemacht hat, beim nächsten Mal lassen Sie die Seifenblasen weg, und machen Sie auch mal welche, nur um ihm eine Freude zu machen. Brechen Sie Kekse in kleine Stücke und halten sie so, dass das Kind sie nicht sieht, und geben Sie ihm jeweils ein Stückchen, wenn es passt. Wenn Sie ihn gleich die ganze Tüte geben würden, hätten Sie viele kleine Möglichkeiten für Belohnung und neue Motivation verschenkt.

Die Belohnung sollte sehr zeitnah erfolgen, damit das Kind deutlich den Zusammenhang zwischen seinem Tun und der Belohnung erkennt. Ein Ausflug zum Spielplatz am nächsten Tag ist viel zu weit weg, um als Belohnung zu wirken.

Was noch zu beachten ist:
- ✯ Achten Sie darauf, dass irgendwann die Belohnung in den Hintergrund tritt und statt dessen Erfolg und Lob Motivation genug sind. Anderenfalls kann es sein, dass Sie bis in alle Ewigkeit mit Ihrem Kind um Belohnungen feilschen müssen.
- ✯ Wenn Sie mit Belohnungen arbeiten, denken Sie auch an die anderen Kinder – geben Sie auch ihnen die Möglichkeit, sich eine Belohnung zu ‚verdienen'.
- ✯ Belohnen Sie nicht ausschließlich mit Süßigkeiten und Keksen, das schadet den Zähnen und der Gesundheit Ihres Kindes.

Spielsachen wechseln und tauschen

Spielsachen, die Kinder (und Erwachsene ebenfalls) ständig vor der Nase haben, verlieren irgendwann ihren Reiz. Manche Kinder haben ein ganzes Zimmer voller Sachen, aber sie finden in dem Durcheinander nie, was sie suchen. Schaffen Sie einfach die Hälfte der Sachen auf den Dachboden oder in einen Schrank, und nach ungefähr einem Monat wird gewechselt. Die gerade aktuellen Lieblingsspielsachen bleiben natürlich da. Es sollten unterschiedliche Dinge vorhanden sein – lassen Sie also nicht alle Autos oder alle Duplo-Steine auf einmal verschwinden. Wenn die Spielsachen dann ausgewechselt werden, wird sich das Kind wahrscheinlich begeistert auf die ‚neuen' Sachen stürzen, als hätte es sie nie zuvor gesehen. Machen Sie sich keine Sorgen, es könnte zu wenig Spielzeug übrig bleiben. Mit Spielzeug ist es wie mit der Kleidung, die man im Schrank hat – wirklich benutzen tut man doch immer nur die wenigen Lieblingsstücke. Sie können auch mit befreundeten Familien Spielsachen tauschen, so dass nicht jeder alles selbst kaufen muss.

Einige allgemeine Hinweise für den Umgang mit einem behinderten Kind

Kinder mit Behinderungen stehen speziellen Problemen gegenüber, die Sie im Umgang mit ihnen berücksichtigen sollten.

Geben Sie Ihrem Kind ausreichend Zeit zum Reagieren

Eltern scheinen so programmiert zu sein, dass sie ihren Kindern eine bestimmte Frist einräumen, um auf Sprache, Lächeln oder spielerische Aktivitäten zu reagieren. Mütter, die mit ihren Babys schäkern, warten nur begrenzte Zeit auf deren Reaktion, bis sie zu etwas anderem übergehen. Dieser Zeitraum dauert auf verblüffende Weise bei allen ähnlich lange (Cunningham u.a., 1981; Jones, 1977). Kinder mit Behinderungen brauchen jedoch oft sehr viel länger um zu reagieren, Eltern sollten also darauf achten, dass sie ihnen genug Zeit geben, bevor sie sich etwas anderem zuwenden. Kinder mit spastischen Lähmungen beispielsweise brauchen oft eine Weile, um Aufforderungen zu ‚verarbeiten' und ihre Bewegungen zu koordinieren, beispielsweise ihren Blick auf etwas zu richten oder Dinge zu greifen. Wenn Sie mit Ihrem Kind spielen und das Gefühl haben, lange genug auf ein Lächeln, einen Laut oder ein Wort als Reaktion gewartet haben, zählen Sie langsam bis zehn und warten noch ein wenig. Lassen Sie Ihrem Kind die Zeit, die es braucht. Haben Sie Geduld.

Durchhaltevermögen

Wahrscheinlich werden Sie sich häufig in der Situation befinden, Worte, Gesten oder Handlungen immer und immer und noch einmal zu wiederholen, in der Hoffnung, Ihr Kind werde es irgendwann begreifen und Ihnen antworten. Leider wird sich das nicht vermeiden lassen, auch wenn Sie hin und wieder das dringende Bedürfnis haben, Ihren Kopf mit Schwung gegen die Wand zu knallen.

> *Wir haben für Jack vier Jahre lang bei jeder sich bietenden Gelegenheit einfache Worte wiederholt (wie Mama, Papa, baden, trinken) wir haben geübt, Dinge ein- und auszupacken, haben ‚Kuckuck' hinter einer Decke oder einem Kleidungsstück gespielt – ohne dass er bis dahin jemals darauf reagiert hätte.*

Aber eines Tages zeigte er doch eine Reaktion: Zuerst ein deutlich erkennbares passives Verstehen, und dann begann er sich mehr und mehr aktiv zu beteiligen. Im Nachhinein hat sich jeder Tag dieser vier zermürbenden Jahre gelohnt!

Zurückblickend kann ich sagen, dass sich die sterbenslangweiligen Wiederholungen, Tag für Tag für Tag, jetzt wirklich bezahlt machen. Wir haben von Anfang an bei jeder Gelegenheit mit Natascha gesprochen. ‚Zeig mir deine Füße. Ja, das sind deine Füße.' Wir haben auf ihre Füße gezeigt, sie tat nichts. Heute hebt Natascha unaufgefordert ihren Fuß bis zum Kopf, zeigt auf meine Füße, ihre Schuhe, meine Schuhe und überhaupt alle Schuhe.

Fehlende Reaktion

Eines der am schwersten zu ertragenden Dinge für Eltern ist das völlige Ausbleiben einer Reaktion, was bei behinderten Kindern leider häufig vorkommt. Es scheint manchmal fast unmöglich, sein Kind unvermindert zu lieben, wenn niemals irgendetwas zurückkommt. Aber man kann kaum etwas anderes tun, als durchhalten, weitermachen, liebhaben. Irgendwann wird Ihre Geduld belohnt werden, wenn auch vielleicht nur minimal.

In Kapitel 8 (S. 177ff.) gebe ich Ihnen ein paar Anregungen, wie Sie erreichen können, dass Ihr Kind auf Sie reagiert, und Strategien, die Ihnen helfen, mit dieser besonderen Belastung umzugehen.

Visuelle und andere sensorische Hilfsmittel

Die meisten Kinder lernen am besten, wenn alle ihre Sinne angesprochen werden. Von besonderer Bedeutung ist das für diejenigen, bei denen ein Sinnesorgan geschädigt ist, aber es gilt auch für Kinder mit Kommunikationsstörungen und ebenso für die meisten Anderen. Wir kommunizieren normalerweise überwiegend verbal, und Kinder mit Hörschäden oder Problemen bei der Verarbeitung auditiver Informationen haben es schwer, das Gesagte aufzunehmen, zu verstehen und darauf zu antworten.

Überlegen Sie mal, wie Sie selbst am besten Informationen aufnehmen können. Wenn es beispielsweise um Richtungsangaben geht, Sie sich einen Weg merken wollen – funktioniert das für Sie selbst am besten mit einer Karte? Oder indem Sie sich die Richtungsangaben selber laut aufsagen? Mit den Händen zeigen? Auch Kinder funktionieren da unterschiedlich. Man beschreibt diese unterschiedlichen Lerntypen als visuell, auditiv oder motorisch. Die verschiedenen ‚Lernstile' finden inzwischen auch an Schulen Berücksichtigung. Die meisten Menschen tendieren besonders zu einem Lernstil, bedienen sich aber durchaus unterschiedlicher Techniken, je nach Situation.

Viele Kinder mit Behinderungen sprechen besonders gut auf visuelle Hilfsmittel in Form von realen Gegenständen, aber auch Bildern und Fotos an. Versuchen Sie also, damit in Ihrem Alltag zu arbeiten. Zeigen Sie dem Kind einen Schwamm, wenn Sie über sein abendliches Bad reden, oder eine Einkaufstasche, bevor Sie sich zum Supermarkt aufmachen. Mit einer Digitalkamera oder Ihrem Mobiltelefon können Sie wunderbar Orte, Personen und Gegenstände fotografieren, die im Alltag Ihres Kindes eine Rolle spielen, beispielsweise sein Trinkbecher, seine Kindergruppe oder die Oma. Diese Fotos können Ihnen gute Dienste in der Kommunikation mit Ihrem Kind leisten. Wenn Sie ankündigen, es gleich zu seiner Spielgruppe zu bringen, zeigen Sie ihm ein Foto von dort. Die Aufforderung, die Schuhe zu holen, veranschaulichen Sie mit einem Foto seiner Schuhe. Soll Ihr Kind sich entscheiden, ob es Milch oder Saft trinken will, zeigen Sie ihm die Flaschen oder Tetrapacks bzw. Bilder davon, damit es Sie richtig versteht und seine Entscheidung treffen kann. Als weitere unterstützende Maßnahme können Sie zusätzlich zum gesprochenen Wort auch jeweils das entsprechende Zeichen in der Gebärdensprache machen. Einzelheiten zu den Gebärdensprachen s. S. 95ff.).

Merken Sie sich folgende Regel: Hören – sehen – tun. Statt nur über eine Sache zu reden, beziehen Sie möglichst alle Sinne mit ein, soweit möglich. Wenn es beispielsweise um verschiedene Früchte geht, schauen Sie sie zusammen an, nehmen sie in die Hand, riechen Sie daran, schütteln sie (macht sie ein Geräusch dabei?), und dann lassen Sie das Kind davon kosten. Es wird Sie viel besser verstehen, wenn es um Dinge geht, die es sehen und anfassen kann, als wenn Sie nur auf ein Bild in einem Buch zeigen. Wenn ein Kind am besten motorisch lernt, also durch die körperliche Bewegung, führen Sie seine Hand, während Sie eine bestimmte Handlung ausführen, dann wird es besser begreifen, was es tun soll, als wenn Sie es ihm nur sagen oder auf einem Bild zeigen.

Routinen und vorhersehbare Abläufe

Kinder brauchen feste Strukturen und Routinen in ihrem alltäglichen Leben, die ihnen dabei helfen, alles was um sie herum geschieht zu verstehen und manches vorhersehen zu können, und ihnen ein Gefühl der Sicherheit und Geborgenheit in der Welt geben.

Für Kinder mit Kommunikationsproblemen oder einer sensorischen Behinderung ist es besonders schwer, ihr Umfeld wahrzunehmen und zu begreifen, was geschieht. Für sie ist es besonders hilfreich, wenn sie Tag für Tag mit den gleichen Abläufen rechnen können. Sehbehinderten Kindern hilft es außerdem, wenn sich die Wohnungseinrichtung und die täglichen Wege nicht ständig verändern.

Eltern sollten möglichst konsequent in Ihrer Reaktion auf das Verhalten der Kinder sein, besonders, wenn es sich um unerwünschtes Verhalten handelt. Kinder müssen in einer Welt zurechtkommen, in der so vieles neu und schwer zu verstehen ist. Es hilft ihnen, wenn sie sich wenigstens in ihrem Zuhause an festen Abläufen (wie Essens- und Zubettgehzeiten) und Verhaltensregeln (sich zum Essen hinsetzen, Bitte und Danke sagen) orientieren können. Dabei müssen diese Regeln nicht allzu starr und unumstößlich sein, d.h. Kinder müssen nicht jeden Tag um Punkt sieben im Bett liegen, aber beispielsweise zwischen halb sieben und halb acht, und nicht irgendwann zwischen sieben und zehn. Manche Kinder neigen dazu, sich auf Routinen zu fixieren, und da ist es gut, hin und wieder Ausnahmen einzubauen (Wochenenden, Geburtstage, Besuche, um bei der Zubettgehzeit zu bleiben).

Visuelle Stundenpläne

Für manche Kinder ist es beruhigend und hilfreich, einen strukturierten Tagesablauf zu haben und den auch zu kennen. Hier ist ein bebilderten Tagesplan ein gutes Mittel um sich jederzeit orientieren zu können, was als nächstes ‚dran ist' und was der Tag bringen wird.

So ein Tagesplan kann den ganzen Tag umfassen, angefangen bei der morgendlichen Routine, über das Mittagessen, nachmittägliche Aktivitäten, Abendessen, bis zur Zubettgehzeit. Er kann aber auch nur einige wichtige Dinge beinhalten, je nach Bedürfnissen des Kindes.

Sie können eine Magnettafel benutzen oder ein einfaches Brett bzw. eine feste Pappe, auf die Sie Klettbandstreifen kleben, an denen man dann Bilder oder Objekte befestigen kann. Der Zeitplaner sollte von links nach rechts verlaufen. Stellen Sie jede geplante Aktivität mit Hilfe von Fotos, Zeichnungen, Symbolen oder Wörtern bildlich dar. Einige Beispiele, von ganz einfach bis eher anspruchsvoll, können helfen, die geeignete Form für die Fähigkeiten und Bedürfnisse Ihres Kindes auszuwählen.

- ✯ Gegenstände, die auf die geplante Aktivität hinweisen. Für das Frühstück könnte das ein Löffel sein, für das Bad ein Schwamm, die Mittagspause könnte eine Banane sein und der Einkauf eine Tragetasche.
- ✯ Fotos von Gegenständen, die eine Aktivität symbolisieren, oder von Ihrem Kind, das etwas Bestimmtes tut. Spielplatz: Ein Bild von der Schaukel; Schwimmen gehen: Das Kind im Badeanzug; Einkaufen: Kind im Einkaufswagen; Besuch der Oma: Die Oma bei Ihnen zu Haus auf dem Sofa.
- ✯ Einfache Strichzeichnungen und Piktogramme. Bei Makaton findet man sehr bildhafte, leicht nachzuzeichnende Symbole (siehe S. 96).
- ✯ Schriftliche Form wie in jedem ‚normalen' Tagesplaner, beispielsweise ‚10:00 Uhr Spielgruppe, 13:00 Uhr Mittagessen'.

Wenn Ihr Kind schon eine ganze Weile gut mit dem Tagesplaner zurechtgekommen ist, können Sie versuchen, zu einer etwas anspruchsvolleren Art der Darstellung überzugehen. Für den Übergang kann es hilfreich sein, die alte und die neue Darstellungsweise parallel zu verwenden.

Das Ganze mag Ihnen auf den ersten Blick recht aufwändig vorkommen. Aber die Zahl der täglichen Aktivitäten Ihres Kindes ist begrenzt, und vermutlich werden Sie mit ca. einem Dutzend verschiedener Bilder auskommen. Für unerwartete Planänderungen zeichnen Sie ein Ausrufezeichen oder ein ‚Uuups'-Symbol, um auf die Änderung aufmerksam zu machen.

Erinnern Sie Ihr Kind im Laufe des Tages immer wieder daran, auf seinen Tagesplaner zu schauen. So entwickelt es ein Bewusstsein für seine Tagesstruktur und bestimmte Abläufe und kann sich darauf einstellen. Nachdem eine Aktivität abgeschlossen ist, entfernen Sie das Bild vom Tagesplaner.

Generalisierung erlernter Fähigkeiten

Ein Kind hat erst dann eine neue Fähigkeit wirklich erlernt, wenn es sie nicht nur in vertrauter Umgebung mit seinen eigenen Spielsachen ausführen kann, sondern auch mit verschiedenen fremden Gegenständen in einer ungewohnten Umgebung mit unterschiedlichen Personen. Besonders Ärzte und Therapeuten setzen dies als Beweis dafür voraus, dass eine Fertigkeit generalisiert wurde. Um festzustellen, ob ein Kind zusammengehörige Bilderpaare findet, reicht es nicht, dass es das mit den Karten tut, die es von zu Hause kennt, sondern auch mit jedem beliebigen Memory-Spiel oder ähnlichem.

Geben Sie also Ihrem Kind Gelegenheit, mit vielen verschiedenen Dingen und Materialien in unterschiedlichen Situationen zu experimentieren, und dabei seine erlernten Fähigkeiten zu üben und zu erweitern.

Sich nicht auf eine spezielle Fähigkeit fixieren

Es kann leicht geschehen, dass Eltern sich auf das Erlernen einer bestimmten Fähigkeit fixieren, weil sie glauben, das würde die Welt ihres Kindes verändern. Vielleicht üben auch die Fragen anderer Menschen Druck aus: ‚Kann sie schon sitzen?', ‚Läuft er schon?' Solch eine Fixierung ist wenig hilfreich. Leicht wird dann anderes übersehen, was das Kind inzwischen lernt und wofür es gelobt und bestärkt werden muss. Die kindliche Entwicklung ist ein komplexes Ganzes, und auch einzelne Fähigkeiten werden in engem Zusammenhang mit anderen erlernt. Wenn ein Kind beispielsweise einen Gegenstand in eine Schachtel legt, braucht es dazu die physische Fähigkeit zu greifen und loszulassen, und muss intellektuell in der Lage sein, die Zusammenhänge zwischen der Größe des Gegenstandes und der Schachtel zu erkennen.

Gleichermaßen hat das Lernen einer neuen Fähigkeit auch immer tiefgehende, positive Auswirkungen auf andere Bereiche, auch wenn sie nicht immer offensichtlich sind. Fortschritte in der Kommunikationsfähigkeit beispielsweise führen zu einem besseren Verständnis sozialer Situationen und Verhaltensregeln. Und sobald ein Kind gelernt hat, frei zu sitzen, kann es seine Spielsachen besser handhaben, hat einen besseren Überblick über seine Umgebung und lernt dadurch Neues kennen. Und – auch wenn es überraschend klingt – es lernt, neue Laute zu produzieren.

Dinge zu Ende bringen

Wenn Ihr Kind etwas begonnen hat und dann die Lust verliert oder erschöpft ist, sollten Sie es statt seiner zu Ende machen. Sie können dabei etwas sagen wie ‚Dann legt Mama das letzte Puzzleteil hin'. Vermitteln Sie dem Kind, dass es wichtig ist, ein Spiel oder ein Aufgabe fertig zu stellen. Wenn Ihr Kind nicht weitermachen will und Sie einfach nur die Achseln zucken und das Spiel beiseite schieben, vermittelt ihm das den Eindruck, dass es nicht wichtig ist, und das kann sich negativ auf seine zukünftige Kooperationsbereitschaft auswirken.

Im Einklang mit Ihrem Kind

Als Eltern von Kindern mit Behinderungen laufen sie leicht Gefahr, sich allzu sehr auf seine Entwicklungsfortschritte zu konzentrieren und ständig Vergleiche mit Gleichaltrigen anzustellen.

Natürlich möchten Sie, dass Ihr Kind sich weiterentwickelt. Aber freuen Sie sich auch einfach an ihm und mit ihm, nehmen Sie teil an seinen Spielen, seinen Worten, all seinen Aktivitäten. Versetzen Sie sich in Ihr Kind und seine Welt hinein. Wenn es beim Spielen plötzlich etwas ganz anderes tut, als Sie erwartet hatten, sollten Sie es nicht zwingend korrigieren – schauen Sie zu, machen Sie mit und man wird sehen, was geschieht. Versuchen Sie, die Dinge aus seiner Sicht zu betrachten, statt ihm immer nur die Ihre vermitteln zu wollen. Lernen Sie von Ihrem Kind.

Haben Sie große Erwartungen

Setzen Sie ruhig hohe Erwartungen in Ihr Kind, statt von vornherein davon auszugehen, dass es sowieso nie sitzen oder sprechen lernen wird. Vielleicht wird es das doch. Arbeiten Sie darauf hin, das Potential Ihres Kindes voll auszuschöpfen. Dadurch geben Sie ihm die Chancen, den nötigen Respekt und die Atmosphäre die es für seine Entwicklung braucht. Möglicherweise wird Ihnen das Leben irgendwann Grenzen setzen und Sie werden Ihre Erwartungen modifizieren müssen, aber Sie werden es in dem Gefühl tun, alles versucht zu haben.

Wenn Sie davon ausgehen, dass Ihr Kind es auf Grund seiner Voraussetzungen nicht weit bringen wird, werden Sie vermutlich Recht behalten. Man nennt das eine selbsterfüllende Prophezeiung. Vielleicht tut Ihnen das Kind leid, weil ihm die Übungen und Aktivitäten, die Sie ihm praktisch aufzwingen, offensichtlich keinen Spaß machen. Aber mit viel Übung wird es leichter werden und nach und nach wird das Kind Freude an dem bekommen, was es tut. Und am Ende wird ihm das alles zu mehr Unabhängigkeit verhelfen.

Gehen Sie mit kleinen Schritten vorwärts. Geben Sie immer Ihr Bestes und erwarten von Ihrem Kind, dass es das ebenfalls tut.

Meine Kinder und die meiner Schwester wurden kurz hintereinander geboren. Ihr kleiner Sohn brachte im Alter von zwei Jahren selbstgemalte Bilder aus dem Kindergarten nach Hause. ‚Meine Natascha wird das nie können', war mein pessimistischer Gedanke. Inzwischen ist Natascha dreieinhalb. Sie hat nicht nur gelernt, zu sitzen, sie beginnt sogar zu stehen. Und ihre Lieblingsbeschäftigung im Kindergarten ist – Malen! Sie hat gelernt, mit Sand zu spielen und backt Kuchen für mich. Ich bin sehr viel geduldiger und optimistischer geworden.

3 Kognitive Entwicklung

Die Theorie

Was sind kognitive Fähigkeiten?

Kinder erforschen ihre Umwelt mit allen Sinnen und lernen dabei, wie die Dinge funktionieren. Sie machen Erfahrungen mit den Eigenschaften und Möglichkeiten von Gegenständen und Materialien und erkennen, dass sie selbst Dinge bewirken und bewegen können. Die kognitiven Fähigkeiten, die Kinder in ihrer Vorschulzeit erwerben, bilden die Grundlage für das Erlernen von Lesen, Schreiben und Rechnen sowie für begriffliches und logisches Denken.

Entwicklungsverlauf

Neugeborene

Das Hauptinteresse eines Neugeborenen gilt Personen und Gesichtern. Lässt man einen neugeborenen oder sehr jungen Säugling eine Auswahl von Dingen anschauen, wird er immer die Gesichter bevorzugen. Am interessantesten sind echte Gesichter, aber auch Fotos oder Bilder, selbst wenn es nur Strichzeichnungen oder Karikaturen sind.

Nachahmung

Babys ahmen Erwachsene bereits in einem sehr frühen Stadium nach, indem sie den Gesichtsausdruck imitieren oder die Zunge herausstrecken. Da Kinder hauptsächlich durch das Kopieren der Handlungen und der Sprache Erwachsener oder anderer Kinder Neues lernen, ist die Fähigkeit zur Nachahmung enorm wichtig. Sie ist die Grundlage der kindlichen Entwicklung und des Erwerbs kognitiver Fähigkeiten.

Gegenstände untersuchen

Nachdem sie sich in der ersten Zeit fast ausschließlich mit der Beobachtung von Menschen und Gesichtern in ihrer Umgebung beschäftigt haben, fangen Babys irgendwann an, sich auch für Gegenstände zu interessieren. Zuerst einmal stecken sie alles, was sie in die Finger bekommen, in den Mund. Er ist der sensitivste Teil ihres Körpers, sendet also die meisten Informationen über das jeweilige Objekt. Danach versuchen sie, den Gegenstand zu schütteln, ihn gegen jede erreichbare Oberfläche zu schlagen, ihn zu untersuchen, zu befühlen, ihn fallen zu lassen oder weg zu werfen. Dabei setzen sie alle ihre Sinne ein und lernen die besonderen Eigenschaften jedes Objekts kennen – wie fühlt es sich an, ist es hart oder weich, schwer oder leicht, was macht es für ein Geräusch, schmeckt es gut, verändert es seine Form oder bleibt es fest, wie sieht es aus, wenn man es von allen Seiten betrachtet?

Objektpermanenz

Anfänglich gehen Kinder davon aus, dass Dinge und Menschen nur so lange existieren, wie sie sichtbar sind, und alles und jedes, sobald sie es nicht mehr sehen, verschwunden ist. Demzufolge wird ein kleines Kind, dessen Mutter aus dem Zimmer geht, zu weinen anfangen, weil es denkt, dass sie nun für immer weg ist. Es sucht nicht nach einem Spielzeug, das unter ein Möbelstück gerollt ist, denn es ist überzeugt davon, dass es einfach nicht mehr da ist (Piaget 1953). Zu verstehen, dass Dinge weiter existieren, auch wenn wir sie nicht sehen, ist ein wichtiger Entwicklungsschritt. Das Kind beginnt, konzeptuell zu denken. Aufgrund dieses Verständnisses wird es nun beginnen, nach Dingen zu suchen, vorübergehende Abwesenheiten zu akzeptieren und sich an Personen, Spielsachen oder Orte erinnern – sie sind nicht mehr ‚aus den Augen, aus dem Sinn'. Die meisten Kinder haben irgendwann Spaß daran, Spielsachen aus ihrem Kinderwagen oder Hochstuhl zu werfen, damit ihre Mutter sie wieder und wieder vom Boden aufhebt. Bei diesem Spiel entwickeln sie nach und nach Verständnis für Objektpermanenz. Bald gucken sie den Spielsachen hinterher, um zu sehen, wo sie gelandet sind. Sie lernen, Dinge zu finden, die teilweise und später sogar völlig verdeckt sind. Sie spielen mit Hilfe einer Decke ‚Kuckuck' und wissen, dass der Mitspieler sich nur versteckt, aber nicht verschwunden ist.

Die Umgebung erforschen

Sobald ein Kind sich eigenständig fortbewegen kann, gibt es kein Halten mehr – es will seine Umgebung erforschen und herausfinden, was es mit den vielen Dingen um es herum auf sich hat. Eine Kiste mit Spielsachen auf der Krabbeldecke kann seine Neugier nicht mehr befriedigen. Wie aufregend, die vielen Türen zu öffnen und zu schließen, Schränke und Schubladen auszuräumen und die hübschen, zerbrechliche Gegenstände von den oberen Regalborden zu ziehen. Das ist anstrengend für die Eltern, aber wichtig für das Kind. Es lernt, wie die Dinge funktionieren, es kann seine Umgebung aus verschiedenen Perspektiven betrachten und macht Erfahrungen mit Naturphänomenen wie Licht, Schatten und Echos.

Ursache und Wirkung

Sobald Kinder anfangen, sich mit Gegenständen zu beschäftigen, lernen sie das Prinzip von Ursache und Wirkung kennen. Wenn sie ihre Rassel gegen die Stäbe ihres Gitterbettchens schlagen, macht das ein Geräusch, und wenn sie das Gummientchen drücken, dann quietscht es. Es dauert ein wenig, bevor Kinder den direkten Zusammenhang zwischen ihrer Handlung und dem Effekt erkennen. Sie finden in ihrer direkten Umgebung vielfältige Möglichkeiten, dieses Prinzip zu üben und zu verstehen: Den Lichtschalter drücken, eine Klaviertaste anschlagen, die Türklingel betätigen und vieles andere mehr.

Das Prinzip ‚Ursache und Wirkung' zu verstehen ist eine wichtige Fähigkeit, weil es Kindern bewusst macht, dass sie die Dinge in ihrer Umgebung beeinflussen können, und dass sie in einer Welt leben, die sie, zumindest bis zu einem gewissen Grad, steuern und kontrollieren können.

Dinge miteinander in Beziehung setzen

Nach der gründlichen Erforschung von Dingen mit dem Mund, den Augen und Händen, beginnt das Kind beim Spielen mehrere Gegenstände miteinander zu kombinieren. Es stellt den Löffel in die Tasse, Bausteine in eine Kiste und versteckt den Ball unter einem Schemel; es schaufelt Sand in sein Eimerchen und kippt ihn wieder aus. Gegenstände werden miteinander verglichen: ‚Dieser Klotz ist zu groß und passt nicht in die Schachtel' oder ‚Diesen Baustein muss man in die Mitte legen, sonst fällt er runter'. Diese Art des Vergleichs von Größe, Gewicht und Balance sind der Beginn mathematischen Verständnisses und begrifflichen Denkens.

Bauen

Sobald Kinder begonnen haben, mit mehr als einem Gegenstand gleichzeitig zu spielen und auszuprobieren, wie man sie kombinieren kann, entstehen meist die ersten kleinen Bauwerke. Zuerst bauen sie einfach Türme aus großen Bauklötzen und werfen sie dann kreischend vor Freude wieder um. Später, mit Entwicklung der Feinmotorik, lernen sie, auch mit kleineren, schwieriger zu handhabenden Teilen umzugehen. Die Türme werden höher, es entstehen Brücken, Häuser und andere Konstruktionen aus Holzbausteinen, Duplo und allem, was sich irgendwie zum Bauen eignet. Dabei lernen sie viel über Form, Gewicht, Größe und Dimensionen der verschiedenen Gegenstände.

Vergleichen, auswählen, benennen

Wenn Kinder einen neuen Begriff lernen, tun sie das immer in der Reihenfolge ‚vergleichen – auswählen – benennen'. Zuerst stellen sie fest, dass zwei Gegenstände identisch sind oder gemeinsame Eigenschaften haben (vergleichen), es folgt ein passives Verständnis (Reaktion auf die Aufforderung zum Auswählen eines Gegenstandes), und schlussendlich ist das Kind in der Lage, den Gegenstand aktiv zu benennen.

Vergleichen
Als erstes lernen Kinder, Dinge zu vergleichen und Gemeinsamkeiten zu finden: ‚Dieser Ball sieht aus wie der andere Ball, aber nicht wie das Auto'. Zu Anfang gelingt das mit realen Gegenständen, später klappt auch der Vergleich zwischen Bild und Gegenstand, am Ende können sie auch Abbildungen von Dingen miteinander vergleichen. Sie lernen, gleiche Farben zu erkennen und Eigenschaften wie groß und klein und lang und kurz zu unterscheiden.
    Die Fähigkeit zu vergleichen, also Ähnlichkeiten und Unterschiede zu erkennen, ist eine wichtige Voraussetzung für späteres Erlernen von Lesen und Mathematik.

Auswählen
Nachdem ein Kind gelernt hat, Gegenstände zu vergleichen, ist es auch in der Lage, sie sinnvoll auszuwählen. Beispielsweise kann ein Erwachsener das Kind bitten, aus einer Reihe verschiedener Dinge einen blauen Baustein oder das Bild von einer Eisenbahn herauszusuchen. Das Kind versteht Namen und Eigenschaften des gefragten Gegenstandes, ohne sie zwingend schon aktiv anwenden zu können.

Benennen
Zu guter Letzt lernt das Kind, einen Gegenstand, ein Bild oder eine Farbe zu benennen. Wenn man ihm ein Bild von einem Auto zeigt, sagt es ‚Auto'. Das setzt voraus, dass es sich an die richtige Bezeichnung erinnert.

Sortieren und zuordnen

Im Zusammenhang damit lernt ein Kind, ein Sortiment von Gegenständen in Gruppen mit denselben oder ähnlichen Eigenschaften zu sortieren. Beim Aufräumen sortiert es die Spielsachen beispielsweise in eine Kiste mit Duplo-Steinen und eine Kiste mit Eisenbahnschienen, oder es sortiert die Legosteine nach Farben.

Später lernt es außerdem, Dinge auch anderen Gruppen zuzuordnen, so die ‚Küchengeräte' oder ‚Badezimmerutensilien'. Diese Fähigkeit brauchen wir im späteren Leben, um unseren Haushalt und unsere Besitztümer zu organisieren, Ordnung zu schaffen und zu erhalten, und sie schult Denkprozesse und Erinnerungsvermögen.

Vormathematische Fähigkeiten

Kinder fangen bereits sehr früh an, Zahlen auswendig aufsagen zu können. Es dauert aber wesentlich länger, bis sie tatsächlich ein Zahlenverständnis entwickeln. Dazu müssen sie verstehen, dass die Zahl Eins ein Ding bedeutet, die Zahl Zwei zwei Dinge und so weiter. Zuerst lernen sie ‚Eins' und ‚Zwei', dann ‚viel' und ‚mehr', bevor sie weitere Zahlen lernen.

Sie lernen außerdem einfache Begriffe wie groß und klein, lang und kurz, schwer und leicht, und Steigerungsformen wie ‚groß – größer – am größten'.

Lesevorbereitung

Kinder entwickeln ganz langsam ein Verständnis dafür, dass Geschriebenes Bedeutungen transportiert, dass man es lesen kann und dass seine Bedeutung immer gleich bleibt, egal wie oft man es liest. Meistens lernen sie das im Umgang mit Büchern. Zuerst sind es Bilderbücher, und zuerst nehmen sie auch nur die Bilder richtig wahr. Sie zeigen auf Bilder, die sie besonders interessieren, und hören zu, wenn man ihnen einfache Geschichten vorliest. Sie stellen fest, dass die Bilder eine Geschichte erzählen, und später, dass dies noch mehr auf die Schrift zutrifft. Man kann sie lesen und verstehen. Wenn man ihnen dasselbe Buch häufig vorliest, können sie voraussagen, was in der Geschichte passiert, und merken sogar, wenn der Vorleser einzelne Sätze oder Wörter weglässt. Die meisten Kinder werden wütend, wenn ihnen ein Buch nicht jedes Mal mit denselben Worten vorgelesen wird.

Eine andere Komponente ist die Fähigkeit, die Formen der Buchstaben auseinanderzuhalten und wiederzuerkennen. Kinder lernen zuerst, Bilder zu unterscheiden und wiederzuerkennen, später Symbole und schließlich Buchstaben. Die ersten Worte, die sie erkennen, sind meist ihr eigener Name und die der Familienmitglieder, die sie täglich auf Namensschildern, Briefen und Adressaufklebern sehen.

Schreibvorbereitung

Zeichnen und Schreiben sind komplexe Fertigkeiten, die sowohl bestimmte physische als auch kognitive Voraussetzungen erfordern. Ein Kind, das Buchstaben oder Zeichen aufs Papier malt, braucht dazu nicht nur die nötige Körperkontrolle und Feinmotorik, es muss sich auch über die Beziehung zwischen Stift und Papier im Klaren sein, und darüber, dass die gemalten Zeichen etwas bedeuten.

Die meisten Kinder kritzeln anfänglich eher willkürlich auf dem Blatt herum und achten nicht darauf, was sie zeichnen. Wenn sie bewusst anfangen zu zeichnen, sind es erst vertikale, dann horizontale Linien, später Punkte, danach Kreise. Inzwischen können sie ihre Bewegungen besser koordinieren und sehen sich aufmerksam an, was sie zeichnen.

Kinder lernen schnell, dass sich ihnen bei ihren Zeichnungen mehrere Möglichkeiten eröffnen: Sie können Formen zeichnen wie Kreuze, Dreiecke oder Quadrate, aus denen dann Bilder entstehen können, oder Buchstaben wie A, B oder C, die der Kommunikation dienen. Sie kopieren zuerst einfache Symbole wie X, +, O, V oder T und zeichnen einfache Bilder von Personen oder Häusern.

Parellelentwicklung

Gedächtnis

Babys erinnern sich vermutlich an Dinge vor ihrer Geburt, denn sie erkennen sehr früh die Stimme ihrer Mutter, ihr Gesicht und ihren Geruch. Kinder nehmen gewisse Auslösereize wahr, die ihnen sagen, was gleich passieren wird. Das Geräusch eines laufenden Wasserhahns beispielsweise deutet auf das abendliche Bad hin. Mit der Zeit entwickelt sich das Erinnerungsvermögen, und Dinge und Ereignisse bleiben im Gedächtnis und werden nicht jedes Mal als neu und unbekannt empfunden. Das Kind erkennt Personen wieder, weiß, wozu bestimmte Dinge da sind und wie man bestimmte Handlungen ausführt.

Wenn sich das Verständnis der Objektpermanenz beim Kind verfestigt hat, entwickelt sich sukzessive sein Gedächtnis. Kinder erinnern sich an Dinge und Personen in bestimmten Kontexten, aber sie sind verwirrt, wenn sie jemanden in einem ganz anderen Zusammenhang treffen, und erkennen ihn nicht wieder. Sieht das Kind seine Oma im Kindergarten statt bei sich zu Hause, kann es ein wenig dauern, bis es erkennt, wen es vor sich hat. Kinder erinnern sich besonders gut an Ereignisse und Beschäftigungen, die besonderen Eindruck auf sie gemacht haben.

Das Erinnerungsvermögen zu entwickeln ist nicht nur für kognitive Fähigkeiten notwendig, sondern ist auch Voraussetzung für das Erlernen von Lesen und Schreiben und für den Spracherwerb.

Aufmerksamkeitsspanne

Kleine Kinder haben eine eher kurze Aufmerksamkeitsspanne und lassen sich leicht ablenken. Sie huschen von einer Aktivität zur nächsten, sobald sie ein interessantes Geräusch hören, ein neues Spielzeug entdecken oder wenn andere Personen in der Nähe sind. Erst später lernen sie, Ablenkungen auszublenden und bei ihrer momentanen Beschäftigung zu bleiben, egal was um sie herum geschieht. Eine Zeitlang können sie sich so stark auf ihr Tun konzentrieren, dass es fast unmöglich ist, sie zu stören. Später entwickeln sie die Fähigkeit, ihre Aufmerksamkeit zwischen mehreren Dingen zu teilen; so können sie beispielsweise mitten im Spiel auf verbale Anweisungen reagieren (Cooper u.a., 1978).

Zeitverständnis

Kleine Kinder kennen zuerst einmal nur das ‚Hier und Jetzt' und fordern die sofortige Befriedigung all ihrer Wünsche und Bedürfnisse. Dabei verstehen sie durchaus, dass Dinge in einer bestimmten Reihenfolge geschehen: ‚Erst gehen wir einkaufen und DANN zum Spielplatz', und kennen die Bedeutung von ‚vorher' und ‚nachher'. Sie lernen, was Gegenwart, Zukunft und Vergangenheit sind – und zwar in dieser Reihenfolge, d.h. erst ‚heute...‚ dann ‚morgen' und zuletzt ‚gestern'.

Imaginatives Spiel

Wenn Kinder ihre Spielsachen und andere Gegenstände nicht nur ihrem eigentlichen Zweck entsprechend benutzen, sondern ihre Phantasie ins Spiel mit einfließen lassen; wenn sich beispielsweise die Holzbausteine in Autos verwandeln, die über den Spielteppich flitzen, dann spricht man von imaginativem Spiel. Zwar gibt es viele unterschiedliche wissenschaftliche Theorien über den Sinn und Zweck des imaginativen Spielens, sicher ist jedoch, dass es immens wichtig für die kindliche Entwicklung ist. Kinder können dabei Neues ausprobieren, wichtige Erfahrungen machen und ein besseres Verständnis zwischenmenschlicher Beziehungen entwickeln, ohne dabei Angst haben zu müssen, etwas falsch zu machen. In diesen Phantasiespielen entwickeln Kinder außerdem die Fähigkeit zu abstraktem Denken – ‚die Schachtel ist jetzt ein Boot und der Eisstiel das Ruder' – was besonders wichtig für die Sprachentwicklung und spätere kognitive Fähigkeiten ist. Gleichzeitig üben sie das Sprechen. Eltern hören häufig ihre eigenen Worte aus dem Mund ihrer Kinder, wenn diese ihren unartigen Teddybären ausschimpfen oder einen imaginären Ehemann rügen, weil er wieder zu spät nach Haus gekommen ist.

Kinder erkunden nach und nach, welche Eigenschaften und Möglichkeiten in ihren Spielsachen stecken. Das Spielzeugauto wird zuerst in den Mund gesteckt, auf den Boden gehauen und geschüttelt, später findet das Kind heraus, was so ein Auto kann und beginnt ‚richtig' damit zu spielen, schiebt es über den Fußboden und macht dazu Motorgeräusche. Beim imaginativen Spiel lässt es beispielsweise zwei Autos gegeneinanderprallen und ruft ‚Zusammenstoß!'

Echtes imaginatives Spiel geht vom Kind aus und sollte nicht von Erwachsenen initiiert oder beeinflusst sein. Wenn beispielsweise ein Erwachsener einen Baustein als ‚Lokomotive' über Bahnschienen fahren lässt und das Kind es ihm nachmacht, oder der Erwachsene den Vorschlag macht, das

Spielzeugauto vollzutanken, und das Kind mitspielt, beweist es damit nicht die Fähigkeit zu imaginativem Spiel, sondern zum Verständnis verbaler Anweisungen und zur Nachahmung.

Für imaginatives Spiel gibt es die unterschiedlichsten Möglichkeiten, beispielsweise indem ein Kind ‚so tut als ob' und aus einer leeren Tasse trinkt oder ein imaginäres Eis isst. Oft sind es auch Rollenspiele – das Kind ahmt eine Person oder auch ein Tier nach, den Postboten beispielsweise oder die Ärztin oder auch den Löwen aus dem Zoo. Es ‚verwandelt' einen Gegenstand in etwas anderes: Der Stock wird ein Flugzeug und die Fellmütze ein Hund.

Spiele und andere Aktivitäten

Allgemeine Richtlinien

Geben Sie Ihrem Kind möglichst viele Gelegenheiten, Neues auszuprobieren, Gelerntes zu üben und seiner Phantasie im Umgang mit verschiedensten Spielsachen und Alltagsgegenständen freien Lauf zu lassen. Es braucht die Übung mit unterschiedlichen Dingen und an verschiedenen Orten, um Fähigkeiten wirklich zu verinnerlichen und auf verschiedenste Situationen übertragen zu können. Lassen Sie es Türme bauen aus Holzbausteinen, Plastikbechern, leeren Konservendosen, Pappkartons etc. Und warum nicht im Wohnzimmer Türme aus Duplo-Steinen bauen, in der Küche aus Putzschwämmen und im Garten aus Blumentöpfen?

Lassen Sie es zu, wenn Ihr Kind Dinge ‚falsch' benutzt, denn auch dabei lernt es. Wenn es versucht, Sand mit der falschen Seite seiner Schippe zu schaufeln, lassen Sie es selbst die Erfahrung machen, ob das funktioniert, anstatt ihm sofort zu zeigen, wie es ‚richtig' ist.

Entwicklungsphasen

Nachahmung

Kein Kind wird etwas nachahmen, wenn es keine Lust dazu hat oder den Sinn des Ganzen nicht versteht. Beginnen Sie also, indem Sie Ihrerseits das Kind nachahmen. Wahrscheinlich wird es das lustig finden und mitspielen. Imitieren Sie die Laute, die es macht, so wie prusten oder lallen. Ahmen Sie seine

Gesten und seine Mimik nach. Wenn es seine Rassel schüttelt, einen Bauklotz auf den Boden wirft oder mit dem Löffel auf den Teller schlägt – machen Sie es ihm nach. Und haben Sie Geduld. Es kann etwas dauern, bis Sie das erste Mal erleben, dass Ihr Kind Sie kopiert.

> *Am Weihnachtsabend saß die ganze Familie um den Tisch herum und alle ahmten Charlotte nach, die ihre Ärmchen ‚hoch in die Luft' reckte. Sie fand den Anblick so vieler Erwachsener mit hoch erhobenen Armen so lustig, dass sie es wieder und wieder tat, damit wir alle es ihr jedes Mal nachmachten. Das war ein großer Durchbruch!*

Es gibt eine ganze Reihe von Kinderversen und Liedern, bei denen bestimmte Bewegungen von allen nachgeahmt werden. Hier einige Beispiele:

Fleißige Handwerker
Wer will fleißige Handwerker sehn,
der muss zu uns Kindern gehen.
Stein auf Stein, Stein auf Stein,
das Häuschen wird bald fertig sein.

… Seht wie fein, seht wie fein,
der Glaser setzt die Scheiben ein.

… Strich strich strich, strich strich strich,
der Maler malt die Wände frisch.

… Tief hinein, tief hinein,
der Schornstein wird bald sauber sein.
… Rühret ein, rühret ein,
der Bäcker rührt den Kuchen ein.

… Stich stich stich, stich stich stich,
der Schneider näht ein Kleid für dich.

… Hopp hopp hopp, hopp hopp hopp,
wir alle tanzen im Galopp.
(*überliefert*)

Ein kleiner Matrose
(mit den Fingern ‚klein' anzeigen, für ‚Matrose' Hand an die Mütze)
umsegelte die Welt
(mit den Händen Wellenbewegungen, mit den Armen eine Weltkugel formen)
er liebte ein Mädchen
(mit den Armen eine Umarmung andeuten, weibliche Formen mit den Händen beschreiben)
das hatte gar kein Geld
(traurig gucken, Kopf schütteln, mit den Fingern Geste von Geld-machen)
Das Mädchen muss sterben
(wahlweise mit der Hand Kreuz andeuten oder über den Hals fahren: ‚Tot'.
und wer war schuld daran?
(Böse gucken, mit dem Finger drohen)
Der kleine Matrose
(siehe oben)
in seinem Liebeswahn
(mit der Hand Geste für ‚verrückt' vor dem Gesicht machen)

Alle Leut, alle Leut
Gehen jetzt nach Haus.
Große Leut, (Arme hoch)
kleine Leut, (Arme tief)
dicke Leut, (Arme ausbreiten)
dünne Leut, (Arme zusammen)
alle Leut, alle Leut,
gehen jetzt nach Haus.
Gehen in ihr Schneckenhaus, (Arm über den Kopf legen)
schauen zum Fenster raus, (Brille mit den Händen formen, vor die Augen halten)
alle Leut, alle Leut,
gehen jetzt nach Haus.

Gehen in ihr Kämmerlein, (mit den Händen Haus formen)
lassen das Spielen sein, (Hände bewegen)
alle Leut, alle Leut,
gehen jetzt nach Haus.

✳ Viele Kinder finden ‚echte' Aktivitäten interessanter, also bauen Sie die Nachahmspiele doch einfach in die tägliche Hausarbeit ein. Wenn Sie Staubwischen, geben Sie Ihrem Kind auch ein Staubtuch, oder geben Sie ihm einen Putzlappen, wenn Sie dabei sind, den Küchentisch sauber zu machen. Beim Ausfegen der Küche darf es mit einem kleinen Besen mitmachen, und es darf helfen, die Schmutzwäsche in die Waschmaschine zu stopfen.
✳ Schauen Sie in den Spiegel und schneiden komische Gesichter – vielleicht wird Ihr Kind es Ihnen nachmachen.
✳ Führen Sie anfangs die Hand Ihres Kindes, um es zur Nachahmung anzuregen, beispielsweise indem Sie gemeinsam einen Baustein nehmen und in eine Schachtel legen. Wenn Sie das ein paar Mal geübt haben, führen Sie das Kind jetzt am Handgelenk. Sobald Sie das Gefühl haben, das es verstanden hat, was von ihm erwartet wird, legen Sie Ihre Hand an seinen Ellbogen und geben nur noch geringe Hilfestellung. Irgendwann bedarf es vielleicht nur einer kleinen Berührung als Impuls, bevor das Kind dann die Aktion ganz allein ausführen kann.

Gegenstände untersuchen

Wie bereits erwähnt brauchen Kinder so viele Gelegenheiten wie möglich, um mit verschiedenen Dingen an verschiedenen Orten zu experimentieren. Natürlich sollten die (Spiel-)Sachen dem jeweiligen Entwicklungsstand entsprechen und absolut ungefährlich in der Handhabung sein. Nur so können Kinder ihre gelernten Fähigkeiten generalisieren und ihre Denkfähigkeit optimal entwickeln.

✳ Beschränken Sie sich nicht auf Spielsachen. Es gibt so viele spannende Alltagsgegenstände, die sich interessant anfühlen, verschiedene Formen, Farben und Funktionen haben und Ihr Kind zum Ausprobieren und Untersuchen animieren, wie leere Verpackungen, Küchenutensilien, Tücher und vieles mehr.
✳ Stellen Sie Rasseln aus gut verschließbaren Plastikdosen, gefüllt mit Reis, Nudeln oder Hülsenfrüchten her, oder nehmen Sie durchsichtige Plastikflaschen und füllen sie mit farbigen Holzdübeln, Murmeln, Knöpfen oder Wasser.
✳ Besitzen Sie noch diese selbsthaftenden Lockenwickler? Drücken Sie sie auf ein Stück Filz – sie machen ein spektakuläres Geräusch, wenn man sie wieder abzieht.

Spiele und andere Aktivitäten

- ✼ Geben Sie Ihrem Kind Gegenstände mit unterschiedlicher Oberflächenstruktur in die Hand. Es gibt speziell gestaltete Spielsachen; Sie können aber auch einfach eine Schachtel mit Dingen unterschiedlichen Materials füllen, wie Sandpapier, Fellstückchen, Samtreste, Klettband, Luftpolsterfolie, Metallteile, Wachs, Holzstücke, Pappstreifen etc.
- ✼ Besorgen Sie Spielsachen mit Licht- oder Geräuscheffekten – sie faszinieren jedes Kind.
- ✼ Beginnen Sie mit Spielsachen, die nicht zu filigran und für Ihr Kind mühelos zu handhaben sind. Nach und nach kann es dann auch etwas anspruchsvoller werden.

Signale geben

- ✼ Geben Sie Ihrem Kind so oft wie möglich Signale, damit es sich darauf einstellen kann, was geschieht. Es lernt dadurch gewisse Routinen zu erkennen und die Dinge des Lebens immer besser zu verstehen.
- ✼ Kündigen Sie in einfachen, leicht verständlichen Worten an, was gleich passieren wird. Benutzen Sie dabei vorzugsweise immer die gleichen Worte.
- ✼ Geben Sie nonverbale Signale. Bringen Sie das Kind ins Badezimmer, wo es das Wasser für sein abendliches Bad aus dem Hahn rauschen hört; holen Sie die Einkaufstasche, wenn es Zeit für den Supermarkt ist oder klappern Sie unüberhörbar mit dem Besteck, um die Essenszeit anzuzeigen.
- ✼ Spielen oder singen Sie einige Minuten vor dem Ende einer Aktivität eine bestimmte Melodie, zum Zeichen, dass es Zeit zum Aufräumen ist.

Objektpermanenz

- ✼ Spielen Sie Verstecken mit einem Lieblingsspielzeug oder einem Teddybär. Verbergen Sie am Anfang nur einen Teil des Teddys unter einem Tuch, fragen: ‚Wo ist der Teddy?' und lassen ihn dann wieder ganz zum Vorschein kommen: ‚Da!'. Beim nächsten Mal warten Sie ab, ob das Kind den Teddy von selbst findet. Wenn ihm das mehrmals gelungen ist, machen Sie das Spiel schwieriger, indem Sie den Teddy jedes Mal mehr verdecken, bis er gar nicht mehr zu sehen ist.
- ✼ Verstecken Sie kleine Gegenstände unter Töpfen, Schüsseln oder Pappkartons und decken Sie sie dann wieder auf oder lassen es Ihr Kind tun. Nehmen Sie am Anfang durchsichtige Schüsseln, das macht es einfacher.

- ✸ Wenn Ihr Kind in einem Hochstuhl mit integriertem Tisch sitzt, verbergen Sie ein Spielzeug, das Geräusche macht (eine Rassel, eine Glocke oder eine Quietschente) unter der Tischplatte und bewegen es von einer Seite zur anderen. Lassen Sie es ab und zu auftauchen, so dass das Kind es sehen kann. Vielleicht wird es sogar danach greifen.
- ✸ Wenn Ihr Kind anfängt, Sachen aus dem Kinderwagen oder vom Hochstuhl zu werfen, heben Sie sie geduldig immer wieder auf, damit es lernt, dass Dinge weiterexistieren, auch wenn es sie nicht sieht.
- ✸ Lassen Sie Murmeln, kleine Autos oder Bälle durch eine Röhre kullern. Das Kind sieht sie in der Röhre verschwinden, verliert sie aus den Augen und sieht sie am anderen Ende wieder herauskommen. Eine gute Übung zur Objektpermanenz.
- ✸ Spielen Sie immer wieder ‚Kuckuck!' mit Ihrem Kind, verstecken Sie dabei Ihr Gesicht hinter einem Tuch oder hinter den Händen. Mehr Ideen in dieser Richtung finden Sie in Kapitel 4.
- ✸ Hat Ihr Kind eine Sehbehinderung, platzieren Sie ein Spielzeug knapp außerhalb seiner Reichweite und fordern es auf, danach zu suchen. Es lernt auf diese Weise, dass Dinge noch da sind, auch wenn es sie nicht berühren kann.

Die Umgebung erkunden

Kinder brauchen die Möglichkeit, unterschiedliche und ungewohnte Umgebungen zu erkunden. Wenn Kinder anfangen, mobil zu werden, können sie sich selbständig in ihrem Kinderwagen umdrehen und so die Perspektive ändern, oder herumkrabbeln und feststellen, dass Geräusche unter dem Tisch anders klingen, der Teppich sich anders anfühlt als die Küchenfliesen und dass es im Haus überall anders riecht. Sonnenstrahlen fallen durch die Fensterscheiben und auf dem Boden bewegen sich Schatten.

Wenn sich Ihr Kind nicht von allein fortbewegen kann, braucht es Ihre Hilfe bei der Erforschung seiner Umwelt. Bringen Sie es an immer neue Plätze, beispielsweise ans Fenster, unter den Tisch, in eine Zimmerecke – das ist interessanter als die Krabbeldecke an der immer gleichen Stelle mitten im Raum. Verändern Sie auch mal die Position des Hochstuhls bei den Mahlzeiten. Nehmen Sie das Kind mit, wenn Sie im Haus unterwegs sind, damit es Gelegenheit hat, alle Räume kennen zu lernen.

Ursache und Wirkung

Wenn das Kind, dem Sie das Prinzip von Ursache und Wirkung nahebringen möchten, körperlich eingeschränkt ist, achten Sie darauf, Gegenstände zu verwenden, die einfach zu handhaben sind. In der folgenden Liste finden Sie geeignete Spiele und Spielsachen, die bestens geeignet sind, Ursache und Wirkung deutlich zu machen:

- Spielsachen mit sensorischen Effekten, die beispielsweise quietschen oder aufleuchten, wenn man draufdrückt, oder leuchten, wenn man ein Geräusch macht.
- Spielsachen mit Knöpfen, die man drücken, drehen oder schieben kann.
- Spielzeug mit Knöpfen, um Licht oder Musik einzuschalten.
- Sogenannte ‚Kastenteufel'.
- Bücher, aus denen bei Knopfdruck beispielsweise Tierstimmen oder andere Geräusche erklingen.
- Pop-up-Bilderbücher.
- Kinderkeyboards oder -kassettenrecorder.
- Computerspiele für Kinder.
- Hat Ihr Kind eine Sehschwäche, versuchen Sie es mit Spielsachen, bei denen man Lichteffekte auslösen kann.

Geringer Aufwand, große Wirkung: Wir haben zu Hause eine der Kurzwahltasten am Telefon mit rotem Nagellack bepinselt. Wenn Natascha auf den roten Knopf drückt, ist Oma dran!

Relational Play

Kinder, die ausreichend Gelegenheit haben, mit unterschiedlichen Dingen zu spielen, lernen, in welchem Verhältnis die Objekte zueinander stehen. Sie lernen außerdem, Größe und Gewicht einzuschätzen.

Dinge aufeinander stapeln
Fordern Sie Ihr Kind auf, einen kleinen Gegenstand auf einen größeren zu stapeln und dann alles mit viel Lärm und Begeisterung umzuwerfen. Üben Sie das mit so vielen unterschiedlichen Objekten wie möglich. So wird es immer geübter darin, beispielsweise die großen Bauklötze unten und die kleineren oben drauf zu stapeln, und zwar möglichst mittig, statt knapp auf dem Rand, wo sie wackelig und instabil liegen.

Dinge ineinander stapeln
Lassen Sie Ihr Kind kleine, handliche Dinge in einen großen und flachen Behälter wie beispielsweise eine Kuchenform füllen. Wenn Sie dann den Behälter hin und her bewegen, gibt das ein interessantes Klappern. Beim nächsten Mal verwenden Sie kleinere Behälter mit engeren Öffnungen. Ermuntern Sie Ihr Kind, Dinge von einem Behälter in den anderen umzufüllen.

Nehmen Sie verschieden große Dosen mit weichen Plastikdeckeln (Kaffee- oder Keksdosen). Schneiden Sie ein Loch ungefähr von der Größe eines Ping-Pong-Balls in den Deckel und lassen Sie Ihr Kind Dinge hineintun und wieder herausschütteln.

Rollen und rutschen
Lassen Sie Ihr Kind Murmeln, kleine Autos oder Bälle über eine Schräge oder durch eine Röhre rollen. Verwenden Sie dazu einfach ein Buch, ein Brett oder ein Tablett, dass Sie an eine Kante lehnen. Oder nehmen die leere Papprolle von Küchenpapier oder Alufolie. Vergrößern und verringern Sie das Gefälle, um die Geschwindigkeit der Murmeln oder Autos zu verändern.

Objekte bewegen, ohne sie zu berühren
- Reihen Sie Bauklötze hintereinander auf dem Fußboden auf und schieben Sie mit dem hintersten Klotz die ganze Reihe vorwärts. Das funktioniert auch mit Spielzeugautos.
- Versehen Sie Spielzeugautos und -tiere mit einer Schnur und zeigen Sie Ihrem Kind, wie man sie zu sich heranziehen kann, ohne das Spielzeug zu berühren.
- Legen Sie einen Apfel oder einen Keks auf einen Streifen Papier, ziehen das Papier an sich heran und zeigen dem Kind, dass man sich etwas holen kann, ohne es dabei zu anzufassen.

Bauen

- Entwickeln Sie die Grundidee des ‚Dinge aufeinander Stapelns' weiter, indem Sie komplexere Gegenstände wie Duplo-Steine, Noppen-Bausteine und Klötze in verschiedenen Formen wie beispielsweise Zylinder, Quader und Würfel aufeinander türmen.
- Regen Sie Ihr Kind dazu an, nicht nur einfache Türme, sondern auch mal Mauern, Brücken und Häuser zu bauen.

✯ Die Schienen einer Holzeisenbahn kann man zu vielen verschiedenen Formen zusammenbauen.

Vergleichen, zuordnen, unterscheiden

Als erstes lernt ein Kind, reale Gegenstände zu vergleichen und zuzuordnen. Später kann es diese Fähigkeit auch auf Bilder übertragen. Die nächste Stufe ist das zuordnen nach Farbe und Größe. Auch kleine Unterschiede und Übereinstimmungen zu erkennen ist wichtig für das spätere Lesen- und Rechnenlernen. Denken Sie nur daran, wie ähnlich beispielsweise die Buchstaben ‚F' und ‚E' aussehen.

Reale Gegenstände zuordnen
Beginnen Sie mit zwei Sätzen von je drei alltäglichen Gegenständen. Eine Dreiergruppe legen Sie vor das Kind hin, von der zweiten geben Sie ihm jeweils ein Teil in die Hand und fordern es auf, es neben das entsprechende Ding der ersten Gruppe zu legen. Es liegen da beispielsweise ein Apfel, ein Löffel und ein Bauklotz. Legen Sie den Löffel aus dem zweiten Satz neben den ersten. Reichen Sie dem Kind den zweiten Apfel und warten ab, ob es ihn neben den ersten legt. Tun Sie das Gleich mit dem Bauklotz. Üben Sie das mit verschiedenen Gegenständen.

Bilder zuordnen
Verfahren Sie ebenso mit zwei Sets einfacher Bilder. Beginnen Sie mit einer Auswahl klar erkennbarer Abbildungen von Alltagsgegenständen und bitten das Kind, das jeweils gleiche Bild auf das erste zu legen. Dann versuchen Sie es mit nicht ganz so simplen Bildern, und vergrößern die Anzahl pro Set. Sie können beispielsweise die Karten eines Memory-Spiels verwenden. Wenn Sie es sich zutrauen, machen Sie eigene einfache Zeichnungen.

Formen vergleichen
Üben Sie mit dem Kind, Formen zu unterscheiden, indem Sie es beispielsweise auffordern, einen Ball in ein rundes Loch und den Würfel in das eckige Loch zu stecken. Es gibt dafür entweder Kästen mit entsprechend ausgeschnittenen Deckeln, oder Holzpuzzles, in die man verschiedene Formen und Figuren einfügt.

Zu Beginn wird es wahrscheinlich auf ein einfaches Versuch und Irrtum-Spiel hinauslaufen und Sie müssen viel Hilfestellung leisten, aber nach und nach erkennt das Kind die verschiedenen Formen – meistens zuerst den Kreis, dann nacheinander die Quadrate, Dreiecke und Sterne.

Farben unterscheiden
Beginnen Sie mit Rot und Gelb, denn diese Farben sind am einfachsten zu unterscheiden. Dann kommen Grün und Blau an die Reihe und nach und nach die anderen Farben.

Nehmen Sie eine gelbe oder rote Kiste oder Plastikschüssel, gehen Sie dann mit Ihrem Kind durchs Haus und sammeln gelbe oder rote Gegenstände in den entsprechenden Behälter.

Üben Sie die Farben mit verschiedenen Spielen: Bauen Sie Türme nur aus roten oder gelben Bausteinen, lassen Sie das Kind die roten oder gelben Holzperlen aus einer Schachtel mit vielen Farben heraussuchen oder alle gelben Dinge auf dem Frühstückstisch finden. Da gibt es fast unendlich viele Möglichkeiten.

Größe vergleichen
Beginnen Sie mit ‚groß' und ‚klein' und machen Sie den Größenunterschied deutlich. Benutzen Sie dafür beispielsweise Kochtöpfe, Tupperdosen oder Löffel.

Dinge auswählen und beim Namen nennen
Wenn ein Kind gelernt hat, Gegenstände zu unterscheiden und zuzuordnen, stellen Sie ihm die Aufgabe, einen Gegenstand aus einer Gruppe von Dingen herauszufinden. Legen Sie ein Spielzeugauto, ein Buch und einen Becher vor das Kind hin und bitten es, Ihnen den Becher zu geben. Tun Sie das Gleiche mit Bildern, Farben, Größen und Formen.

Spielen Sie ‚einkaufen' mit verschiedenen Sachen. Wenn das Kind dies ausreichend geübt hat, fordern Sie es auf, die Gegenstände, Farben, Formen etc. selbst zu benennen.

Sortieren und zuordnen
Fordern Sie das Kind auf:
- beim gemeinsamen Aufräumen Dinge zu sortieren, beispielsweise alle Duplo-Steine in eine Kiste, Bilderbücher in eine andere;
- beim Ausräumen der Spülmaschine das Besteck nach Messern, Gabeln und Löffeln zu sortieren;
- gleiche Dinge zu finden, um seine Aufmerksamkeit zu schulen, wie bei-

spielsweise Knöpfe und Murmeln gleicher Farbe, Muscheln gleicher Größe und passende Puzzleteile;
* schwierigere Paarungen zu finden wie Schuhe und Socken, Tasse und Untertasse, Messer und Gabel, Mütze und Schal;
* Gegenstände nach ihrer Bestimmung zu sortieren, beispielsweise Küchengegenstände, Badezimmerutensilien oder Kleidungsstücke.

Spiele zur Rechenvorbereitung

Die folgenden Spiele dienen der Erkennung und Nachahmung von Mustern und trainieren damit Fähigkeiten, die später Voraussetzung für das Rechnenlernen sind. Bilden Sie anfänglich einfache Muster aus Bauklötzen oder Holzperlen in nur zwei verschiedenen Farben.

Später können Sie den Schwierigkeitsgrad zu mehr Farben steigern und auch Größenunterschiede einführen. Das Kind soll die Muster erkennen und selbstständig fortführen.

Eins-zu-eins Zuordnung
Fordern Sie das Kind auf:
* den Tisch zu decken, indem es an jeden Platz eine Tasse, ein Messer und eine Gabel etc. legt. Es kann auch einen Kaffeetisch für seine Stofftiere decken;
* auf einem Bild die Gegenstände zu finden, die zusammengehören, wie beispielsweise ein Regenschirm und Gummistiefel, ein Hund und sein Fressnapf, eine Katze und ihre Jungen;
* beim Spielen oder beim Essen auszuteilen: ‚Eins für Mama, eins für Opa, eins für Stefan…';
* Dinge in die passenden Behälter zu tun, wie zum Beispiel die Zahnbürste in den Zahnputzbecher, den Löffel in die Tasse, den Apfel in den Korb.

Zahlen begreifen
Machen Sie Ihrem Kind die Zahlen buchstäblich begreifbar. Geben Sie ihm die Dinge in die Hand und zählen Sie: Ein Bauklotz, zwei Bauklötze... Am Anfang sind eins und zwei genug. Verwenden Sie Dinge, die dem Kind vertraut sind und die es problemlos handhaben kann, wie Bauklötze, kleine Bälle, Murmeln, Schuhe, Socken, Kekse.

Bitten Sie Ihr Kind im Laufe des Tages immer wieder, ihnen ein oder zwei Dinge zu geben. Beim Bauen mit Duplo: ‚Gib mir zwei Steine, und jetzt noch einen', oder wenn es bei der Küchenarbeit hilft: ‚Hol mir eine Zwiebel und zwei Kartoffeln und einen Löffel' und so weiter.

Größen und Formen unterscheiden
Entwickeln Sie Spiele, bei denen Ihr Kind gegensätzliche Begriffe wie groß und klein, lang und kurz, leicht und schwer, viel und wenig, nass und trocken zu verstehen lernt. Es gibt viele Bilderbücher, die das Thema Gegensätze sehr gut vermitteln.

Abzählreime
Es gibt viele Abzählverse, die Sie mit Ihrem Kind singen und aufsagen können, um das Zählen zu üben.

Zehn kleine Zappelmänner
Zehn kleine Zappelmänner zappeln hin und her.
Zehn kleinen Zappelmännern fällt das gar nicht schwer.
(Mit zappelnden Fingern beide Hände hin und her bewegen.)

Zehn kleine Zappelmänner zappeln auf und nieder.
Zehn kleine Zappelmänner tun das immer wieder.
(Mit zappelnden Fingern beide Hände auf und ab bewegen.)

Zehn kleine Zappelmänner zappeln ringsherum.
Zehn kleine Zappelmänner, die sind gar nicht dumm.
(Mit zappelnden Fingern beide Hände im Kreis bewegen.)

Zehn kleine Zappelmänner spielen gern Versteck.
Zehn kleine Zappelmänner sind auf einmal weg!
(Die Hände hinter dem Rücken verstecken.)

Rufen: Zappelmänner wo seid ihr?
Rufen: Hier!!!
(Die Hände vorholen und Finger zappeln lassen.)
(Verfasser unbekannt)

Morgens früh um sechs
Morgens früh um sechs
kommt die kleine Hex'.

Morgens früh um sieben
schabt sie gelbe Rüben.
Morgens früh um acht
wird Kaffee gemacht.
Morgens früh um neun
geht sie in die Scheun'.
Morgens früh um zehn
holt sie Holz undСпän',
feuert an um elf,
kocht dann bis um zwölf.
Fröschebein und Krebs und Fisch,
hurtig Kinder, kommt zu Tisch!
(Volksgut)

Dort oben auf dem Berge ...
Dort oben auf dem Berge, da ist der Teufel los.
Da streiten sich fünf Zwerge um einen großen Kloß.
Der erste will ihn haben,
der zweite lässt ihn los,
der dritte fällt in' Graben,
dem vierten platzt die Hos'.
Der fünfte schnappt den Kloß
und isst ihn auf mit Soß'.

Abzählreim
1, 2, 3, 4, 5, 6, 7
wo ist nur mein Freund geblieben?
Ist nicht hier, ist nicht da.
Ist wohl in Amerika.

Lesevorbereitung

Das Wichtigste ist, Kinder für Bücher zu interessieren. Schauen Sie zusammen so oft wie möglich Bilderbücher an, vor allem solche mit klaren einfachen Bildern bekannter Gegenstände, Tiere und Situationen in möglichst leuchtenden, ansprechenden Farben. Zeigen Sie dem Kind, wie herum man das Buch hält und dass man es von links nach rechts ‚liest'.

Später können Sie zu einfachen Kindergeschichten übergehen, in denen mehr oder weniger alltägliche Dinge erzählt werden, wie ein Tagesablauf in der Familie, ein Ausflug oder ein Geburtstagsfest. Dabei bekommt das Kind eine Vorstellung von der Aufeinanderfolge von Ereignissen.
* Lassen Sie das Kind ein bestimmtes Bild im Buch suchen.
* Ermuntern Sie Ihr Kind, mit den Bildern im Buch zu interagieren, d.h. beispielsweise so zu tun, als würde es den Kuchen auf dem Bild essen, der Puppe einen Kuss geben oder den Hund streicheln.
* Kinder müssen erst verstehen lernen, dass Schrift eine Bedeutung hat. Zeigen Sie, dass Sie die Wörter im Buch, auf Postkarten, Schildern und Einkaufszetteln lesen können.
* Rhythmen und Reime fördern die kindliche Sprach- und Lesefähigkeit, sagen Sie Ihrem Kind also so oft wie möglich Abzählreime und kleine Gedichte auf und singen Kinderlieder mit ihm. Lassen Ihr Kind fehlende Wörter und Reime einsetzen und den Refrain mitsingen.

Alle auf den vorigen Seiten aufgeführten Fertigkeiten sind von Bedeutung. Kinder brauchen eine differenzierte visuelle Wahrnehmung, um später Buchstaben unterscheiden zu können. Sobald ein Kind in der Lage ist, Symbole einander zuzuordnen, kann man das auch mit Buchstaben, Zahlen und Wörtern üben.
* Schreiben Sie ein Wort, beispielsweise ‚Auto' oder ‚Baum' auf jeweils zwei Zettel und lassen Sie Ihr Kind den entsprechenden anderen Zettel mit demselben Wort finden.
* Befestigen Sie Namensschildchen an Türen, Tischsets und Kleiderhaken, so dass Ihr Kind Sie überall sehen kann. Sein eigener Name und die seiner Familienmitglieder werden vermutlich die ersten sein, die es erkennt.
* Fertigen Sie ein Fotoalbum mit Bildern aller Familienmitglieder an und schreiben Sie unter jedes Foto den jeweiligen Namen. So ein Album eignet sich wunderbar für Suchspiele. Schreiben Sie die betreffenden Namen auf Extrazettel. Fordern Sie Ihr Kind auf, die Zettel mit den Namen den Namen unter den Fotos zuzuordnen. Dann verdecken Sie die Bilder und ordnen Sie nur die Namen einander zu. Zum Schluss verdecken Sie die Namen im Album lassen Sie das Kind die Namen den Fotos zuordnen.
* Kleben Sie auf Gegenstände oder Möbelstücke in Ihrem Haus Schildchen mit Ihrem jeweiligen Namen, kleben Sie also ‚Fernseher', ‚Tür', ‚Stuhl' oder ‚Teddy' auf die entsprechenden Dinge, und geben Sie Ihrem Kind ein zweites Namensschildchen, dass es neben das erste kleben soll. Oder bit-

ten Sie es andersherum, ihnen das passende Schildchen zu bringen. ‚Post-its' eignen sich hierfür hervorragend.

Ein gut funktionierendes Erinnerungsvermögen ist wichtig zur Lesevorbereitung. Spielen Sie auch die im Abschnitt ‚Erinnerungsvermögen' aufgeführten Spiele.

Schreibvorbereitung

Sobald das Kind anfängt, Zeichen aufs Papier zu bringen, regen Sie Spiele an, mit denen es Genauigkeit üben und sich mit der Grundidee des ‚Schreibens' von Zeichen vertraut machen kann.
- ✯ Spielen Sie auf einem Straßenteppich und ermutigen Sie Ihr Kind, die Strecke, die ein Auto gefahren ist, nachzuzeichnen.
- ✯ Es gibt ein Spielzeug, bei dem das Kind Holzperlen auf einem gewundenen Draht von einem Ende zu anderen schieben soll – probieren Sie es mal aus.
- ✯ Drücken Sie mit Händen und Füßen Spuren in den Sand und ermuntern Sie Ihr Kind, dasselbe zu tun.
- ✯ Zeichnen Sie zwei Dinge auf ein Blatt Papier – beispielsweise zwei Schuhe, einen Hund und seinem Fressnapf, zwei Farbkleckse, Buchstaben oder Zahlen. Bitten Sie Ihr Kind die beiden Dinge mit einer Linie zu verbinden.
- ✯ Fordern Sie das Kind auf, Linien von oben nach unten oder quer über das Blatt zu zeichnen.
- ✯ Zeichen Sie zwei parallele Linien im Abstand von ca. 6 Zentimetern quer auf ein Blatt Papier und regen das Kind dazu an, zwischen diesen Linien eigene Linien von rechts nach links zu zeichnen.
- ✯ Zeichnen Sie mit einem fluoreszierenden Stift eine breite Linie und fordern das Kind auf, diese Linie nachzuzeichnen. Beginnen Sie mit einer breiten, geraden Linie, die nach und nach schmaler werden kann, mit Kurven, im Zickzack und schlussendlich immer komplizierter.
- ✯ Zeichnen Sie zwei Autos, die auf einer breiten Straße aufeinander zu fahren. Ihr Kind soll die Strecke zeichnen, die die Autos zurücklegen, bis sie sich treffen. Zeichnen Sie zuerst eine gerade Straße, dann mit einigen Biegungen und schließlich richtig kurvig.
- ✯ Lassen Sie Ihr Kind einfache Formen wie Kreise, Kreuze oder T's zeichnen oder auch durchpausen.

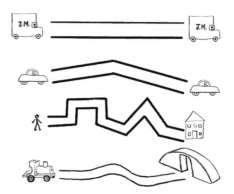

Ausmalen

Die meisten Kinder malen am Anfang quer über das ganze Blatt. Sie lernen erst allmählich, die Farbstifte kontrollierter und gezielter einzusetzen.

Beginnen Sie, indem Sie dem Kind ein großes Blatt Papier zum Bemalen geben. Später geben Sie ihm ein kleineres Blatt. Kleben Sie das Blatt auf ein schwarzes Stück Karton, damit die Ränder deutlicher erkennbar sind. Dann beginnen Sie mit dem Ausmalen einfacher Formen. Zeichnen Sie die Umrisse eines Kreises, eines Autos oder einer Person. Der Linien sollten breit und die Zeichnung sollte eine gute Größe haben – nicht zu klein, um das Kind nicht gleich zu entmutigen, aber auch nicht zu groß, damit es nicht vorzeitig die Lust verliert und sich langweilt.

Besonders wenn ein Kind stark sehbehindert ist, kann es sinnvoll sein, wenn die Zeichnung einen erhöhten Rand hat. Kleben Sie einen Bindfaden auf die Umrisse, oder verwenden Sie einen Klebstoff, der zu einem dicken, plastischen Streifen auftrocknet.

In Kapitel 5 finden Sie weitere Spielanregungen.

Parallelentwicklung

Erinnerungsvermögen

Lesen Sie Ihrem Kind eine einfache Geschichte mehrmals vor, stoppen dann im Vorlesen und fragen das Kind, was wohl als nächstes geschieht.
* ✯ Abzählreime und Mitmachlieder sind ein gutes Gedächtnistraining und machen Spaß. Die Kinder können einzelne Wörter oder Verse, die sie aus-

wendig können, mitsingen. Wenn Sie nicht in der Lage sind zu sprechen, können sie zeigen, was sie sich gemerkt haben, indem sie die entsprechenden Bewegungen oder Zeichen machen.
- Lassen Sie sich von Ihrem Kind erzählen, was es den Tag über erlebt hat und erzählen ihm von Ihrem eigenen Tagesablauf.
- Bitten Sie das Kind, bestimmte Dinge zu holen oder Dinge an den richtigen Platz zurück zu legen.
- ‚Memory': Die Karten werden mit dem Bild nach unten auf dem Tisch verteilt. Der Reihe nach darf jeder Spieler zwei Karten aufdecken. Ergeben sie ein Paar, darf der Spieler sie behalten. Wenn nicht, muss er sie zurücklegen und der nächste Spieler ist an der Reihe. Das Spiel schult die Aufmerksamkeit und das Erinnerungsvermögen.
- ‚Bilderlotto': Jeder bekommt ein Spielbrett mit einer Anzahl von Bildern darauf, sowie einzelne Karten, die den Bildern auf den Spielbrettern entsprechen. Der Reihe nach deckt jeder Spieler eine seiner Karten auf. Derjenige, auf dessen Spielbrett das entsprechende Bild ist, bekommt die Karte. Wessen Spielbrett zuerst komplett ist, hat gewonnen.
- Legen Sie zwei oder drei Gegenstände auf den Tisch, nehmen Sie sie nacheinander in die Hand und sagen, um was es sich handelt. Dann verdecken Sie die Gegenstände, und fragen das Kind, an welche Dinge es sich erinnert. Sie können das Spiel variieren, indem Sie unbemerkt einen Gegenstand wegnehmen und das Kind fragen, welcher fehlt.

Erhöhung der Aufmerksamkeitsspanne

Bleiben Sie realistisch in Ihren Erwartungen. Alle kleinen Kinder haben zunächst eine kurze Aufmerksamkeitsspanne, die sich erst allmählich entwickelt.
- Bringen Sie alle Aktivitäten zu Ende, auch wenn das manchmal bedeutet, ein Spiel in schnellem Tempo ‚durchzuziehen'. Ihr Kind soll lernen, etwas einmal Begonnenes auch zu Ende zu bringen und nicht abzubrechen, wenn etwas anderes lockt.
- Vermeiden Sie nach Möglichkeit Unterbrechungen und Störungen (s. Kap. 2, S. 33ff.).
- Aktivitäten mit Ihrem Kind sollten nicht zu kompliziert sein und vor allem Spaß machen, damit das Kind gern dazu bereit ist und nicht gleich durch sein Unvermögen frustriert wird.

- Gewöhnen Sie Ihr Kind an feste Plätze für bestimmte Aktivitäten: Mahlzeiten am Esstisch, Malen im Kinderzimmer, Bücher anschauen auf dem Sofa.
- Spiele mit dem Prinzip ‚Ursache und Wirkung' (s. S. 89f.) steigern die Motivation, sich mit Spielsachen und Alltagsgegenständen zu beschäftigen und auszuprobieren, was man damit anstellen kann.
- Initiieren Sie Spiele, bei denen das Kind öfter einen Moment warten muss, bevor es losgeht. Sagen Sie ‚Achtung, fertig – los!' oder zählen Sie ‚Eins, zwei, drei!' bevor Sie einen Ball rollen oder eine Kugel in die Kugelbahn legen. Ihr Kind lernt, dass es manchmal auf die Befriedigung seiner Wünsche warten muss.
- Pusten Sie Seifenblasen in die Luft und halten dann einen Moment inne, bevor Sie weitermachen.
- Beginnen Sie ein Spiel, das Ihr Kind besonders gern hat und versuchen Sie, sein Interesse möglichst lange wach zu halten. Das geht besonders gut, indem Sie immer neue Elemente hinzufügen, damit es spannend bleibt. Spielt das Kind gern mit der Holzeisenbahn, bauen Sie zuerst die Schienen auf, setzen die Lok auf die Schienen, hängen Waggons daran, laden kleine Dinge in die Waggons, bauen eine Brücke und einen Bahnhof, lassen den Zug am Bahnhof halten und Fahrgäste einsteigen und so fort.
- Alternativ können Sie auch viele kleine Spiele aufeinander folgen lassen; dabei kommt es darauf an, Interesse und Konzentration aufrecht zu erhalten.

Zur Entwicklung der Aufmerksamkeitsspanne gehört auch die Fähigkeit, anderen zuzuhören. Im Kindergarten und in der Schule gibt es ständig Situationen, in denen die Kinder sich gleichzeitig auf eine Aufgabe konzentrieren und zuhören müssen. Probieren Sie dazu einige der Zuhör-Spiele in Kapitel 5, S. 150ff.

Zeitverständnis

Kinder verstehen erst ganz allmählich, was es mit dem Begriff ‚Zeit' auf sich hat. Ihnen Zeitverständnis zu vermitteln, kann helfen, Frustration und Kummer zu verringern, die immer dann auftreten können, wenn kleine Kinder etwas ‚jetzt' haben wollen und auf einen späteren Zeitpunkt vertröstet werden.
- Ein erstes Gefühl für Zeit entsteht durch das Verständnis einer Abfolge von Aktionen. Informieren Sie im Alltag Ihr Kind über den Tagesablauf. Zu-

erst wird aufgeräumt, dann gibt es Essen. Erst kommt der Mittagsschlaf, dann gehen wir schwimmen. Halten Sie die Informationen möglichst einfach und wiederholen Sie sie mehrmals.
* Weisen Sie beim Anschauen von Bilderbüchern auf Abfolgen von Tätigkeiten hin, oder auch, wenn Sie mit Puppen und Stofftieren spielen.
* Teilen Sie Ihrem Kind mit, wie die nächsten Stunden ablaufen werden. ‚Gleich frühstücken wir, und dann besuchen wir Thomas und Andrea.'
* Zeigen Sie auf Uhren in Bilderbüchern oder in Ihrer Umgebung und weisen darauf hin, was die jeweilige Uhrzeit bedeuten kann: ‚Zeit für die Schule' oder ‚Zeit zum Ins-Bett-gehen'.
* Verwenden Sie einen Zeitplan, auf dem Ihr Kind den Tagesablauf ablesen kann (s. Kap. 2, S. 80).

Imaginatives Spiel

Wenn Ihr Kind bereits in Lage ist, Aktivitäten nachzuahmen, erweitern Sie das Spiel um imaginative Elemente. Das Kind kann beispielsweise aus einer leeren Tasse ‚trinken' oder sich mit einem Lineal die Haare ‚kämmen'.

Erste imaginative Spiele sehen häufig so aus, dass Kinder mit ihren Puppen oder Stofftieren ‚so tun als ob' sie alltägliche Aktionen mit den realen Gegenständen ausführen (sie beispielsweise auf die Toilette setzen oder auf das Bobbycar), oder andersherum mit Spielsachen ‚so tun' als wären sie die ‚echten' Dinge (auf dem Spielherd kochen oder mit Plastikwerkzeug ‚arbeiten').

Beginnen Sie auf dem einfachsten Level des imaginativen Spiels und erweitern es nach und nach mit einzelnen neuen Spielsequenzen, so dass sich die Bandbreite der Spielmöglichkeiten zusehends vergrößert.

Suchen Sie nach Spielen und Spielsachen, die das Interesse Ihres Kindes wecken:
* Kochen – mit echten oder Spiel-Zutaten.
* Essen und Füttern – sich selbst oder die Puppen und Stofftiere.
* Autos – mit einem Spielzeugauto zum Einkaufen oder zur Tankstelle fahren oder ein Autorennen veranstalten.
* Haus – nehmen Sie dazu einen sehr großen Karton oder drapieren Sie Decken oder Bettlaken über Stühle oder Wäscheständer.
* Einkaufsladen – mit einem Einkaufskorb oder einer Tasche, sowie kleinen Lebensmittelpaketen, Obst, Gemüse und Kuchen aus Holz oder Plastik sowie Spielgeld.

- ✯ Verkleidungskiste mit abgelegten Kleidern, Schuhen, Hüten und Accessoires.
- ✯ Mutter und Kind – mit einer Babypuppe, Puppenwagen, Fläschchen und Windeln
- ✯ Postbote – bringt zu Fuß oder mit dem Auto Briefe und Päckchen.

Beim imaginativen Spiel kann alles alles sein – ein Stock ist ein Hund und ein Pappkarton ein Auto – die Möglichkeiten sind schier unendlich.

4 Sprachentwicklung

Die Theorie

Was ist Sprachentwicklung?

Kinder lernen zu hören und zu verstehen, indem man zu ihnen spricht. Erst ahmen sie nur die Laute nach, dann die Worte, und dann lernen sie, die Worte in unterschiedlicher Reihenfolge als Sprache zu verwenden. Sprache ist aber viel mehr als nur das gesprochene Wort. Wir lernen von Anfang an auch Körpersprache und Gesten zu verstehen und feine Nuancen im Ausdruck aus dem Blickkontakt herauszulesen, um die Kommunikation effektiver zu gestalten (Wells, 1985; Law, 1994).

Entwicklungsverlauf

Das Neugeborene

Ein neugeborenes Kind ist allein nicht lebensfähig und deshalb auf irgendeine Art der Kommunikation angewiesen, um auf sich und seine Bedürfnisse aufmerksam zu machen. Ein Baby schreit, weil es Hunger hat, sich nicht wohl fühlt oder gern Gesellschaft hätte. Es sucht zwar nicht von sich aus Blickkontakt, weicht ihm aber auch nicht aus. Wie bereits erwähnt, zeigen Neugeborene mehr Interesse an Gesichtern als an allen anderen Dingen. Manche Babys imitieren die Gesten Erwachsener ausgesprochen frühzeitig, beispielsweise machen sie es ihm nach, wenn er die Zunge herausstreckt.

Blickkontakt

Babys lernen schnell, Blickkontakt herzustellen, denn diese Art der Kommunikation verhilft ihnen dazu, dass Erwachsene sich um sie kümmern und sie sich selbst und ihre Umwelt kennenlernen. Blickkontakt ist eine wichtige

Grundlage der Sprachentwicklung. Kinder müssen den Leuten ins Gesicht sehen, um Kommunikation zu verstehen, um den Sinn des abwechselnden Sprechens zu begreifen und die Emotionen aus den Augen und dem Gesichtsausdruck anderer Menschen herauszulesen.

Das Lächeln und die ‚Babysprache'

Irgendwann lernen Babys, zu lächeln. Es ist nach dem Schreien ihre erste Möglichkeit der Kommunikation, und sie stellen bald fest, dass es fast immer zu positiven Reaktionen bei den Erwachsenen führt. Wenn sie nach und nach mehr ihre Lippen, ihre Zunge und den Kehlkopf besser kontrollieren können, erweitert sich ihr Repertoire an Tönen und Lauten sehr schnell. Sie lachen, glucksen und quietschen. Sie krähen, machen Bläschen, gurgeln und trillern. Diese Laute sind Vorläufer des Sprechens.

Sich abwechseln

Sobald ein Kind beginnt, Laute zu produzieren, tut es das gern abwechselnd mit einer anderen Person. Es beginnt fast unmerklich. Wenn die Mutter ihr Kind im Arm hält und/oder es füttert, ‚spricht' sie intuitiv mit ihm. Das Baby macht ein Geräusch und die Mutter macht es ihm nach, oder sie ahmt seinen lustigen Gesichtsausdruck nach. Das Baby reagiert fröhlich glucksend, kräht und versucht seinerseits die Mutter nachzuahmen. Das Kind lernt ‚etwas zu sagen', auf eine Antwort zu warten, dann wieder ‚etwas zu sagen' und wieder auf eine Reaktion zu warten. Das ist die Basis für ein Gespräch – das Konzept von abwechselndem Reden und Zuhören, und der Wahrnehmung von Körpersprache und Gesichtsausdruck, die mir sagen, ob ich jetzt mit Reden oder Zuhören dran bin. Eine wichtige Fähigkeit, die von Eltern oft unbeachtet bleibt.

Lallen

Wenn Kinder die Bewegungen ihres Mundes und Kehlkopfes immer besser beherrschen, lernen sie mehr und mehr unterschiedliche Laute zu produzieren. Das wird besonders deutlich, sobald sie beginnen, feste Nahrung zu sich zu nehmen und zu kauen.

Teilweise hängt die Art der produzierten Laute von der Position ab, in der sie gelagert werden. Ein Kind, das auf dem Rücken liegt, kann nur Vokale ganz hinten in der Kehle produzieren (aagh), während ein Kind, das aufrecht sitzt, auch Konsonanten vorn im Mund zu bilden (baba, dada, mama). Solche Laute, die aus Konsonanten und Vokalen bestehen, bezeichnet man als Lallen. Babys wiederholen sie oft in endloser Folge (dadadadada …).

Nachahmung

Nachahmung ist die Grundlage allen Lernens und besonders wichtig für den Spracherwerb. Durch die Nachahmung von Lauten lernen Kinder Worte zu sprechen, aus denen sie später, auch das als Imitation der Erwachsenensprache, ganze Sätze bilden, die im Lauf der Zeit immer komplexer werden. Kinder lernen etwa zur gleichen Zeit Gesten und Töne nachzuahmen. Sie ahmen das Winken und Klatschen der Erwachsenen nach und versuchen, Laute zu imitieren, besonders Tierstimmen wie Muuh und Määh.

Verstehen

Kinder lernen, dass ein Foto von einem Auto ein wirkliches Auto darstellt. Sie verstehen, dass das, was sie auf dem Foto sehen, die Darstellung eines dieser vierrädrigen Monster auf der Schnellstraße ist, und nicht irgendein roter Fleck auf dem Papier. Später verstehen sie, dass Geräusche d.h. Wörter, wirkliche Dinge repräsentieren können. Wenn sie das Wort ‚Hund' hören, ist das nicht nur irgendein Laut, sondern man stellt sich sofort ein Tier mit Fell und vier Beinen und wedelndem Schwanz vor.

Irgendwann merken Kinder, dass Laute Wörter sind und eine bestimmte Bedeutung haben. Sie haben sie unzählige Male gehört – jedes Mal, wenn der Hund hereinkommt sagt der Papa ‚Hund' und nach einer Weile stellt das Kind die Verbindung zwischen dem Wort und dem Tier her. Es ist nachvollziehbar, dass Kinder zuerst die Wörter für vertraute Dinge und Menschen verstehen. Kinder verstehen ihren eigenen Namen und die Wörter, die sie am häufigsten hören, wie Hallo, Nein, Mama, Papa, die Namen der Geschwister und ähnliches. Es besteht eine erstaunliche Übereinstimmung, was die ersten Wörter betrifft, die Kinder verstehen oder sprechen, unabhängig von Herkunft, Rasse und Kultur.

Kinder zeigen, dass sie verstehen, was gesagt wird, indem sie auf einfache Fragen wie ‚Wo ist die Katze' mit Blicken oder Gesten reagieren oder indem sie einfache Anweisungen wie ‚Gib mir ein Glas Wasser' oder ‚Komm her' befolgen.

Bevor sie zu sprechen beginnen verfügen Kinder schon über einen großen passiven Wortschatz.

Brabbeln

Die meisten Kinder beginnen irgendwann, in einer Art Singsang mit sich selbst zu sprechen. Sie kopieren die Intonation eines Gesprächs mit wortähnlichen Lauten und verschiedenen Geräuschen, aber dieses Brabbeln ist noch unverständlich und ohne erkennbaren Sinn.

Präverbale Kommunikation

Bevor sie zu sprechen beginnen, bedienen sich Kinder anderer Arten der Kommunikation. Sie deuten mit den Augen auf etwas, das sie haben wollen, wie beispielsweise einen Apfel, etwas zu trinken oder ein bestimmtes Spielzeug. Sie gestikulieren erst mit der ganzen Hand und zeigen später mit dem Zeigefinger auf das, was sie meinen.

Kinder lernen früh, mit einfachen Gebärden (einer Art Babyzeichensprache) zu kommunizieren. Sie winken zum Abschied, strecken die Arme nach oben, wenn sie aus dem Bett oder dem Hochstuhl gehoben werden möchten, weil sie noch nicht ‚hoch!' sagen können.

Erste Worte

Häufig sind die ersten Worte eines Kindes ‚symbolische' Geräusche wie ‚brrrm brrrrm', ‚wauwau', ‚tuut tuut', oder ‚au'.

Die ersten Worte sind meist für alle anderen außer den eigenen Eltern völlig unverständlich, die aus dem Zusammenhang heraus verstehen, dass ihr Kind ‚waf' sagt, wenn es ein Glas Saft haben will, und ‚au' wenn ein Auto vorbeifährt. Wörter nicht zu Ende zu sprechen ist ein häufiges Merkmal dieser Phase.

Die ersten Worte bezeichnen meist Personen, hauptsächlich Familienmitglieder, Tiere und Gegenstände. Kinder lernen die Worte für Essen und Kleidung. Oft ist das erste Wort das für das weniger präsente Elternteil, weil er öfter beim Namen genannt wird als die Hauptbezugsperson. Wenn die Mutter der präsentere Elternteil ist, spricht sie öfter vom Vater als von sich selbst – ‚Papa ist bei der Arbeit' oder ‚Da ist Papa am Telefon' etc.

Kinder benutzen anfangs ein einzelnes Wort, um einen ganzen Satz damit auszudrücken, sie sagen zum Beispiel ‚Papa' und meinen ‚Papa kommt' oder ‚Das gehört Papa' oder ‚Wo ist Papa?', was nur diejenigen verstehen, die den Kontext der jeweiligen Situation kennen.

Erste Worte werden oft sehr allgemein angewendet, so dass jeder Mann ‚Papa' heißt, jedes Fahrzeug ‚Auto' und jedes vierbeinige Tier ‚Hund'.

Zwei Worte

Kinder erweitern im Lauf der Zeit nicht nur ihr Vokabular, sondern beginnen irgendwann, die Worte miteinander zu kombinieren, um komplexere Aussagen machen zu können. ‚Mehr Saft', ‚Mama weg' – so oder so ähnlich lauten die ersten Zwei-Wort-Kombinationen. Auch wird die genaue Bedeutung oft nur aus dem Kontext klar.

Kinder leben in der Gegenwart. Was Vergangenheit und Zukunft sind, verstehen sie erst später. Demzufolge sind sie hauptsächlich interessiert an dem, was aktuell um sie herum geschieht, an Personen, Dingen, Ereignissen. Diese Themen sind auch Inhalt ihrer ersten ‚Gespräche'.

Ein Substantiv und ein Verb zu verbinden ist die klassische Zwei-Wort-Kombination, die die Basis für jede weitere Sprachentwicklung bildet – Papa schläft, Baby weint, Hund trinkt. Auch die Kombination von Substantiv und Adjektiv kommt bereits am Anfang häufig vor – Suppe heiß, Auto kaputt.

Drei Worte

Zur Zwei-Wort-Kombination aus Substantiv und Verb kommt irgendwann ein weiteres Substantiv hinzu, das Kind sagt dann beispielsweise ‚Mama kauft Eis' oder ‚Baby trinkt Saft'.

Mehr als drei Worte

Sobald ihnen die Verwendung von Drei-Wort-Kombinationen geläufig ist, beginnen Kinder eine grammatikalisch strukturierte Sprache zu entwickeln, und zwar auf folgende Weise:
- ✼ Kinder stellen Was- und Wer-Fragen und beginnen, die Pronomen ich, mein, du und dein zu verwenden.
- ✼ Kinder verwenden mehr Pronomen, wie er, sie, wir, Pluralformen (Fische, Autos) sowie Präpositionen (in, auf, unter). Sie können kleine Dialoge führen und über Vergangenheit und Gegenwart reden. Sie stellen Wo-Fragen.

✭ Kinder stellen Warum-, Wann- und Wie-Fragen.

Zu Beginn der Grundschule verfügen Kinder gewöhnlich über eine grammatikalisch und phonetisch korrekte Sprache.

Sprachverzögerung und Sprachbehinderung

Bei manchen Kindern mit Behinderungen verläuft die sprachliche Entwicklung zwar im üblichen Muster, aber wesentlich langsamer. In diesem Fall spricht man von einer Sprachverzögerung. Bei anderen Kindern, besonders häufig bei Kindern mit Autismus, verläuft die Sprachentwicklung anders. Sie überspringen beispielsweise die frühen Elemente wie Blickkontakt und Sich-Abwechseln, lernen aber dennoch recht schnell sprechen. Dies wird als Sprachbehinderung bezeichnet. Für Kinder mit einer Sprachbehinderung ist es wichtig, sich in der Therapie auf die frühen Entwicklungsstufen zu konzentrieren, also Blickkontakt herzustellen und einzelne Worte zu verstehen, denn dies ist Voraussetzung für die Entwicklung voll funktionsfähiger Sprachfähigkeit.

Parallelentwicklung

Sprachgebrauch

Zu Anfang benutzen Kinder ihre Sprache hauptsächlich, um Dinge, die sie sehen, zu kommentieren: ‚Guck, Auto!' und um Dinge zu bitten, die sie brauchen oder haben wollen: ‚Keks', ‚Pipi machen'. Nach und nach werden die Sätze nicht nur länger, bestehen also aus mehr Worten (der Wortschatz wächst), sondern können auch komplexer und flexibler angewendet werden, beispielsweise um Fragen zu stellen – ‚Wo ist Papa?' –, um Informationen zu erhalten – ‚Warum regnet es?' – um Aufmerksamkeit zu bekommen – ‚Was machst du da?' oder um mit anderen Absprachen zu treffen – ‚Du ziehst an diesem Ende und ich an dem.'

Aussprache

Mit der Zeit entwickeln Kinder die Fähigkeit, unterschiedliche Laute zu produzieren, all die verschiedenen Laute auseinanderzuhalten, die sie hören und alle Konsonanten korrekt auszusprechen. Manche Konsonanten wie s, f und r bereiten vielen Kindern noch bis ins Schulalter Schwierigkeiten.

Aufmerksamkeitsspanne

Parallel zur Entwicklung ihrer Sprachfähigkeiten lernen Kinder, ihre Aufmerksamkeitsspanne länger aufrecht zu erhalten. Kleinkinder sind sehr leicht ablenkbar. Wenn sie während eines Spiels ein interessantes anderes Spielzeug entdecken oder jemand den Raum betritt, schweift ihre Aufmerksamkeit sofort auf den neuen Reiz ab.

Später lernen sie, sich auf eine Aktivität zu konzentrieren und alle anderen Reize auszublenden. Sie wollen nicht gestört werden, weil sie noch nicht in der Lage sind, ihre Aufmerksamkeit zwischen zwei Dingen zu teilen. Diese Fähigkeit entwickelt sich erst später. Dann können sie sich mit einer Sache beschäftigen und gleichzeitig einfache, wichtige Anweisungen verstehen und befolgen. Ältere Kinder können gleichzeitig konzentriert etwas tun und dabei auch komplexere Anleitungen aufnehmen.

Spiele und Aktivitäten

Allgemeine Richtlinien

Nachfolgend einige Tipps, wie Sie Ihrem Kind die Verständigung erleichtern können.
- ✯ Sprechen Sie deutlich und in einfachen Worten. Verpacken Sie wichtige Informationen nicht in wortreichen Umschreibungen, sondern kommen Sie direkt zur Sache. Machen Sie es Ihrem Kind leicht, Ihr Anliegen zu verstehen. Sagen Sie nicht ‚Es wäre mir lieber, du würdest nicht mit dem Löffel auf dem Tisch herumhämmern‘, sondern ‚Nicht hämmern‘. Statt ‚Sei doch so lieb und räum die Bausteine in die Kiste‘ sagen Sie ‚Bausteine bitte da rein.‘
- ✯ Passen Sie Ihre Sprache an die Ihres Kindes an und seien Sie ihm immer nur einen Schritt voraus. Spricht es nur einzelne Worte, verwenden Sie zwei und regen es damit zu Zwei-Wort-Kombinationen an. Macht das Kind Fortschritte, gehen auch Sie eine Stufe weiter.
- ✯ Wiederholen Sie einfache Wörter und Sätze bei jeder Gelegenheit und so oft es geht.

- ✷ Erwachsene sprechen mit Babys und Kindern instinktiv mit einer höheren Stimme, weil diese auf eine hohe Stimmlage mehr ansprechen. Behalten Sie das bei, auch wenn Ihr Kind schon etwas älter ist.
- ✷ Um die Aufmerksamkeit des Kindes zu erhöhen, sprechen Sie mit ihm mit einer singenden Stimme, variieren Sie die Tonhöhe und betonen Sie Ihre Worte auf möglichst spannende Weise. An einer flachen, monotonen Sprechweise verliert man schnell das Interesse.
- ✷ Achten Sie darauf, dass Ihr Gesichtsausdruck und Ihr Tonfall zu dem, was Sie sagen, passen. Kommunikation bedeutet mehr als nur das gesprochene Wort. Bewusst oder unbewusst nehmen alle Menschen auch den Tonfall und die Körpersprache war, um sozusagen das komplette Informationspaket zu erhalten. Kinder sind da keine Ausnahme. Besonders wenn sie Schwierigkeiten mit der Kommunikation haben, verwirrt es sie, wenn man zwar energisch ‚Nein' zu ihnen sagt, dazu aber sanft und freundlich lächelt. Kinder lernen erst später, mit doppelten Botschaften umzugehen.
- ✷ Verwenden Sie beim Sprechen einfache Handzeichen, um das Gesagte zu verdeutlichen.
- ✷ Reagieren Sie sofort auf jede Form der Kommunikation von Seiten Ihres Kindes – sei es ein Lächeln, eine Geste oder ein Wort. Nur so lernt es, wie Kommunikation funktioniert.
- ✷ Kritisieren und korrigieren Sie die Sprechversuche Ihres Kindes nicht übergenau, denn das macht es nur unsicher und verhindert, dass es sich traut, neue Worte auszuprobieren. Sagen Sie einfach ‚Ja' und wiederholen das Wort auf korrekte Weise. Sagt Ihr Kind beispielsweise ‚Tete', wenn es ‚Kekse' meint, antworten Sie ‚Ja, da sind Kekse.'
- ✷ Singen Sie Ihrem Kind so oft es geht etwas vor. Musik verbindet – versuchen Sie es! Manche Kinder, die auf Ansprache nicht reagieren, werden aufmerksam, wenn man ihnen vorsingt, was man ihnen mitteilen will.
- ✷ Sprachtherapeuten vertreten die Ansicht, dass die Worte ‚bitte' und ‚danke' der kindlichen Kommunikation nicht nützlich sind und erst eingeführt werden sollten, wenn das Kind über einen wirklich großen aktiven Wortschatz verfügt. Es hat keinen Sinn, wenn ein kleines Kind, das gefragt wird, was es will, darauf mit ‚Bitte' antwortet. Das ist zwar niedlich, hilft aber nicht weiter. Zuerst sollte es lernen, die Worte Hunger, Durst, Toilette, müde etc. zu sagen.
- ✷ Moderne Autositze, nach vorn ausgerichtete Buggys, durchgehendes Kinderprogramm im Fernsehen und Computer tragen dazu bei, dass Blickkontakt zwischen Kindern und Eltern immer seltener wird. Dieser ist je-

doch unersetzlich für den Erwerb von Sprache und sozialen Kompetenzen. Achten Sie also darauf, so oft wie möglich mit Ihrem Kind zu sprechen, mit ihm zu spielen und es in die Hausarbeit und alle täglichen Verrichtungen wie Einkäufe oder Gartenpflege einzubeziehen. Das klingt unspektakulär, ist aber enorm wichtig für die Entwicklung der Fähigkeit zu Interaktion und Kommunikation.
✭ Hat Ihr Kind eine Hörschädigung, sonst aber keinerlei Störungen, konsultieren Sie einen Sprachtherapeuten oder einen Spezialisten für Hörgeschädigte, um es bestmöglich hinsichtlich seiner Sprach- und Kommunikationsfähigkeit unterstützen zu fördern.

Entwicklungsverlauf

Blickkontakt

Wenn der Blickkontakt mit Ihrem Kind zu wünschen übrig lässt, arbeiten Sie daran. Auch wenn das Kind sich in anderen Bereichen gut entwickelt, ist guter Blickkontakt überaus wichtig für den Spracherwerb.

Setzen Sie sich nach Möglichkeit immer dem Kind direkt gegenüber, in seiner Augenhöhe und nah genug, dass es ihrem Blick nicht ausweichen kann. Gehen Sie in die Hocke oder legen sich neben das Kind. Bewegen Sie sich zum Kind, nicht umgekehrt. Üben Sie nie physischen Druck aus, um Blickkontakt herzustellen, auch wenn Ihnen das irgendwann als die einzige Möglichkeit erscheint.

Sorgen Sie stets für Blickkontakt, bevor Sie ein neues Spiel beginnen. Wenn es gelingt, belohnen Sie Ihr Kind mit dem neuen Spiel oder einem Lieblingsspielzeug.

Versuchen Sie, einen interessanten Gesichtsausdruck zur Schau zu stellen. Ein ‚leeres', ausdrucksloses Gesicht regt nicht zum Hingucken an, also lassen Sie sich etwas einfallen!

Sie können:
✭ breit lächeln;
✭ lustige Fratzen schneiden – das Gesicht verziehen, die Zunge rausstrecken;
✭ komische Geräusche machen;
✭ auffällige Hüte, verrückte, bunte Brillen oder Sonnenbrillen, große auffallende Ohrgehänge oder eine rote Clownsnase tragen;

✲ eine Maske tragen;
✲ das Gesicht mit Faschingsschminke anmalen.

Versuchen Sie, die Aufmerksamkeit Ihres Kindes zu erregen, indem Sie sanft gegen seine Wange pusten oder indem Sie ganz still und unbeweglich dasitzen. Kleine Überraschungen fallen mehr auf als ständige frenetische Aktivität.

Nehmen Sie einen Gegenstand, der das Interesse Ihres Kindes erweckt hat, und halten Sie ihn nah an Ihr Gesicht. Es wird ihm höchstwahrscheinlich mit dem Blick folgen. Belohnen Sie den Blickkontakt durch ein lustiges Spiel mit dem betreffenden Gegenstand und bauen Sie diesen Erfolg aus, indem Sie das Ganze mit demselben oder einem anderen Spielzeug wiederholen.

Alternativ können Sie ein Spielzeug hinter Ihrem Kopf verstecken und es dann plötzlich zum Vorschein kommen lassen. Nehmen Sie ein Lieblingsspielzeug, den Lieblingsbecher des Kindes oder ein Quietschtier, mit dem Sie zusätzlich Aufmerksamkeit durch den akustischen Effekt erregen können.

Spielen Sie ‚Kuckuck', beispielsweise mit folgenden Dingen:
✲ Schals, aus Wolle/Seide oder durchsichtigem Chiffon
✲ Geschirrtücher, in der Küche
✲ Handtücher, im Bad
✲ Bettlaken, beim Beziehen der Betten
✲ große Wäschestücke auf der Leine
✲ Vorhänge
✲ Möbel und Türen
✲ Kleidungsstücke, beim An- und Ausziehen
✲ Ihre Hände vorm Gesicht des Kindes oder ihrem eigenen
✲ die Hände des Kindes vor seinem Gesicht oder vor Ihrem.

Setzen Sie Ihr Kind auf Ihre Knie, so dass es Sie direkt anschaut und singen Sie Lieder mit ihm. Vorschläge für Spiel- und Geschichtenlieder finden Sie in der Literaturliste im Anhang.

Ein Kind, dass am liebsten allein und für sich spielt, kann man in ein Spiel einbeziehen, indem man seine Beschäftigung mit den selben oder ähnlichen Dingen ‚nachspielt'. Sie können dabei sprechen, aber Schweigen ist auch okay.

Warten

Als Vorbereitung auf ‚Ich bin dran – du bist dran'-Spiel ist es wichtig, dass das Kind lernt, auch mal auf eine Reaktion oder eine Wunscherfüllung zu warten. Übungsvorschläge:
- ✫ Spiele, bei denen ein Ball oder ein kleines Auto in eine lange Röhre gesteckt werden und erst ein paar Momente später am anderen Ende wieder auftauchen.
- ✫ Pusten Sie eine große Wolke Seifenblasen in die Luft. Warten Sie, bis die letzte Seifenblase zerplatzt ist, bevor Sie weitermachen.

Ursache und Wirkung in der Kommunikation

Treten Sie so früh wie möglich mit Ihrem Kind in Interaktion, denn so lernt es, dass sein Verhalten etwas bei Anderen auslöst: Wenn es Fratzen schneidet, machen Sie es ihm nach. Es lernt, dass Kommunikation wechselseitig abläuft. Eltern imitieren instinktiv und unbewusst jede kleine Bewegung im Gesicht ihres Babys, und das Baby lernt, sie ebenfalls zu imitieren oder irgendetwas zu tun, was eine positive Reaktion hervorruft. Auch wenn Kinder mit Behinderungen oft sehr langsam in ihren Reaktionen sind, überwinden Sie bitte das Gefühl, Ihre Zeit zu verschwenden, und geben Sie nicht auf. Suchen Sie nach winzigen Bewegungen im Gesicht Ihres Kindes, und reagieren Sie sofort und imitieren es übertrieben, damit es merkt, welche Wirkung es auslöst. Auch wenn nicht gleich eine Reaktion erfolgt, versuchen Sie es beharrlich weiter. Es mag ein mühsamer Prozess sein, aber er wird sich langfristig positiv auf die Entwicklung Ihres Kindes auswirken.

Sich abwechseln

Da bei Kindern mit Behinderungen Reaktionen meist länger auf sich warten lassen, geben Sie Ihrem Kind mehr Zeit, um zu reagieren, als Sie es bei anderen Menschen tun würden. Wenn Sie endgültig das Gefühl haben, da kommt nichts mehr, zählen Sie noch mal langsam bis zehn.
- ✫ Bauen Sie die vorher beschriebenen ‚Ursache-und-Wirkung'-Spiele weiter aus. Setzen Sie sich dem Kind gegenüber und imitieren jeden Wechsel seiner Mimik und jeden Laut, den es von sich gibt. Schauen Sie, ob es seinerseits irgendeine ihrer Bewegungen imitiert. Versuchen Sie, diese ‚Unterhaltung' zu einem ‚Ich bin dran – Du bist dran'-Spiel zu machen: Anschauen, Warten, Nachmachen, Warten …

- Rollen Sie einen Ball auf Ihr Kind zu und fordern es auf, ihn zurück zu rollen. Wenn Sie sich dabei gegenübersitzen, vorzugsweise an einem Tisch, ist das eine gute Übung für den Blickkontakt.
- Sie können viele Spiele zu ‚Ich bin dran – Du bist dran'-Spielen umfunktionieren, beispielsweise Dinge in eine Kiste räumen, ein Puzzle zusammensetzen, einen Turm bauen oder Malen. Finden Sie etwas, das Ihrem Kind Spaß macht.
- Füttern Sie abwechselnd Ihr Haustier, ein Stofftier oder die Tiere auf dem Spielzeugbauernhof.

Achtung – fertig – los!
Bei dieser Art Spiel lernt das Kind, dass 'los' bedeutet, dass gleich etwas passiert. Sagen Sie ‚Achtung – fertig – los'! und rollen einen Ball, lassen ein Auto losfahren, schieben das Kind in seinem Kinderwagen mit Schwung an oder werfen einen Turm aus Bauklötzen um. Es sollte möglichst etwas Aufregendes sein. Halten Sie nach ‚fertig' so lange wie möglich inne, um die Spannung zu steigern und die Konzentration zu erhöhen. Beim nächsten Mal geben Sie das Kommando ‚Achtung – fertig – los', und das Kind darf den Turm umwerfen oder das Auto anschieben.

Vorsingen
Um die Spannung aus einer Situation zu nehmen, ist Singen manchmal besser geeignet als Reden. Nehmen Sie die Melodie eines bekannten Liedes, dessen Melodie Sie mögen, und ‚dichten' Sie ihren eigenen Text, passend zur jeweiligen Situation.

Die meisten Kinder lieben ‚Livemusik'. Es ist einfacher, als es sich vielleicht anhört, und ihr Kind macht keinen Unterschied zwischen Ihnen und Pavarotti. Singen Sie also ungeniert drauf los.

Wenn Ruby mehr von etwas haben wollte und es nicht bekam, regte sie sich jedes Mal fürchterlich auf. Aber wenn ich dann ‚Es gibt nichts mehr' gesungen habe, statt es immer wieder zu sagen, hat das sie und mich beruhigt und am Ende haben wir meist alle gelacht.

Übertreiben Sie beim Sprechen, sagen Sie Neeeeeeeiiin statt ‚Nein', weil es sich interessanter anhört und verständlicher ist.

Nachahmen

Eltern imitieren ganz automatisch jede kleine Äußerung ihres Babys, und das Baby macht es ihnen nach. Wenn Sie also Ihr Kind dazu bewegen wollen, beispielsweise Laute nachzuahmen, die Sie ihm vormachen, beginnen Sie, indem Sie sein Krähen und Brabbeln nachahmen.

Machen Sie ein Spiel daraus. Produzieren Sie ‚Babygeräusche', wann immer sich eine Gelegenheit ergibt: Beim spazieren fahren mit dem Buggy, während einer Autofahrt oder beim abendlichen Baden. Tun Sie es, auch wenn die Reaktion auf sich warten lässt.

Verwenden Sie häufig in Ihrem Alltag einfache Handzeichen und beobachten, ob Ihr Kind Sie nachahmt. Winken Sie zum Abschied, sagen Sie ‚psst' und legen den Finger auf den Mund, halten die Hand ans Ohr für ‚Zuhören', halten sich die Nase zu für ‚Stinkewindel'.

Mehr Spiele zur Förderung der Nachahmung finden Sie in Kap. 3, S. 59ff.

Stimmentwicklung

Kinder haben unterschiedliche Zeiten, zu denen sie am liebsten ihre Stimme gebrauchen. Manche sind am ‚gesprächigsten' während oder nach den Mahlzeiten, wenn die Mundmuskulatur beim Essen in Bewegung ist, andere krähen am liebsten im Badezimmer, wo alle Geräusche so schön widerhallen, wieder andere machen gern Geräusche, wenn sie im Kinderwagen oder im Auto sitzen und es wenig Ablenkung gibt. Nutzen Sie diese Situationen für die folgenden Übungen. Sie scheinen teilweise in keinem Wirklichen Zusammenhang zur Stimmentwicklung zu stehen, sie dienen jedoch der Stärkung der beteiligten Muskeln.

- ✯ Spiele, die das Kind zum Lachen bringen, beispielsweise Kitzel- oder Kniereiterspiele. Lachen und Kichern sind, neben Schreien und Lächeln, die vorrangigen Kommunikationsmittel von Babys und Kleinkindern.
- ✯ Machen Sie lustige Geräusche und alberne Fratzen und fordern das Kind auf, Sie zu imitieren. Wenn es reagiert, loben Sie es überschwänglich.
- ✯ Schauen Sie im Badezimmer, beispielsweise beim Zähneputzen, gemeinsam mit dem Kind in den Spiegel und ermuntern es, ihre Mimik und die Geräusche, die Sie dabei machen, zu imitieren.
- ✯ Spielen Sie Pustespiele. Pusten Sie durch einen Strohhalm in ein Glas Wasser, pusten Sie einen Tischtennisball über die Tischplatte, blasen Sie kleine Fetzen von Papiertaschentüchern mit Hilfe eines Strohhalms in die Luft. Blasen Sie in Klanginstrumente wie Trillerpfeifen, Kazoos, Block-

flöten, Partytröten und Trompeten. Pusten Sie mit Ihrem Kind in hauchdünne Tücher, in Federn, Seifenblasen, Mobiles und Papierschnipsel. Blasen Sie Kerzen aus. Machen Sie in der Wanne oder im Schwimmbecken Unterwasserblasen. Und im Sommer sind natürlich Pusteblumen ein wunderbares Spielzeug!

- ✭ Lassen Sie Ihr Kind durch einen Strohhalm trinken. Versuchen Sie, ob es Papierfetzen, Smarties oder Erbsen mit Hilfe des Strohhalms ansaugen kann.
- ✭ Lassen Sie das Kind Briefmarken, Aufkleber und gummierte Briefumschläge anlecken. Fordern Sie es auf, beim Essen seine Lippen abzulecken, und geben Sie ihm hin und wieder Lollies oder Eis in der Waffel.
- ✭ Feste, schwer zu kauende Nahrung trainiert die Kaumuskeln und erweitert dadurch auch die Möglichkeiten, Laute zu produzieren. Also gewöhnen Sie Ihr Kind zeitig daran, neben Brei und Püriertem auch feste Nahrung zu sich zu nehmen. Wenn Ihr Kind langfristig Probleme damit hat, feste Nahrung zu bewältigen, konsultieren Sie ihren Sprachtherapeuten.
- ✭ Machen Sie beim Spielen und Bilderbücher Anschauen die passenden Geräusche – tick tack, brrrrmm, wauwau, muuh, klopfklopf etc. – oft sind das die ersten Lautäußerungen von Kindern mit einer Bedeutung.
- ✭ Spielen Sie Spiele mit Ihrem Kind, die ihm besonders viel Spaß machen, wie Kitzel- oder Tobespiele. Hören Sie mittendrin auf und warten, dass das Kind durch Laute zu verstehen gibt, dass es weitermachen will. Fragen Sie ‚mehr?' oder ‚noch mal?' und wiederholen das Spiel.
- ✭ Singen oder Summen Sie dem Kind etwas vor, beispielsweise ein Schlaflied.

Natasha hat von Geburt an eine vorstehende Zunge und in den ersten drei Jahren war ihr einziger Laut ein ‚iii' – mit weit offenem Mund und herausgestreckter Zunge. Wir versuchen alles Erdenkliche, um sie dazu zu bringen, den Mund zu schließen. Wir massierten ihren Mund, legten den Finger unter ihr Kinn, um den Schluckreflex anzuregen, redeten ihr zu, die Lippen zusammenzudrücken und experimentierten mit jeder Art Esswaren, die wir ihr auf die Zunge oder die Lippen legten. Eines Tages lag ich auf einem Sitzsack mit Natascha auf meinem Bauch. Aus den Boxen im Hintergrund klang leise Flötenmusik. Ich begann zu summen, und plötzlich summte Natascha mit. Sechs Monate später konnte sie bereits ‚baa baa' und Mama sagen.

- ✭ Kaufen oder leihen Sie Spielsachen, die sich bewegen, wenn man ein Geräusch macht. Das ist eine großartige Motivation für Ihr Kind, selbst Laute zu produzieren.

Frühkindliche Kommunikation

Sprache und Kommunikation sind nicht nur durch Sprechen möglich. Natürlich hofft jeder, dass sein Kind möglichst bald sprechen lernt, und wenn es bei Ihrem Kind länger dauert, müssen Sie andere Wege finden, um zu kommunizieren. So treten andere Fähigkeiten bei Ihrem Kind in den Vordergrund, außerdem verringert es die Frustration, die auftritt, wenn man sich nicht verständlich machen kann. Je ausdauernder man die sprachvorbereitenden Fähigkeiten trainiert, desto wahrscheinlicher ist es, dass das Kind irgendwann sprechen lernt. Wenn Ihr Kind sprachverzögert ist, seien Sie aufmerksam für seine Art der Kommunikation und bestärken es darin. Je besser die Kommunikation funktioniert, desto höher wird die Motivation, sprechen zu lernen.

✹ Alle Versuche und Erfolge Ihres Kindes, mit anderen zu kommunizieren, sollten Sie mit überschwänglichem Lob und enthusiastischer Bestärkung honorieren. Wenn nur die vage Vermutung besteht, dass es versucht, sich verständlich zu machen, beispielsweise durch Blickkontakt oder Laute, geben Sie ihm jede Menge Vorschusslorbeeren.

✹ Reagieren Sie immer sofort auf jedes Anzeichen für Kommunikation bei Ihrem Kind, um ihm zu zeigen, dass Sie aufmerksam sind und es verstehen. Wenn es mit den Augen auf ein Buch deutet, bieten Sie es ihm an. Gibt es beim Anblick einer Katze einen Laut von sich, sagen Sie ‚ja, das ist eine Katze.' Wenn Ihr Kind etwas haben möchte, muss es nicht sofort alles bekommen, aber zeigen Sie ihm, dass Sie verstanden haben und ignorieren Sie es auf keinen Fall.

Irgendwann war Emma in der Lage, uns mitzuteilen, wenn sie einen Keks wollte. Wir waren begeistert und belohnten sie natürlich jedes Mal mit einem Keks, damit sie die Vorzüge der Kommunikation erkennt. Aber nach dem fünften Keks (auch wenn es nur ein kleines Stück war) mussten wir schließlich ‚nein' sagen.

✹ Versucht Ihr Kind, Ihnen etwas mitzuteilen, bestärken Sie es jedes Mal, indem Sie wiederholen, was das Kind Ihnen sagen wollte. Wenn es beispielsweise mit den Augen auf die Saftflasche deutet oder Ihnen seinen Becher bringt, sagen Sie ‚Mia möchte etwas trinken? Hier hast du etwas zu trinken.'

✹ Versuchen Sie nicht, die Bedürfnisse Ihres Kindes zu erraten oder vorherzusehen. Geben Sie ihm die Chance, von selbst darauf aufmerksam zu machen, indem es auf ein Spielzeug oben auf dem Regal zeigt, ihnen mitteilt, dass es hungrig ist oder unbequem sitzt. Wenn Sie jeden Wunsch vorwegnehmen, besteht für Ihr Kind kein Grund, zu kommunizieren.

Nachfolgend einige Methoden, mit denen Kinder kommunizieren, bevor sie sprechen lernen.

Schreien
Ein Baby zeigt seine Unzufriedenheit durch Schreien, und seine Eltern lernen, aus dem Geschrei das jeweilige Bedürfnis herauszuhören. Vielleicht hat es Hunger, die Windel ist nass, es hat Blähungen, ist müde oder möchte auf den Arm. Kommunikationsgestörte Kinder benutzen diese Methode auch über eine längere Periode, wenn sie damit Erfolg haben.

Lachen
Durch Lachen teilen Babys mit, dass es ihnen gut geht und sie fröhlich sind. Aktivitäten, die das Kind zum Lachen bringen, werden natürlich von Eltern und Geschwistern besonders gern und häufig wiederholt.

Vorfreude
Wenn ein Kind Vorfreude zeigt, ist das auch eine Form der Kommunikation. Es fängt beispielsweise an zu zappeln, wenn es die ersten Worte eines Kitzelspiels oder Kniereiters hört, weil es bereits weiß, dass etwas Lustiges auf es zu kommt.

Mit den Augen auf etwas deuten
Wenn Kindern mit den Augen auf etwas deuten, was sie haben möchten, oder als Antwort auf eine Frage, ist es für Eltern nicht immer ganz einfach, das wahrzunehmen. Wird das Kind gefragt, wo sich auf dem Bild der Hund befindet, zeigt es nicht mit dem Finger darauf, sondern schaut den Hund an. Das zeigt, dass es verstanden hat und auf die Frage reagiert, aber wenn es auf den Knien des Erwachsenen sitzt und ins Bilderbuch schaut, ist es schwer für ihn, zu unterscheiden, worauf es schaut. Ähnlich ist es, wenn das Kind etwas haben will und in die entsprechende Richtung schaut. Auch das ist nicht immer leicht zu erkennen.

Zeigen
Kinder deuten mit dem Finger oder der ganzen Hand auf etwas, das sie haben wollen, oder um auf eine Frage zu reagieren. Sie zeigen außerdem auf alles

Mögliche, was sie interessiert und um Kontakt aufzunehmen. Um das Zeigen als Mittel der Kommunikation zu verstärken versuchen Sie es mit Folgendem:

- ✶ Halten Sie ein Spielzeug oder etwas Essbares knapp außer Reichweite des Kindes. So wird es animiert, danach zu greifen oder darauf zu zeigen, wenn es das haben will.
- ✶ Necken Sie Ihr Kind, indem Sie ihm ein Spielzeug hinhalten und es schnell wegziehen, wenn es danach greift.
- ✶ Nehmen Sie die Hand des Kindes in Ihre, und zeigen Sie gemeinsam auf Bilder im Bilderbuch.
- ✶ Zeigen Sie dem Kind Fotos oder Bilder von Dingen, die es gern hat. Das können zu den Mahlzeiten Bilder von Speisen sein oder im Spielzimmer Fotos von Spielsachen. Fragen Sie das Kind, was davon es haben möchte.

Liam hatte große Schwierigkeiten Sprechen zu lernen und sich zu artikulieren. Aber wir fanden heraus, dass er mit Hilfe von Bildern seine Wünsche äußern konnte. Ich machte Fotos von unzähligen Gegenständen in unserem Haus, vor allem Dinge, die er besonders mochte. Ich laminierte die Bilder und heftete sie mit Klettband an eine Tafel an der Küchentür. Wenn er jetzt etwas haben möchte, bringt er uns das entsprechende Foto. Leider griff er sich fast jedes Mal, wenn er an der Küchentür vorbeikam, das Bild vom Schokoladenkeks! Inzwischen entfernen wir dieses Foto von der Tafel, wenn er genug Kekse bekommen hat. Das ist besser für uns und besser für Liam.

Weitere Spielvorschläge finden Sie in Kap. 5, S. 115ff.

Der direkte Weg
Kinder, die nicht in der Lage sind, verbal zu kommunizieren, zeigen oft, was sie haben wollen, indem sie dem Erwachsenen den betreffenden Gegenstand bringen. Ein Buch kann bedeuten ‚Lies mir etwas vor‘, eine leere Tasse ‚Ich habe Durst.‘

Kinder nehmen den Erwachsenen an die Hand und führen ihn an den Ort ihrer Wünsche, oder sie nehmen seine Hand und führen sie zu dem entsprechenden Gegenstand. Für ein Kind, dass nicht sagen kann ‚Bitte hol das Puzzle vom Regal und spiel mit mir‘ ist das ein sehr direkter und effektiver Weg um mitzuteilen, was es will.

Gebärden
Kinder verwenden einfache, intuitive Gebärden, um zu kommunizieren. Sie strecken beispielsweise die Hand nach etwas aus, dass sie gern haben möch-

ten, oder recken der Mutter beide Arme entgegen, wenn sie hochgenommen werden wollen.

Zeichensysteme

Eine Erweiterung der Gebärden sind Zeichen. Kleine Kinder mit Kommunikationsproblemen lernen in Deutschland meist Makaton oder die PCS-Symbole. Beides sind Zeichensysteme, die die gesprochene Sprache durch ein entsprechendes Zeichen begleiten. So lernen Kinder Sprache auf multisensorische Weise. Sie hören das gesprochene Wort und sehen gleichzeitig das Zeichen, das als visueller Verstärker wirkt. Selber können sie dann entweder mit einem Wort, falls sie sprechen können, oder mit dem entsprechenden Zeichen, oder auch mit beidem zugleich antworten.

Viele Eltern befürchten, ihr Kind werde, wenn es die Zeichen erst einmal gut beherrscht, niemals sprechen lernen, aber das ist ganz sicher nicht der Fall. Alles deutet darauf hin, dass der Umgang mit Zeichen das Sprechen lernen eher fördert. Man kann zwar weder die Wirksamkeit eines Zeichensystems noch das Gegenteil beweisen, aber Untersuchungen haben ergeben, dass Kinder die Zeichen so lange verwenden, wie sie keine andere Möglichkeit haben, sie aber ganz von allein beiseite lassen, sobald sie sprechen können. Manche Kinder verwenden Zeichen nur für eine kurze Phase, und beginnen dann zu sprechen, andere verwenden sie lange Zeit und finden sie sehr hilfreich.

Mit Hilfe der Zeichensysteme stellt man nicht jedes einzelne Wort eines Satzes dar, sondern nur die zentrale Aussage. Wenn man beispielsweise fragen will ‚Möchtest du einen Keks', zeigt man nur das Zeichen für ‚Keks'.

Für uns war Makaton geradezu lebensrettend. Christopher lernte im Alter von zwei Jahren zuerst die Zeichen für ‚trinken' und ‚Vogel'. Mit zweieinhalb lernte er ‚Keks' und ‚mehr', und als er drei war, stieg sein Vokabular explosionsartig an. Er benötigt Makaton weniger, um zu verstehen, was um ihn herum gesagt wird, aber es ist für ihn die einzige Möglichkeit, sich auszudrücken. Er hat erst mit ungefähr vier Jahren die ersten kontrollierten Laute von sich gegeben. Bevor er die Zeichen gelernt hat, war er überaus frustriert, wütend und unglücklich, jetzt ist er sehr viel zufriedener und ausgeglichener. Sein kleiner Bruder Nicolas hat mit einem Jahr angefangen, die Zeichen zu lernen, und ich gebe zu, ich war etwas in Panik, aber sobald er die Wörter aussprechen konnte, ließ er die Zeichen weg. Dass er beide Möglichkeiten beherrscht, macht ihn zu einem ausgesprochen kommunikativen Kind.

Wie man am besten mit den Zeichen arbeitet
Es gibt Kurse für den Umgang mit den jeweiligen Zeichensystemen, und es macht sicher Sinn, sich dort ausführlich unterrichten zu lassen, aber für einen ersten Versuch reicht es, wenn Sie sich von jemandem einige Zeichen zeigen lassen.

- Wählen Sie drei oder vier Wörter aus, die für Ihr Kind wichtig sind und es am meisten motivieren, sie zu verstehen und selbst zu verwenden, beispielsweise Keks, Trinken, mehr und Hund. Es hat wenig Sinn, wenn es die Zeichen für Zigarette, Büro oder Lippenstift lernt. Lernen Sie die Zeichen und genieren Sie sich nicht, sie immer und überall zu verwenden.
- Wann immer Sie eines der ausgewählten Wörter aussprechen, machen Sie gleichzeitig das entsprechende Zeichen. Am besten wäre es, wenn alle, die Umgang mit dem Kind haben (Großeltern, Freunde, Geschwister) das ebenfalls täten.
- Die Zeichen sollen die Worte niemals ersetzen, also verwenden Sie immer Zeichen UND gesprochenes Wort.
- Achten Sie darauf, dass das Kind Sie anschaut, wenn Sie die Zeichen machen, denn sonst ist es verlorene Liebesmüh.

Sobald das Kind die ersten Zeichen versteht und/oder anwenden kann, gehen Sie einen Schritt weiter und führen drei oder vier neue Zeichen ein, wieder solche, die für das Kind von Bedeutung sind.

Die Bedeutung der Worte verstehen

Wenn Kinder nicht sprechen, konzentrieren sich die Anstrengungen der Eltern häufig darauf, ständig mit ihnen zu üben, sie immer wieder aufzufordern, Fragen zu beantworten (‚Was ist das?') oder Worte zu nachzusprechen. Dabei ist es meist wichtiger, den Focus darauf zu richten, dass das Kind die Bedeutung der Sprache und der einzelnen Worte versteht, denn dieses Verständnis ist die Grundlage für den Spracherwerb.

- Beschränken Sie im alltäglichen Umgang mit Ihrem Kind ihre Sprache auf wenige einfache Worte (s. Allgemeine Hinweise, S. 42ff.). Widerstehen Sie dem Drang, Momente der Stille mit Geschwätz auszufüllen. Wiederholen Sie jedes Wort immer und immer wieder. Das kann sehr ermüdend sein, aber Ihr Kind muss ein Wort sehr häufig hören bevor es eine Verbindung zwischen dem Gehörten und dem Gegenstand, Ort oder Begriff herstellen kann.

- Wenn Sie mit Ihrem Kind reden, bleiben Sie im Hier und Jetzt. Kleine Kinder haben keine Vorstellung von Vergangenheit und Zukunft. Sprechen Sie über Alltagsthemen, über Dinge, die das Kind kennt. Die wenigsten Kinder können etwas mit Raumfahrt oder der Wirtschaftskrise anfangen.
- Kinder haben schnell genug davon, Erwachsenen immer wieder die Namen von Dingen sagen zu sollen, die diese doch sowieso schon wissen. Machen Sie lieber ein Spiel daraus. Stecken Sie verschiedene Dinge in eine Tüte und lassen Sie das Kind einen davon herausholen, ohne dass Sie es sehen, und Ihnen sagen, was es ist.
- Wenn Ihr Kind Ihnen nonverbal durch Zeichen oder Zeigen mit dem Finger seine Wünsche mitteilt, sprechen Sie jedes Mal in einfachen Worten aus, was es Ihnen sagen will. ‚Du möchtest Milch', ‚Das ist Apfelsaft' oder ‚Du willst das Video sehen.'
- Kommentieren Sie ständig, was Sie tun, wenn Sie mit Ihrem Kind spielen oder es bei alltäglichen Verrichtungen dabei ist. Drücken Sie sich einfach, aber korrekt aus, um für das Kind gut verständlich zu sein.
- Basteln Sie ein Album mit gut erkennbaren Fotos von den Lieblingsspielsachen Ihres Kindes und Alltagsgegenständen – Kuscheltier, Lieblingstasse, Hochstuhl, Dreirad, Badewanne, Familienauto. Schauen Sie das Album gemeinsam an und sagen Sie bei jedem Bild, was darauf ist. Es sollten nicht mehr als zwei Fotos auf jeder Seite sein. Fordern Sie das Kind auf, auf ein bestimmtes Bild auf einer Seite zu zeigen (‚Wo ist der Teddy?').
- Wenn so ein Album gut beim Kind ankommt, fügen Sie einige Bilder von Familienmitgliedern, bekannten Aktivitäten und Lieblingsspeisen hinzu und verwenden es als Kommunikationshilfe, die das Kind bei sich tragen und durch Zeigen auf die jeweiligen Gegenstände oder Aktivitäten ohne Worte mitteilen kann, was es will.
- Fertigen Sie eine Mappe mit Bildern an, die Ihr Kind interessieren könnten. Schneiden Sie dazu Fotos aus Zeitschriften, Katalogen oder Werbeprospekten aus. Wenn das Kind sich beispielsweise besonders für Tiere oder für Fahrzeuge interessiert, suchen Sie nach entsprechenden Abbildungen. Gekaufte Bilderbücher treffen nicht immer die speziellen Interessen eines Kindes.
- Suchen Sie nach Bilderbüchern mit ganz einfachen, klaren Abbildungen. Erste Bücher sollten sehr leicht verständlich sein. Bilderbücher mit Fotos sind besonders gut geeignet. Erzählen Sie bei jedem Bild, was darauf zu sehen ist. Bitten Sie ihr Kind, ein bestimmtes Bild zu finden. Fragen Sie

zuerst nach seinem Lieblingsbild, weil ihm das Zeigen dann besonders viel Spaß macht.
- Nutzen Sie alltägliche Verrichtungen zum Lernen. Allein das Thema ‚Anziehen' bietet unendlich viele Möglichkeiten:
- Nennen Sie beim Anziehen die Namen aller Kleidungsstücke, die das Kind anzieht.
- Basteln Sie zusammen ein Buch mit Fotos von Kleidungsstücken, die Sie aus Zeitschriften und Katalogen ausschneiden.
- Ziehen Sie eine Puppe oder einen Teddybären an.
- Lassen Sie das Kind zwischen zwei Kleidungsstücken wählen: ‚Welches T-Shirt möchtest du anziehen?', ‚Willst du lieber die rote oder die grüne Jacke?'
- Stellen Sie ‚Wo ist…?'-Fragen.
- ‚Vergessen' Sie absichtlich ein Teil und fragen das Kind ‚Was fehlt noch?'
- Stellen Sie einfach Fragen wie ‚Wo ist der Ball?', ‚Wo ist Mama?' oder geben Sie dem Kind einfache Aufgaben wie ‚Gib mir den Löffel', ‚Gib mir den Teddy.' Reagiert das Kind nicht, geben Sie selbst die Antwort: ‚Mama ist hier', ‚Da ist der Teddy' und ‚Ich habe den Löffel.'
- Stellen Sie sich dumm. Ziehen Sie Strümpfe über Ihre Ohren und fragen das Kind, wo Sie sind. Ziehen Sie ihm Ihre Socken an und versuchen, seine Socken an Ihre Füße zu kriegen.
- Zu den ersten Wörtern, die ein Kind lernt, gehören die Namen der Körperteile. Zu diesem Bereich gibt es viele Spiele und Reime. Auch beim Baden oder beim An- und Ausziehen kann man wunderbar die Bezeichnungen der Körperteile lernen. Siehe Kap. 8, S. 182ff. für weitere Ideen.

Erste Worte

Kinder beginnen erst dann zu sprechen, wenn sie die Bedeutung von Sprache begriffen haben, wenn sie gelernt haben, Laute zu bilden oder Zeichen zu geben und – wenn die richtige Gelegenheit gekommen ist. Sie können Ihr Kind durch nichts dazu bringen, sein erstes Wort zu sprechen. Aber Sie können ihm helfen, die Voraussetzungen zu schaffen. Sprechen und spielen Sie so viel wie möglich mit Ihrem Kind, nehmen Sie dazu die Anregungen in den Abschnitten ‚Stimmentwicklung' und ‚Die Bedeutung der Worte verstehen' zu Hilfe. Lernen Sie mit dem Kind einige relevante Zeichen (Makaton o.ä.)

Zweiwort-Sätze

Kinder verstehen Zweiwort-Sätze lange bevor Sie in der Lage sind, selbst welche zu bilden. Sobald ein einigermaßen umfangreiches Vokabular vorhanden ist, kann man das Kombinieren von Wörtern üben. Substantive sind wichtig zur Benennung der Dinge, aber Sprachtherapeuten sind der Meinung, dass sie für eine wirkliche Kommunikation nicht ausreichen, denn man kommt nicht weit damit, dass man sagen kann, dass etwas ein Haus ist oder ein Baum. Was Kinder wirklich ausdrücken wollen ist ‚Mir gefällt das Haus' oder ‚Das rote Haus da' oder ‚Ich will ins Haus'. Also sollte man sich irgendwann auf Verben (gehen, fahren, schlafen, essen, geben, haben) und Präpositionen (in, auf, unter) zu konzentrieren. Später kommen die Adjektive (blau, groß, heiß) dazu.

Was heißt aber ‚Zweiwort-Sätze verstehen' in der Praxis? Das Kind muss zwei aufeinander bezogene Informationen verstehen. Worte wie ‚der' und ‚eine' kann man also vorerst beiseite lassen. Darüber hinaus muss sichergestellt sein, dass das Kind tatsächlich die Worte versteht und sich nicht einfach die Bedeutung aus dem Kontext zusammenreimt. Wenn Sie Ihrem Kind eine Puppe und eine Tasse geben und es auffordern, der Puppe zu trinken zu geben, und es ihrer Aufforderung nachkommt, beweist das nicht viel, denn es gab sonst nicht viele Möglichkeiten. Wenn da beispielsweise eine Puppe, ein Kamm, eine Mütze, eine Puppenwindel und eine Tasse sind, und das Kind gibt auf Ihre Aufforderung hin der Puppe zu trinken, kann man davon ausgehen, dass es Zweiwort-Sätze versteht.

✮ Spricht Ihr Kind regelmäßig einzelne Worte, antworten Sie ihm mit einem zweiten. Wenn es beispielsweise ‚Hund' sagt, antworten Sie ihm mit ‚der Hund frisst' oder ‚der Hund schläft'. Sagt es ‚mehr', fordern Sie es auf, statt dessen ‚mehr Karotten' oder ‚mehr Milch' zu sagen.

✮ Üben Sie die Verwendung von Verben, indem Sie einfach die Dinge um Sie herum kommentieren: ‚Der Hund bellt', ‚Der Vogel fliegt', ‚Das Kind weint', ‚Das Telefon klingelt'.

✮ Verwenden Sie Zweiwort-Sätze, um zu prüfen, ob das Kind Zweiwort-Kombinationen versteht. Sagen Sie: ‚Oma drücken', wenn noch andere Personen anwesend sind, oder ‚Gummistiefel anziehen' vor dem vollen Schuhregal.

✮ Schauen Sie Bilderbücher an und erzählen Sie, was Leute, Tiere und Dinge tun.

✮ Zeigen Sie dem Kind Bilder, auf denen Personen etwas tun, beispielsweise eine lesende Frau, ein essender Mann oder ein badendes Kind. Sagen Sie

‚Frau liest' und fordern es auf, ihnen das jeweils passende Bild zu zeigen.
- ✯ Sprechen Sie zu Hause in Alltagssituationen mit Ihrem Kind nicht in einzelnen Worten, sondern verwenden Sie kurze, ganze Sätze. Statt ‚essen', ‚trinken' und ‚Buch', sondern ‚Iss deine Suppe', ‚Ich trinke Kaffee' und ‚Ein Buch angucken'.
- ✯ Lassen Sie Puppen und Stofftiere Dinge tun und sprechen Sie mit dem Kind darüber: ‚Die Puppe schläft', ‚Teddy schnarcht', ‚Hasi hoppelt'.

Abstrakte Begriffe

Nutzen Sie jede Gelegenheit, Ihrem Kind abstrakte Begriffe begreifbar zu machen. Ohne Hilfe können Sie deren Bedeutung nicht verstehen.

Schauen Sie mit dem Kind spezielle Bilderbücher an, die diese Begriffe auf unterschiedliche Weise erklären.

Dreiwort-Sätze

Als nächstes lernen Kinder, drei aufeinander bezogene Informationen in einem Satz zu verstehen, auch ohne sich am Kontext zu orientieren.
- ✯ Spricht Ihr Kind regelmäßig Zweiwort-Sätze, antworten Sie ihm mit einem dritten Wort. Wenn es beispielsweise sagt ‚Papa geht', so reagieren Sie mit ‚Papa geht arbeiten', ‚Papa geht einkaufen' oder ‚Papa geht in den Keller'.
- ✯ Sprechen Sie mit Ihrem Kind über Dinge und Aktivitäten, für die es sich interessiert. Findet es Eisenbahnen spannend, sprechen Sie mit ihm über Züge, Bahnhöfe, Güterwaggons, Kräne, Bahnhöfe, Fahrgäste, Lokführer, Tunnel, Bahnschranken etc. Schauen Sie Bücher zum Thema an oder machen einen Spaziergang zum Bahnhof.
- ✯ Unternehmen Sie Dinge mit dem Kind, bei denen es viel zu erzählen gibt. Beim Einkaufen kann man über die Dinge im Einkaufswagen reden, wie sie heißen, Farbe, Größe und was Sie damit vorhaben. Bei der Gartenarbeit reden Sie über Bäume und das Obst daran, über Blumen, Gartengeräte, Vögel und Insekten.
- ✯ Und immer wieder: Bücher anschauen und über Bilder und Geschichten sprechen.
- ✯ Beim Spielen schnappt das Kind die meisten neuen Worte auf und lernt zu kommunizieren.
- ✯ Reden Sie über Alltagsdinge.

✳ Erzählen Sie beim Abendessen oder beim Ins-Bett-Bringen dem heimkommenden Elternteil, was Sie den Tag über alles unternommen haben.

Mehr als drei Worte

Wenn Ihr Kind ohne viel Mühe Dreiwort-Sätze spricht, ist es sehr wahrscheinlich, dass seine Sprache sich weiter entwickeln wird, bis hin zu korrekter Grammatik. Die weitere Sprachentwicklung wird immer spezifischer und sprengt somit den Rahmen dieses Buches. Was Sie tun können: Fördern Sie weiterhin den Gebrauch komplexer Sätze, indem Sie mit den oben genannten Vorschlägen arbeiten.

Parallelentwicklung

Förderung früher interaktiver Kommunikation

Die Erziehungspsychologin Dr. Carolyn Smith lebt auf der Isle of Wight und hat, basierend auf der Arbeit von J. Bruner und Anderen (Bruner, 1983; Bruner, 1990; Nadel & Camaioni, 1993) Untersuchungen über frühe Kommunikation durchgeführt. Sie hat die nachfolgende Methode (AQ) entwickelt, die die Notwendigkeit hervorhebt, zu den Grundlagen der Sprach- und Kommunikationsentwicklung zurückzugehen, denn erst wenn diese vollständig etabliert sind, kann sich die Kommunikationsfähigkeit weiter entwickeln (Smith & Fluck, 2001).

Spielvorschläge
Schauen Sie Ihrem Kind beim Spielen zu und beobachten, was es schon allein kann und was es gerne tut. Das kann das Schütteln einer Rassel sein, Bauklötze in einen Behälter legen, Malen, mit einer Puppe spielen oder eine Holzeisenbahn über die Gleise schieben. Es spielt keine Rolle, was es ist, Hauptsache, es macht dem Kind Spaß.

Sobald Sie sich für eine Aktivität entschieden haben, nehmen Sie zwei gleiche oder ähnliche Spielzeug-Sets, beispielsweise zwei Kisten mit Bausteinen und setzen sich genau gegenüber, möglichst nahe. Schauen Sie ihm zu und kopieren Sie exakt das, was das Kind tut. Spiegeln Sie es, geben Sie keine Anweisungen. Erlangen Sie seine Aufmerksamkeit und vielleicht sogar seine Kooperation.

Ihr Kind wird fasziniert sein und zu Ihnen hinüberschauen, um zu sehen, wie Sie es nachahmen. Versuchen Sie, den dadurch entstandenen Blickkontakt so lange wie möglich aufrecht zu erhalten, indem Sie Ihre Spiegelung so oft es geht wiederholen.

Reden Sie über das, was Sie tun. Um dem Kind das Verstehen zu erleichtern, halten Sie Ihre Sprache knapp und klar. Sagen Sie beispielsweise ‚Stein rein', Stein raus', ‚Stein drauf'.

Daraus ergibt sich ein abwechselndes Spiel. Das Kind legt einen Baustein in die Kiste, schaut Sie an und wartet, dass Sie es ihm gleichtun. Sie tun es, schauen zu ihm hinüber und warten, bis es den nächsten Baustein in die Kiste legt. Dann machen Sie es ihm nach – und haben ein gemeinsames ‚Du bist dran – Ich bin dran'-Spiel.

Ihr Kind hat gelernt, dass es Sie dazu bringen kann, ihm etwas nachzumachen. Es lernt, Sie zu beeinflussen, Kontrolle auszuüben – eine wichtige Fähigkeit.

Versuchen Sie nun, das Spiel auszuweiten, indem Sie etwas anderes mit den Bausteinen tun oder andere Spielsachen verwenden. Wenn sich die Auffassungsgabe des Kindes weiterentwickelt hat, können Sie beim Spielen von den einfachen Kommentaren zu komplexerer Sprache übergehen.

Wenn das Spielen mit einem Erwachsenen gut läuft, können Sie ein anderes Kind mit einbeziehen. Es ist wichtig, dass Ihr Kind lernt, angemessen mit Gleichaltrigen zu spielen und zu sprechen.

PECS: Picture Exchange Communication System

PECS wurde vor mehr als 20 Jahren als Kommunikationshilfsmittel besonders für Kinder und Erwachsene mit Autismus und anderen Kommunikationsstörungen entwickelt. Basierend auf Bildern kann PECS Kinder unterstützen, die Schwierigkeiten haben, ein Gespräch zu beginnen, eine Frage zu stellen oder um etwas zu bitten.

Mit Hilfe dieses Programms sollen Kinder lernen, um etwas zu bitten, was sie brauchen oder haben möchten, indem sie den Erwachsenen ein Bild davon zeigen. In den verschiedenen Lernabschnitten üben sie etwas auszuwählen, Fragen zu beantworten und einfache Sätze zu bilden. Ziel der Übungen ist, dass das Kind nach etwas fragt und dabei ein Bild zu Hilfe nimmt. Der entscheidende Punkt dabei ist, die Themen ausfindig zu machen, sei es Essen, Trinken, Spiele oder bestimmte Aktivitäten, die dem Kind so wichtig sind, dass es ausreichend motiviert ist, um mit Hilfe des Bildes danach zu fragen.

Bestimmen Sie eine Sache, vielleicht ein bestimmtes Lieblingsspielzeug, dann machen Sie ein gut erkennbares Foto oder eine Strichzeichnung davon (je nachdem, was das Kind besser erkennt). Sorgen Sie dafür, dass das Kind auch tatsächlich das Bild vorzeigt, im Tausch für den echten Gegenstand. Zu Beginn sind dazu zwei Erwachsene nötig: Einer sitzt hinter dem Kind und unterstützt es physisch bei der Übergabe des Bildes, der andere nimmt das Bild entgegen und händigt dem Kind daraufhin das Spielzeug aus. Ist der Tausch vollzogen, sagt der Geber den Namen des Spielzeugs. Dies wird so oft wiederholt, bis das Kind verstanden hat, dass es, wenn es das Bild einer Puppe zeigt, unverzüglich die Puppe bekommt. Von da ab kann es in der Regel die Bilder selbständig benutzen, um zu erhalten, was es will. Nach einiger Zeit können Sie sich auch weiter weg setzen, so dass das Kind zu ihnen kommen muss, wenn es etwas haben will.

Die Anzahl der Bilder wird allmählich erhöht. Man kann sie an einer Wandtafel anbringen, die für das Kind leicht erreichbar ist, oder in eine Mappe legen, die das Kind bei sich tragen und so überall verwenden kann, wenn es sie braucht.

PECS ist eine Form von Verhaltenstraining. Kinder lernen damit durch das Prinzip Ursache und Wirkung, dass ihre Bedürfnisse durch die Anwendung der Bilder erfüllt werden. Es ist besonders wirkungsvoll dadurch, dass die verwendeten Bilder für jedes Kind individuell ‚maßgeschneidert' werden. Es erfordert weder die Fähigkeit zu sprechen, noch die motorischen Fähigkeiten für Gebärden. Es legt den Schwerpunkt auf die Anbahnung eines Gesprächs, die ein wichtiger Teil der Kommunikation ist. Die Arbeit mit PECS kann viel dazu beitragen, die Frustration zu verringern, die Kinder immer dann empfinden, wenn sie sich nicht mitteilen können, und die sonst leicht zu Verhaltensauffälligkeiten führt. Wenn Sie sich ausführliches über PECS informieren möchten, wenden Sie sich an Ihren Hausarzt.

Musiktherapie

Sinn und Zweck der Musiktherapie ist es, Kinder und Erwachsene in die Lage zu versetzen, Musik als Mittel für Kommunikation und Selbstdarstellung einzusetzen. Kleine Kinder mit Behinderungen, die Schwierigkeiten haben, zu kommunizieren, zu interagieren und sich auszudrücken, werden durch Musikhören und musizieren zu Reaktionen angeregt. Musiktherapeuten bedienen sich der Musik, um die Aufmerksamkeit eines Kindes zu erregen und so leichter eine Beziehung herstellen zu können

Nehmen Sie sich jeden Tag etwas Zeit für einfache musikalische Spiele. Singen Sie Lieder, klatschen Sie rhythmisch in die Hände und lassen Sie Ihr Kind einfache Instrumente wie Tamburins, Trommeln und Glockenspiele ausprobieren. Kopieren Sie seine Töne und Rhythmen, und vielleicht ergibt sich ein abwechselndes Spiel. Ermutigen Sie es zum Mitsummen oder zur Begleitung ihres Gesangs auf seinem Instrument.

Sich auf diese Weise mit Musik zu beschäftigen fördert die Hörfähigkeit, Lautbildung und das Sich-Abwechseln, was wiederum die Sprachfähigkeit unterstützt.

5 Physische Entwicklung

Die Theorie

Was bedeutet physische Entwicklung?

Dieses Kapitel befasst sich mit allen Aspekten der Kontrolle über den eigenen Körper, seine Muskeln und Bewegungen. Im ersten Teil wird es um die grobmotorischen Fähigkeiten gehen, d.h. beispielsweise um großräumige Bewegungen der Arme und Beine, sowie um die feinmotorischen Fähigkeiten, bei denen nur ein kleiner Teil des Bewegungsapparats aktiv wird, also hauptsächlich Handfertigkeiten und Geschicklichkeit der Finger.

Grobmotorische Fähigkeiten

Chronologische Entwicklung

Das Neugeborene

Neugeborene Babys sind noch für längere Zeit ohne Pflege und Versorgung durch Erwachsene nicht überlebensfähig. Sie verfügen aber über einige angeborene Reflexe, die zum Teil überlebensnotwendig sind, manche sind genetisch angelegte Reaktionsmuster, die ursprünglich dem Selbstschutz dienten. Sie sind in den ersten Lebenswochen und -monaten eines Kindes zu beobachten und werden dann nach und nach im Rahmen der Entwicklung des Großhirns durch höhere Funktionen unterdrückt.
* Saug- und Schluckreflex.
* Suchreflex: Bei Berühren eines Mundwinkels wird der Kopf in die Richtung der Berührung gedreht, dient dem Finden der Nahrungsquelle.
* Greifreflex.
* Schreitreflex: Wenn das Kind unter den Achseln gehalten wird und so mit seinen Fußsohlen eine Unterlage berührt, macht es automatische Schreitbewegungen.
* Moro-Reflex: Eine Art Umklammerungsreflex, zur Verhinderung von

Stürzen. Fällt der Kopf für einen Moment zurück, bewegt das Kind die Arme mit gespreizten Fingern nach außen. Dann schließt es die Arme mit geschlossenen Fäusten wieder vor dem Körper.

Neugeborene haben kaum Kontrolle über ihre Muskeln und müssen deshalb gestützt und sicher gehalten werden. Bereits in den ersten Monaten jedoch entwickelt das kindliche Gehirn die Fähigkeit, Muskeln, und demzufolge auch Körperbewegungen, zu kontrollieren. Mit Ausnahme beispielsweise derjenigen, die stark verkürzte Sehnen und deshalb Probleme mit dem Sitzen haben und von Anfang an besser stehen als sitzen, entwickelt sich die Körperbeherrschung bei allen Kindern in derselben Reihenfolge. Die körperliche Entwicklung wird von zwei grundlegenden Gesetzmäßigkeiten bestimmt:
1. Körperliche Entwicklung vollzieht sich von oben nach unten (cephalocaudal), also vom Kopf zu den Füßen. Kindern entwickeln zuerst Kontrolle über ihren Hals (um selbständig den Kopf oben zu halten), dann über den Rücken, das Becken und zuletzt die Beine. Das zeigt sich auch in der Tatsache, dass der Kopf des Babys zu Beginn am stärksten und unproportional zum Rest des Körpers wächst.
2. Körperliche Entwicklung vollzieht sich von innen nach außen (proximodistal). Das zeigt sich auch daran, dass die Hände eines Babys sehr klein sind im Vergleich zum übrigen Körper. Kinder stützen sich zuerst auf die Ellenbogen und dann auf die Hände, sie knien erst, bevor sie stehen können.

Der kindliche Körper entwickelt sich durch Bewegung. Ein Baby, das mit den Beinen strampelt, trainiert seine Muskeln. Und jedes Mal, wenn ein Kind versucht, seinen Kopf zu heben, stärkt es die Halsmuskulatur und entwickelt seine Körperbeherrschung.

Kopfkontrolle

Neugeborene sind nicht in der Lage, ihren Kopf selbständig zu heben oder hochzuhalten. Allmählich entwickelt sich die Halsmuskulatur, so dass sie ihren Kopf selbst stabilisieren können, wenn sie mit gestütztem Rücken aufrecht sitzen oder aus der Rückenlage an den Armen in eine sitzende Position gebracht werden.

Mit ca. zwei Monaten kann das Baby seinen Kopf kurz selbst stabilisieren, wenn es in aufrechter Haltung z. B. auf dem Arm gehalten wird. Beim Aufnehmen oder Herumtragen muss sein Kopf aber noch immer gestützt werden. Mit etwa drei Monaten schließlich kann das Baby in Bauchlage seinen Kopf für einige Zeit aufrecht halten und sich dabei auch auf seine Ellenbogen oder Hände aufstützen, da nun auch die Muskeln der Schultern und Arme seiner Kontrolle zu unterliegen beginnen.

Abstützung in Bauchlage

Das Baby lernt zuerst, in der Bauchlage seinen Oberkörper von der Unterlage abzuheben, indem es sich auf die Unterarme stützt. Etwas später kann es sich auch mit gestreckten Armen auf die Hände stützen.

Umdrehen

Babys lernen zuerst, sich von der Seitenlage auf den Rücken zu drehen, später dann von der Rückenlage auf den Bauch.

Sitzen

Hebt man Neugeborene in eine sitzende Position, kippen sie sofort mit rundem Rücken nach vorn über. Wird ihre Rückenmuskulatur stärker, brauchen sie immer weniger Unterstützung durch einen Erwachsenen oder durch ein Kissen. Irgendwann können sie frei sitzen, ohne Gefahr zu laufen, nach hinten oder zur Seite zu kippen. Wenn sie doch einmal das Gleichgewicht verlieren, sind sie in der Lage, sich mit den Händen seitlich abzustützen.

Später lernen sie, ihren Oberkörper zur Seite zu drehen, um nach einem Spielzeug zu greifen, sowie nach vorn oder hinten zu beugen, ohne umzufallen.

Krabbeln

Babys stärken ihr Becken und ihre Beine durch lebhaftes Strampeln, entweder mit beiden Beinen gleichzeitig oder abwechselnd. Jetzt beginnen sie sich aus eigener Kraft fortzubewegen und bedienen sich dazu einer von verschiedenen Fortbewegungsarten. Manche Kinder krabbeln auf herkömmliche Weise auf Händen und Knien, manche ziehen es vor, auf Händen und Füßen zu ‚gehen', andere robben auf dem Bauch. Es gibt auch Kinder, die das Krabbeln ganz auslassen und sich auf dem Po vorwärts schieben, bevor sie zu laufen anfangen.

Manche Eltern glauben, das Krabbeln sei nur eine belanglose Übergangsphase, bevor ihr Kind endlich laufen lernt, und stellen es möglichst früh auf seine Füße. Das Krabbeln ist jedoch ein wichtiger Entwicklungsschritt, denn das Kind lernt dabei, seine Arme zu belasten, es stärkt seine Schultern, Arme und Hände. So bekommt das Kind die Kraft und die Körperbeherrschung die es braucht, um später feinmotorische Fertigkeiten wie Zeichnen und Schreiben zu erlernen.

Das Kind lernt, mit aufgerichtetem Oberkörper zu knien, das Gewicht wird dabei vom Becken getragen. Das ist eine Vorübung für das Stehen, denn die Muskeln rund ums Becken können sich nur durch Belastung entwickeln.

Kniestand auf einem Knie

Das Kind lernt, aus dem Kniestand heraus einen Fuß flach auf dem Boden aufzustellen, das Gewicht auf den Fuß zu verlagern und sich auf diese Weise in den Stand abzudrücken.

Stehen

Um ins aufrechte Stehen zu gelangen muss das Kind in der Lage sein, das Becken und die Knie zu strecken, und es muss genug Muskelkraft und Gleichgewichtsgefühl vorhanden sein, um sich aufrecht zu halten. Zuerst hält sich das Kind an einem Möbelstück oder an der Hand eines Erwachsenen fest, bis es genug Standfestigkeit hat, um ohne Stütze senkrecht zu stehen.

Gehen

Bevor es ohne Hilfe gehen kann, muss ein Kind in imstande sein, frei zu stehen und auf und ab zu hüpfen. Die meisten Kinder lernen zuerst, seitwärts zu gehen, wobei sie sich an einem Möbelstück festhalten, ehe sie, an der Hand eines Erwachsenen oder ein Gehwägelchen schiebend, vorwärts marschieren. Wenn sie mehr Sicherheit und Kraft entwickeln, brauchen sie nach und nach immer weniger Unterstützung, bis sie dann eines Tages die ersten ganz selbständigen Schritte machen.

Am Anfang gehen Kinder breitbeinig und mit hocherhobenen Armen, um das Gleichgewicht zu halten. Sie sind noch sehr wackelig auf den Beinen, taumeln und stolpern und haben Schwierigkeiten, wenn sie stehen bleiben, die Richtung wechseln oder nach unten schauen wollen.

Wenn das Kind etwas gewandter geworden ist, stehen seine Füße näher beieinander, die Zehen zeigen nach vorn statt nach außen und seine Schrittfolge wird gleichmäßiger. Es kann die Richtung wechseln, sich bücken, um etwas vom Boden aufzuheben und Dinge herumzutragen. Es lernt, Spielsachen beim Gehen hinter sich herzuziehen oder zu schieben und rückwärts zu laufen.

Stufen hinauf- und hinuntersteigen

Sobald es das Krabbeln gelernt hat, versucht das Kind, auf Möbel und Stufen zu klettern. Es klettert, indem es die Füße (seltener die Knie) auf die nächst höhere Stufe stellt. Später lernt es, in aufrechter Haltung die Stufen hochzusteigen, dabei hält es sich entweder am Geländer oder an einem Erwachsenen fest. Am Anfang steigt es mit beiden Füßen auf jede Stufe, bis es am Ende die Füße immer abwechselnd auf die Stufen setzt.

Gleichgewicht

Das Kind lernt, auf einem Bein zu stehen, zu hüpfen und auf einer schmalen Linie zu gehen. Ein gut ausgebildeter Gleichgewichtssinn spielt bei der späteren körperlichen Entwicklung eine große Rolle.

Laufen

Der Übergang von Gehen zum Laufen vollzieht sich nach und nach. Die Fortbewegung auf zwei Beinen wird sicherer und schneller, und irgendwann rennt das Kind. Zuerst kann es sein, dass es häufig stolpert und hinfällt, aber bald wird es geschickter, läuft sogar scharfe Kurven, trägt, zieht und schiebt Dinge beim Laufen, kann beschleunigen und abbremsen.

Einen Ball fangen; werfen und treten

Kinder lernen, einen großen Ball zu fangen, indem sie zuerst ihre Arme steif nach vorn strecken. Das funktioniert, wenn der Ball sehr sanft und zielsicher geworfen wird. Nach und nach lernen sie, ihre Arme beim Fangen zu beugen und kleinere Bälle aus größerer Entfernung aufzufangen.

Bei den ersten Versuchen, einen Ball zu werfen, lassen Kinder ihn einfach aus den gestreckten Armen fallen. Sie müssen erst die nötige Armkraft und das richtige Gefühl für Richtung und Entfernung des Ziels entwickeln.

Einen Ball zu treten, das passiert zuerst meist ganz zufällig, wenn der Ball dem Kind beim Laufen vor die Beine gerät. Allmählich lernt es, den Ball aus dem Stand zu kicken und später auch im Laufen. Dazu muss es auf einem Bein die Balance halten können. Die ersten ‚Schüsse' sind eher schwach; die entsprechende Muskelkraft und -kontrolle wächst durch regelmäßiges Üben.

Springen

Bei den ersten Sprungversuchen beugt das Kind die Knie zum Absprung, die Füße heben sich aber kaum vom Boden ab. Sie hüpfen zuerst auf der Stelle, später dann auch aus geringer Höhe, beispielsweise von Stufen oder einem niedrigen Sofa, bis es ihnen irgendwann sogar gelingt, aus dem Stand mehrere Sprünge hintereinander zu machen, ohne hinzufallen.

Feinmotorische Fähigkeiten

Chronologische Entwicklung

Das Neugeborene

Neugeborene schließen bei Berührung ihrer Handinnenfläche die Hand fest zu Faust. Es handelt sich hierbei um den angeborenen Greifreflex.

Zugreifen und loslassen

Der Greifreflex verliert sich normalerweise nach wenigen Wochen. Das Baby muss nun das kontrollierte Greifen üben. Greifen ist ein komplexer Ablauf – das Baby muss dazu den Kopf in Richtung des gewünschten Objekts drehen, seinen Blick darauf fokussieren und seine Arme und Hände kontrolliert bewegen.

Babys halten die Hände vor ihr Gesicht und beobachten, wie sich ihre Finger bewegen. So erlernen sie die Grundlagen der Auge-Hand-Koordination. Sie spielen mit ihren Händen, probieren aus, was man damit alles tun kann und üben sie gezielt nach etwas auszustrecken. Es gelingt ihnen noch nicht, wirklich zuzugreifen, aber sie patschen mit der Hand gegen interessante Dinge wie beispielsweise die Figuren eines Mobiles über ihrem Bettchen. Das Baby lernt nacheinander, gezielt nach etwas zu greifen, das gewünschte

Objekt mit der ganzen Hand festzuhalten, es von einer Hand in die andere zu wechseln und zwei Gegenstände gleichzeitig festzuhalten und gegeneinander zu schlagen. Zuerst greift das Baby zu, indem es die Hand seitlich an das Gewünschte heran schiebt, später kann es seine Bewegungen gut genug koordinieren, um von oben zugreifen zu können.

Zu lernen, Gegenstände gezielt wieder loszulassen, braucht etwas mehr Zeit. Zuerst lässt das Baby los, indem es den Gegenstand auf eine feste Oberfläche wie die Tischplatte oder in die Hand eines Erwachsenen legt. Später lernt es, Dinge einfach fallen zu lassen. Es lernt, Spielsachen in große Behälter zu legen. Mit einiger Übung trifft es auch weniger große Behältnisse mit kleinen Öffnungen.

Vom gezielten Loslassen ist es nicht mehr weit zum Werfen. Die Würfe sind zunächst noch unkontrolliert und kurz, später gewinnen sie an Kraft und Zielsicherheit.

Verfeinerung des Greifens

Mit der Fähigkeit des gezielten Greifens und Festhaltens beginnt das Kind nun alles zu untersuchen, was sich in seiner Reichweite befindet. Es nimmt alles in die Hände und untersucht es, es bewegt es in alle Richtungen hin und her und schlägt Gegenstände gegeneinander.

Zuerst greift das Kind noch mit der ganzen Hand zu, aber bald kann es auch kleinere Dinge wie Rosinen, Krümel und Fusseln mit Daumen und Zeigefinger im so genannten Pinzettengriff aufheben. Diese Fähigkeit verfeinert sich im Laufe der Zeit immer mehr.

Da das Kind jetzt in der Lage ist, die Finger einzeln und unabhängig voneinander zu bewegen, beginnt es, mit dem Zeigefinger auf Dinge zu deuten und sie gezielt anzustupsen. Es lernt Bausteine und Becher aufeinander zu stapeln, Holzperlen auf eine Kordel zu fädeln und Puzzles zusammen zu setzen. Es gibt speziell für Babys Holzpuzzles mit ausgestanzten Formen (Tiere, Spielsachen, Autos), die das Kind in die passende Lücke stecken muss, und Puzzles mit Rahmen und großen Teilen, die für kleine Kinder einfach zu handhaben sind.

Fangen Sie mit wenigen, handlichen Teilen an und seien Sie geduldig, wenn es am Anfang auch mit zwei oder drei großen Bausteinen, beispielsweise, noch nicht perfekt klappt. Nach und nach wird das Kind geschickter und kann immer mehr und immer kleinere Steine aufeinander türmen.

Beidhändig

Kinder lernen, etwas mit beiden Händen zu tun, beispielsweise in der einen Hand eine Schale zu halten und mit der anderen Essen hineinzufüllen, oder Wasser von einem Becher in den anderen zu schütten.

Drehen

Um Türgriffe oder Schalter zu drehen oder Deckel aufzuschrauben, eine Flasche oder Tasse zum Trinken zum Mund zu führen erfordert sichere Kontrolle über das Handgelenk. Kinder lernen recht schnell, aus einer Flasche zu trinken und einfache Drehknöpfe oder -griffe zu drehen, aber es fehlt ihnen an Kraft, große, schwergängige Griffe zu bewegen und die Präzision, kleine Knöpfe zu drehen oder Riegel aufzuschieben.

An- und ausziehen

Ausziehen ist viel weniger schwierig als das Anziehen. Kinder lernen meist recht früh, sich ihres Lätzchens oder ihrer Mütze zu entledigen, sie ziehen ihre Söckchen oder Hausschuhe aus und bald auch die Jacke. Als nächstes schaffen sie es, ihre Hose allein herunter und Pullover und Hemden über den Kopf zu ziehen. Die größten Schwierigkeiten bereiten meist Verschlüsse wie Knöpfe und Schnallen.

Die meisten Kinder haben Spaß daran, beim Anziehen zu ‚helfen', indem sie Arme in Ärmel und Füße in Hosenbeine stecken. Als erstes lernen sie, sich selbst die Mütze aufzusetzen, in Jacken zu schlüpfen und Hemd oder Kleid über den Kopf zu ziehen. Es folgen das selbständige Anziehen von Hosen, Röcken und Unterwäsche. Strümpfe, Schuhe und Verschlüsse sind dann schon etwas für ‚Fortgeschrittene'.

Selbständiges Essen

Zuerst lernt das Kind, eine Flasche oder eine Deckeltasse zu halten und selbständig daraus zu trinken. Allmählich wird es geschickter und kann aus einer ‚normalen' Tasse oder einem Glas trinken, ohne etwas zu verschütten.

Wenn Kinder beginnen, feste Nahrung zu sich zu nehmen, kann man ihnen kleine Stückchen Brot oder Obst geben, die sie mit den Fingern essen. Sie können dem Kind auch schon mal einen (gefüllten) Löffel in die Hand geben und ihm helfen, ihn zum Mund zu führen. Am besten funktioniert das bei

Nahrungsmitteln, die fest und klebrig genug sind, um auf dem Löffel zu bleiben, wie Milchreis, Müsli oder fester Joghurt. Suppe oder Nudeln sind weniger gut geeignet.

Wenn das Essen mit dem Löffel erfolgreich gemeistert wurde, kann man beginnen, mit einer Gabel zu üben, dann mit Gabel und Löffel, bis das Kind später im Schulalter schließlich wie die Erwachsenen mit Messer und Gabel zu essen lernt.

Verwendung von Werkzeugen

Erwachsene verwenden im Alltag ganz selbstverständlich alle möglichen Arten von Werkzeugen, wozu unterschiedliche Fingerfertigkeiten benötigt werden, die Kinder erst einmal erwerben müssen. Normalerweise lernen sie zuerst, Löffel und Schaufeln zu beladen, etwas mit der Gabel aufzupicken, das Schneiden mit dem Messer und dann zangenartige Bewegungen mit Scheren, Klammern und Zangen.

Verwendung von Stiften

Am Anfang nimmt ein Kind den Stift meist in die Faust und greift ihn ziemlich weit oben. Allmählich lernt es, den Stift weiter unten und mit weniger Fingern zu fassen, bis es die zum Schreiben am besten geeignete Greifart mit Daumen und zwei Fingern beherrscht.

Da Zeichnen und Schreiben Aktivitäten sind, die neben den motorischen auch intellektuelle Fertigkeiten voraussetzen, finden sie auch in Kap. 3, S. 56ff. Erwähnung.

Spiele und andere Aktivitäten

Die nachfolgend beschriebenen Aktivitäten zur Förderung der physischen Entwicklung sind zum besseren Verständnis und zu mehr Übersichtlichkeit in Grobmotorik und Feinmotorik unterteilt.

Grobmotorische Fähigkeiten

Chronologischer Ablauf der Entwicklung

Falls ihr Kind eine körperliche Behinderung hat oder besondere Schienen oder einen speziellen Schutzhelm tragen muss, sprechen Sie zuerst mit Ihrem Physiotherapeuten oder Ergotherapeuten, bevor Sie die nachfolgenden Übungen beginnen.

Manche Kinder mit Behinderungen fühlen sich durch jede Art von Training überfordert und möchten nichts lieber, als einfach nur in Ruhe gelassen werden. Gestalten Sie also nach Möglichkeit alle Aktivitäten möglichst unterhaltsam und mit einem Maximum an Körperkontakt. Wenn Ihr Kind eher ängstlich ist, beruhigen Sie es mit entspannender Musik und reden Sie ihm beim Spielen mit sanfter Stimme gut zu.

Bei Kindern mit Empfindungsstörungen ist besondere Aufmerksamkeit geboten. Wenn sie wenig oder gar keine Schmerzempfindung haben, können sie sich, ohne es zu merken, gefährlich verletzen.

Bauchlage

In den vergangenen zwei Jahrzehnten hat es sich mehr und mehr durchgesetzt, dass Babys große Teile ihrer Zeit in Autositzen, Buggys und Babywippen verbringen. Von dort aus können sie auf bequeme Weise vieles sehen und beobachten. Andererseits ist es ausgesprochen wichtig, dass sie die Möglichkeit bekommen, auf dem Bauch liegend vom Fußboden aus ihre Umgebung zu erkunden, und dabei ihre Muskulatur und ihre körperlichen Fähigkeiten zu entwickeln, indem sie aus der Bauchlage heraus nach etwas greifen, erste Krabbelversuche machen oder sich herumdrehen. Besonders wichtig ist das für Babys, die an einer angeborenen Muskelhypotonie leiden. Nehmen Sie Ihr Baby also so oft es geht aus dem Kindersitz und legen es mit ein paar Spielsachen in Reichweite auf eine Decke.

Wegen der Gefahr des plötzlichen Kindstodes wird häufig davon abgeraten, Babys auf dem Bauch schlafen zu lassen. Wenn Sie Ihr Kind tagsüber auf dem Bauch liegend spielen lassen und regelmäßig nach ihm schauen, ist das aber völlig ungefährlich.

Positionen

Wenn Ihr Baby sich nicht aus eigener Kraft bewegen kann, ist es wichtig, seine Lage, auch wenn es nur für einen kurzen Moment ist, regelmäßig zu verändern. Es sollte nicht den ganzen Tag lang in einer Babywippe oder flach auf dem Rücken in seiner Wiege liegen. Unterschiedliche Positionen tragen dazu bei, dass die verschiedenen Muskelbereiche stimuliert und trainiert werden, außerdem sieht das Kind seine Umgebung aus verschiedenen Blickwinkeln. Versuchen Sie es mit folgenden Vorschlägen:

- Legen Sie Ihr Kind in Bauchlage auf eine Decke auf dem Fußboden.
- Legen Sie ihm dabei ein zusammengerolltes Handtuch unter den Oberkörper.
- Legen Sie das Kind in Seitenlage. In dieser Position kann es sehr gut mit beiden Händen gleichzeitig mit einem Spielzeug hantieren.
- Legen Sie das Kind flach auf den Rücken auf eine Decke auf dem Boden.
- Setzen Sie sich auf den Boden und strecken Sie die Beine zu einem V gespreizt aus. Legen Sie das Baby entweder mit dem Bauch über Ihr Bein, so dass sein Gewicht auf Armen und Beinen liegt, oder so, dass sein Oberkörper angehoben wird und das Gewischt auf Hüften und Beinen ruht.
- Setzen Sie sich mit ausgestreckten Beinen auf den Boden. Platzieren Sie das Baby mit dem Rücken zu Ihnen zwischen Ihren Beinen, so dass es gut abgestützt ist.
- Setzen Sie sich mit angewinkelten Beinen auf den Boden, die Fußsohlen liegen aneinander. Setzen Sie Ihr Baby vor Ihre Füße, mit dem Blick zu Ihnen. Wenn nötig, stützen Sie seine Hüften oder halten es an den Händen.
- Knien Sie sich auf den Boden und setzen Sie das Kind zwischen Ihre Beine, mit dem Rücken zu sich, so dass es von Ihren Beinen gut gestützt wird.
- Liegen Sie auf dem Rücken und legen das Kind in Bauchlage auf Ihren Oberkörper. Dies ist eine gute Position für Blickkontakt.
- Wenn Sie Ihr Kind auf dem Arm tragen, tun Sie auch das in wechselnden Positionen.

Kopfkontrolle

Das Baby liegt auf dem Rücken und Sie heben es an den Schultern langsam in eine sitzende Position. Sprechen Sie dabei mit ihm und halten Sie Blickkontakt. Es ist wichtig, das Baby auf dieselbe Weise langsam wieder in die Rückenlage zurück zu führen.

Abstützen auf den Unterarmen

* Legen Sie Ihr Kind in Bauchlage auf eine Decke auf dem Fußboden. Ein harter Untergrund ist besser geeignet als eine weiche Matratze. Aber experimentieren Sie ruhig, das macht es für das Kind spannender: Mal Teppichboden, mal Holzdielen oder Linoleum, mal ein puscheliger Vorleger oder ein Schaffell.
* Stützen Sie den Oberkörper des Kindes in der Bauchlage mit einem zusammengerollten Handtuch oder einem ebensolchen Bettlaken ab, so dass Schultern und Kopf oben sind. Dadurch hat es ein weiteres Blickfeld und kann wunderbar beobachten, was um es herum geschieht. Sie können auch ein paar interessante Gegenstände in seine Reichweite legen.
* Legen Sie sich auf den Rücken und das Kind auf dem Bauch auf Ihren Oberkörper. Ermuntern Sie es, seinen Kopf zu heben und Blickkontakt herzustellen.

Abstützen auf gestreckten Armen

* Legen Sie das Kind in der Bauchlage auf den Boden, mit einem aufgerollten Handtuch unter dem Oberkörper, so dass sein Gewicht auf den Ellbogen ruht. Zeigen Sie ihm einen verlockenden Gegenstand, damit es danach greift und sich dabei abwechselnd auf nur einen Arm stützt.
* Strecken Sie sich rücklings auf dem Boden aus und legen das Kind in der Bauchlage auf Ihre Brust. Bringen Sie es durch Bewegungen Ihres Oberkörpers dazu, sein Gewicht von einem Arm auf den anderen zu verlagern.

Sich herumdrehen

* Legen Sie Ihr Baby auf den Rücken und legen seinen rechten Arm nach oben über seinen Kopf, damit er nicht im Weg ist. Schieben Sie dann sachte seine linke Hüfte und das linke Bein nach vorn. Sie können ein attraktives Spielzeug auf die rechte Seite legen, um Ihr Kind zum Umdrehen in die Bauchlage zu motivieren. Versuchen Sie das Gleiche in die andere Richtung.
* Legen Sie das Baby auf eine Decke oder ein flaches Kissen und rollen es darauf von der einen auf die andere Seite.

Sitzen

✴ Das freie Sitzen üben Sie mit Ihrem Baby ähnlich wie im Abschnitt über Kopfkontrolle beschrieben. Beim langsamen Anheben und wieder Ablegen auf der Unterlage werden die Muskeln im Nacken, im Hals und im ganzen Rücken gestärkt, so dass das Kind bald kräftig genug ist, um sich selbständig aufzusetzen.

✴ Sobald sich Ihr Kind in sitzender Position einigermaßen aufrecht halten kann, setzen Sie es auf Ihren Schoß und stützen seinen Rumpf und seine Hüften so viel wie nötig. Allmählich wird es immer weniger Hilfe brauchen.

Um wirklich frei sitzen zu können, muss das Kind lernen, das Gleichgewicht zu halten und die Muskeln des Oberkörpers ausreichend anzuspannen, um nicht bei der kleinsten Bewegungen oder Berührung umzukippen. Es lernt, die Arme auszustrecken und sich mit den Händen auf dem Boden abzustützen. Probieren Sie folgende Anregungen aus:

✴ Wenn Ihr Kind aufrecht sitzt, bauen Sie interessante Gegenstände vor und neben ihm auf, damit es übt, danach zu greifen und gleichzeitig das Gleichgewicht zu halten.

✴ Schaukeln Sie das sitzende Kind leicht hin und her und vor und zurück. Dabei bekommt es ein gutes Gefühl für die jeweilige Gewichtsverlagerung.

✴ Setzten Sie das Kind rittlings auf Ihren Schoß, mit dem Gesicht zu Ihnen, und schaukeln Sie es von rechts nach links, um sein Gefühl für Balance zu schulen und die Hüftmuskulatur zu stärken.

✴ Setzten Sie das Kind auf einen niedrigen Hocker oder ein festes Kissen, stützen von hinten seine Hüften und fordern es auf, nach Spielsachen, die vor ihm liegen, zu greifen.

✴ Ihr Kind sitzt auf dem Boden. Helfen Sie ihm, sich mit den Händen seitlich am Boden abzustützen, und schaukeln es hin und her, so dass es sein Gewicht jeweils auf einen Arm verlagern muss, um nicht umzufallen.

✴ Schaukeln, Schaukelpferde und andere schaukelnde und schwingende Spielgeräte eignen sich gut zum Training der Oberkörpermuskulatur.

✴ Reiten eignet sich hervorragend um Muskeln und Gleichgewichtsgefühl zu trainieren, denn jede Bewegung des Pferdes zwingt das Kind zu Ausgleichsbewegungen. Besonders hilfreich ist Reiten für Kinder mit verspannten Muskeln. Beim breitbeinigen Sitzen auf dem Pferd lockern sich die Muskeln.

- Wenn verspannte Muskeln beim Sitzen hinderlich sind, lassen Sie das Kind statt mit gestreckten Beinen lieber in einer Art Schneidersitz, also mit angezogenen Beinen, sitzen.

Krabbeln

Krabbeln ist in mehrfacher Hinsicht eine wichtige Fähigkeit. Beispielsweise ist das Abstützen auf Schultern und Arme eine gute Vorübung für spätere Hand- und Armfertigkeiten. Eltern sind oft bemüht, ihr Kind so früh wie möglich zum Laufen zu bewegen, aber lassen Sie Ihr Kleinkind ruhig so lange wie möglich krabbeln. Wenn es soweit ist, wird es sich schon auf seine Füße stellen.

Es ist förderlicher, wenn das Kind *reziprokes Krabbeln* erlernt, bei dem gleichzeitig das linke Bein und der rechte Arm (oder umgekehrt) vorwärts bewegt werden, statt das „Häschenhüpfen", bei dem es beide Beine gleichzeitig anzieht.

- Fassen Sie das Kind um Bauch und Brust und lassen es durch die Luft fliegen. Das streckt seinen Rücken – und macht Spaß.
- Legen Sie das Kind bäuchlings über eine aufblasbare Rolle oder ein Polster, so dass seine Hände und Knie den Boden berühren. Schaukeln Sie es vor und zurück, so dass sich sein Gewicht abwechselnd von den Armen auf die Hüften verlagert.
- Bringen Sie Ihr Kind in die Krabbelposition, halten es und schaukeln es vor und zurück, um ihm ein Gefühl für die Krabbelbewegung zu geben. Dabei lernt es auch, wie es sich anfühlt, wenn das Körpergewicht auf Armen und Beinen ruht.
- Schlingen Sie ein Handtuch um Brust und Bauch des Kindes und halten die beiden Enden über ihm fest. Heben Sie den Oberkörper des Kindes so an, dass seine Arme und Beine am Boden bleiben und ahmen so die Krabbelhaltung nach, ohne dass das Kind dabei sein ganzes Körpergewicht tragen muss.
- Manche Kinder krabbeln zu Anfang rückwärts statt vorwärts. Wenn Ihr Kind dazugehört, machen Sie sich keine Sorgen – es wird bald von ganz allein mit dem Kopf voran krabbeln. Wenn Sie es dennoch unterstützen möchten, setzen Sie es auf alle Viere direkt vor eine Wand, ein Möbelstück oder Ihre flachen Hände, und ermuntern Sie es zum Vorwärtskrabbeln.
- Wenn das Kind sich in der Krabbelhaltung befindet, locken Sie es mit attraktiven Spielsachen außerhalb seiner Reichweite, sich vorwärts zu bewegen. Achten Sie aber darauf, es nicht zu sehr zu frustrieren.

Grobmotorische Fähigkeiten

★ Sobald Ihr Kind krabbeln gelernt hat, motivieren Sie es so häufig wie möglich zum Üben, indem Sie kleine Wettrennen und Verfolgungsjagden durchs Haus initiieren.

Knien

Bevor Sie mit Ihrem Kind das aufrechte Stehen üben, lassen Sie es des Öfteren kniend selbständig die Balance halten. Es belastet dabei nicht gleich die gestreckten Beine, sondern nur die Oberschenkel und trainiert die Hüftmuskulatur.

★ Platzieren Sie das Kind kniend vor einem niedrigen Tisch oder vor einem Sofa, auf dem interessante Spielsachen liegen.

★ Kniet das Kind, geben Sie ihm einen leichten Schubs abwechselnd zur einen und zur anderen Seite, so dass es jedes Mal sein Gleichgewicht wiederfinden muss.

★ Heben Sie ein Bein des knienden Kindes an und setzen den Fuß mit der Fußsohle auf den Boden. Ziehen Sie das Kind an Armen oder Schultern nach vorn, so dass es sein Gewicht auf diesen Fuß verlagern muss.

Stehen

★ Sie sitzen im Fersensitz mit dem Gesicht zu einem Stuhl oder einem Sofa. Setzen Sie das Kind von sich abgewandt auf Ihre Knie. Seine Füße sollten dabei flach auf dem Boden stehen. Richten Sie sich langsam auf. Dabei heben Sie das Kind in eine stehende Position, wobei sein Popo von Ihren Beinen gestützt wird.

★ Befestigen Sie eine Sprossenwand oder die Gitterstäbe eines ausrangierten Babybettchens an der Wand und hängen Sie möglichst begehrenswerte Spielsachen daran auf, so dass das Kind motiviert ist, sich an den Stäben in den Stand hochzuziehen.

★ Setzen Sie das Kind auf einen niedrigen Hocker oder Kinderstuhl, (die Füße sollten fest auf dem Boden stehen) vor die Sprossenwand. Ermutigen Sie es, sich daran zum Stand hochzuziehen.

★ Ziehen Sie das Kind an den Händen aus der Hocke zum Stand hoch. Das stärkt die Beinmuskeln.

★ Stellen Sie das Kind vor ein Sofa oder einen niedrigen Tisch mit Spielsachen. Wenn es sich noch nicht allein aufrecht halten kann, stützen Sie es soviel wie nötig. Ermuntern Sie das Kind, im Stehen am Tisch zu spielen.

Manche Kinder benötigen hierzu eine Stehhilfe (wird vom Physiotherapeuten verordnet).

✯ Wie schon im hohen Kniestand geben Sie auch dem stehenden Kind einen kleinen Schubs nach links oder rechts, so dass es sein Gleichgewicht wiedergewinnen muss.

✯ Stellen Sie das Kind aufrecht vor eine Wand oder in eine Zimmerecke und spielen so mit ihm, beispielsweise mit einem Ball oder einem Tamburin.

✯ Wenn Ihr Kind einigermaßen sicher stehen kann, ermuntern Sie es, sich an Möbeln oder Wänden durchs Zimmer zu bewegen. Locken Sie es mit begehrten Spielsachen. Bauen Sie eine Art Parcours aus Stühlen, Sesseln und Tischen, an denen das Kind sich festhalten und so durch den ganzen Raum wandern kann.

Laufen

Auch wenn Sie es kaum erwarten können, dass Ihr Kind endlich laufen lernt: Lassen Sie ihm Zeit.

Denken Sie daran, dass das Spielen und Krabbeln auf dem Boden ein unverzichtbares Training für Schultern und Hüften ist, das Ihrem Kind später zugute kommt.

✯ Wenn Ihr Kind aufrecht steht und sich an einem Möbelstück festhält, lösen Sie einen seiner Füße vom Boden, so dass es sein Gewicht auf den anderen Fuß verlagern muss.

✯ Beginnt Ihr Kind, sich durchs Zimmer zu bewegen, geben Sie ihm einen stabilen Puppenwagen oder einen Rollator. Den kann es vor sich her schieben und dabei ein Gefühl dafür bekommen, sich einen Fuß vor den anderen setzend vorwärts zu bewegen.

✯ Wenn Ihr Kind laufen lernt, ist es wichtig, dass Sie es von vorn und in Höhe seiner Hände stützen. Halten Sie es von hinten unter den Achseln, gerät es in eine ungünstige Körperhaltung.

✯ Physiotherapeuten raten von speziellen Lauflerngeräten, wie sie auf dem Markt angeboten werden, unbedingt ab. Die Kinder lernen damit nicht die korrekte Laufbewegung, sie werden viel zu sehr abgestützt, hängen quasi in dem Gerät und machen eine paddelnde Bewegung mit den Beinen, um sich fortzubewegen.

✯ Setzen Sie das Kind auf ein Fahrzeug mit Schiebestangen, beispielsweise ein kleines Dreirad oder ein Bobby-Car. Schieben Sie es durchs Haus oder

durch den Garten. Dabei lernt es, seine Beine durchzudrücken und bekommt ein Gefühl für Fortbewegung.
* Stellen Sie das Kind mit dem Rücken zur Wand und geben ihm einen Reifen oder ähnliches in die Hände. Sie halten den Reifen an der anderen Seite fest, gehen langsam rückwärts und bringen das Kind dazu, Ihnen zu folgen.

Gleichgewicht

Hat Ihr Kind die ersten selbständigen Schritte gemacht, hängt die weitere Entwicklung stark von der Entwicklung seines Gleichgewichtsgefühls ab. Sie können es mit folgenden Übungen trainieren:

* Setzen Sie ihr Kind in einen großen Pappkarton und ziehen es schwungvoll genug darin im Zimmer herum, dass es sich um Gleichgewicht bemühen muss.
* Lassen Sie das Kind beim Laufen kleine Hindernisse wie Mauern aus Bausteinen, schmale Holzbretter, ein Seil oder die Türschwelle überwinden.
* Lassen Sie das Kind über eine unebene Fläche, eine Steigung, auf einem niedrigen Mäuerchen, auf einem Holzbrett oder auf einem dicken Kreidestrich am Boden gehen.
* Bauen Sie Trittsteine aus Ziegeln, umgedrehten Tonblumenkübeln, Fliesen, Teppichresten oder Farbeimern und lassen Sie das Kind darüber balancieren.
* Üben Sie mit dem Kind, auf einem Bein zu stehen.
* Ermuntern Sie es, mit einem Tretroller oder einem Laufrad zu fahren.
* Das Planschbecken oder der flache Teil des Nichtschwimmerbeckens im Schwimmbad eignen sich wunderbar für Gleichgewichtsübungen. Versuchen Sie Folgendes: Lassen Sie das Kind im flachen Wasser laufen, rennen, einen Ball werfen, mit Wasser spritzen oder mit Schwimmtieren spielen. Es ist nicht ganz leicht, im Wasser die Balance zu halten!
* Spielen Sie Wurfspiele. Werfen Sie sich mit dem Kind Bälle zu, oder lassen Sie es ‚bean-bags' in eine Kiste oder einen Korb werfen. Zum Werfen braucht man einen festen Stand und das Kind muss gut die Balance halten, um nicht hintenüber zu fallen.
* Üben Sie Spiele mit Schlägern und Bällen. Das Kind muss dabei mit dem Schläger den Ball treffen und gleichzeitig beim Zurückschlagen das Gleichgewicht halten.
* Spielen Sie Fußball, kicken Sie einen Ball zwischen sich und dem Kind

hin und her, und ermutigen Sie es, auf ein Tor zu schießen oder um Hindernisse herum zu dribbeln. Das trainiert den Gleichgewichtssinn, weil das Kind auf einem Bein balancieren und mit dem anderen den Ball treten muss.

Beweglichkeit

- Spielen Sie „Verstecken".
- Spielen Sie „Fangen".
- Besuchen Sie Spielplätze mit Turngeräten oder melden Sie Ihr Kind beim Kinderturnen an.
- Ermutigen Sie Ihr Kind, auf einem weichen Untergrund Purzelbäume zu machen, aber fragen Sie vorher Ihren Physiotherapeuten.
- Gestalten Sie in der Wohnung oder im Garten eigene Spielplätze. Wenn es für Sie okay ist, könnten Sie für einen regnerischen Nachmittag das Wohnzimmer zu einem Spielplatz umgestalten, auf dem Ihre Kinder über Sofas klettern, durch Stuhlbeintunnel kriechen, von niedrigen Schemeln springen, auf Polstern Purzelbäume schlagen, in Kisten klettern und unter dem Esstisch „Höhle" spielen können.
- Wenn Sie mit dem Kind schwimmen gehen, halten Sie es in Rückenlage gut fest und lassen es mit den Beinen strampeln. Das ist gut für die Beweglichkeit von Beinen und Hüften.
- Spielen Sie „Himmel und Hölle" und andere Spring- und Hüpfspiele.
- Spielen Sie „Hokey Pokey" und „Laurentia, liebe Laurentia". So üben Kinder spielerisch Dinge wie Strecken, Beugen, und Drehen, wenn Sie die passenden Aufgaben stellen.

Stabile Körpermitte

Die Bedeutung einer starken Körpermitte für Haltung und Bewegung tritt nicht nur bei Physiotherapeuten immer stärker ins Bewusstsein. Wie auch bereits einige der bisher genannten Übungen dienen auch die folgenden Vorschläge dem Training der tiefliegenden Rumpf-, Hüft- und Schultermuskulatur.

- Lassen Sie Ihr Kind nach Dingen greifen, nach denen es sich strecken muss, oder lassen Sie es Ihre Post in den Briefkasten werfen.
- Legen Sie ein dickes Sofapolster auf den Boden. Auf diesem nachgiebigen Untergrund stehend soll es sich nach einem Spielzeug oben auf dem Regal strecken. Sie passen natürlich auf, dass nichts passiert!

- ✯ Hängen Sie einen Luftballon an der Decke auf, so dass Ihr Kind ihn erreichen und hin und her stupsen kann. Stützen Sie es gegebenenfalls ein wenig in der Taille ab.
- ✯ Finden Sie einen Spielplatz mit Schaukeln, Wippen und Hängebrücken. Probieren Sie alles aus!
- ✯ Fordern Sie Ihr Kind auf, sich auf den Rücken zu legen, die Füße aufgestellt und die Knie gebeugt. Nun soll es den Po so anheben, dass ein ‚Tunnel' entsteht, durch den Sie einen Ball oder ein Auto rollen können.

Springen

- ✯ Lassen Sie Ihr Kind auf einem Trampolin hüpfen. Es sollte unbedingt ein Sicherheitsnetz vorhanden sein. Bei den kleinen Zimmermodellen halten Sie das Kind beim Springen an den Händen.
- ✯ Fordern Sie das Kind auf, von einer Stufe oder vom Rand des Schwimmbeckens in Ihre Arme zu springen. Üben Sie mit ihm, beim Hüpfen die Knie zu beugen. Sie können es dabei mit „Häschen hüpf!" oder etwas Ähnlichem anfeuern.
- ✯ Nutzen Sie jede Stufe, jedes Mäuerchen und jeden Baumstumpf, um das Kind herunterspringen zu lassen.

Rennen

Je mehr Sicherheit ein Kind beim Gehen entwickelt, desto mehr Tempo traut es sich zu. Geben Sie Ihrem Kind so oft wie möglich Gelegenheit, frei herumzurennen – natürlich nur dort, wo es ungefährlich ist. Spielen Sie mit ihm „Fangen", um es zu schnellerem Laufen zu motivieren.

Klettern

Mit den ersten Kletterversuchen beginnen Kinder schon kurz nachdem sie das Krabbeln gelernt haben. Regen Sie Ihr Kind dazu an, indem Sie interessante Spielsachen auf einen niedrigen Hocker oder aufs Sofa legen. Es wird wahrscheinlich versuchen, hoch zu klettern, um sie zu bekommen. Zeigen Sie ihrem Kind, wie es am besten wieder vom Sofa herunterkommt, indem Sie es auf den Bauch legen und langsam herunterrutschen lassen, wobei es abwechselnd die Arme und Beine bewegt. So lernt es, mit den Füßen voran abzusteigen.

Räumliches Denken

Kinder müssen ein Gefühl dafür entwickeln, wo sie sind und wo sich ihre Gliedmaßen in Relation zu den Dingen im Raum und dem Boden befinden. Indem sie räumliches Denken entwickeln, lernen sie, wie man sich zwischen Möbeln und Gegenständen bewegt, ohne anzustoßen, und von welcher Höhe man springen kann, ohne sich zu gefährden.

- Geben Sie dem Kind so oft es geht Gelegenheit, sich durch, über und unter Möbeln, Spielgeräten oder Bäumen und Büschen zu bewegen. Zu Hause geht das ganz einfach mit Möbeln, großen Kartons, Stufen und Decken. Spielen Sie Verstecken und zeigen Ihrem Kind, wie gut man sich in schmalen, engen Nischen und Ecken verstecken kann. Auch Indoor-Spielplätze mit weichem, trockenen Untergrund und vielen verschiedenen Spiel- und Klettergeräten sind ein wunderbares Übungsterrain.
- Große Reifen eignen sich wunderbar, um räumliches Vorstellungsvermögen zu üben. Lassen Sie das Kind durch den Reifen krabbeln oder legen ihn auf den Boden, stellen das Kind hinein und führen ihn über seinen Kopf und wieder zurück.
- Benutzen Sie beim Spielen die richtige Ortsbezeichnung: AUF dem Sofa, UNTER dem Tisch, DURCH den Reifen.
- Initiieren Sie Spiele, bei denen das Kind seine Körperwahrnehmung entwickeln kann. Fordern Sie es beispielsweise auf, so zu tun, als sei es klein wie eine Maus, groß wie ein Haus, oder hätte Zacken wie ein Stern.
- Auch beim Schwimmen entwickeln Kinder ein Gefühl für ihren Körper im Wasser.
- Reiten, besonders therapeutisches Reiten, hilft das räumliche Denken zu entwickeln, da es Kinder in eine ungewohnte Position im Raum versetzt. Sie müssen sehr genau darauf achten, wo oben und unten ist, wie weit der Boden entfernt ist und wo genau sich ihr Körper auf dem Pferd befindet.

Rhythmus

Um den natürlichen Rhythmus der Bewegung und eine gute Koordination zu entwickeln, sind Bewegungsspiele die beste Übung.

- Klatschen und schunkeln Sie zu Musik mit unterschiedlichen Rhythmen.
- Legen Sie Musik auf und lassen das Kind die passende Bewegungsart dazu finden: beispielsweise marschieren, galoppieren, schleichen oder auf den Zehenspitzen gehen.
- Tanzen Sie zu jeder Art von Musik. Kann Ihr Kind nicht gehen, dann er-

mutigen Sie es, im Takt der Musik die Arme und den Oberkörper zu bewegen, oder im Sitzen die Beine zu schwingen. Versuchen Sie es mit ganz unterschiedlichen Musikrichtungen von Pop über Jazz bis hin zur Klassik.

Auge-Fuss-Koordination

Probieren Sie mit ihrem Kind folgende Übungen zur Verbesserung der Auge-Fuß-Koordination aus:
- Einen Ball abwechselnd mit dem rechten und dem linken Bein auf ein Ziel kicken.
- Einen Ball um Hindernisse herum dribbeln.
- Aus dem Stand nach links, rechts, nach vorn und nach hinten springen.
- Abwechselnd auf dem rechten und dem linken Bein hüpfen.
- Hopse spielen und Seilhüpfen.
- Trampolinspringen.

Parallelentwicklung

Körpertraining

Für Kinder ist es extrem wichtig, dass sie ausreichend Gelegenheit haben, ihre körperlichen Fähigkeiten zu trainieren. Heutzutage fehlt vielen Kindern bekanntermaßen genug Bewegung, was dazu führt, dass sie in ihren körperlichen Fähigkeiten zurückbleiben. Sorgen Sie dafür, dass Ihr Kind ausreichende körperliche Bewegung bekommt, besonders, wenn es auf diesem Gebiet sowieso Defizite hat.

Bewegungsspiele

Jedes Kind sollte Gelegenheit zu ausgelassenen Bewegungsspielen haben. Sie können am besten beurteilen, was zu Ihrem Kind passt. Es soll in Bewegung kommen, aber es soll sich auf jeden Fall dabei wohl und sicher fühlen. Halten Sie es also in sicherem Griff und sprechen Sie mit ihm. Gehen Sie immer nur so weit, wie ihr Kind es will, erzwingen Sie nichts.

Eine Sache lege ich Ihnen besonders ans Herz: Egal, welcher Art die Behinderung Ihres Kindes ist, achten Sie immer darauf, es nicht zu ängstlich zu behüten. Geben Sie ihm die Chance, Bewegung zu erleben und Erfahrung und

Sicherheit zu gewinnen. Wenn das Kind in seiner körperlichen Entwicklung zurückgeblieben ist, ist es sicher nicht schön, mit anzusehen, wenn es hinfällt, denn es ist viel größer als ein Kleinkind und fällt deshalb tiefer – wichtiger ist aber, dass es trotz allem spielen und sich bewegen darf. Spielplätze, Indoor-Spielplätze, Sandkästen, Strand und Garten sind relativ sichere Orte dafür.

- Nehmen Sie das Kind in den Arm und drehen sich mit ihm im Kreis, so dass seine Beine herumschwingen; drehen Sie es auf den Kopf und schwingen es an den Fußknöcheln herum. Beobachten Sie die Reaktionen des Kindes und seien Sie so vorsichtig oder wild, wie es ihm am meisten Spaß macht.
- Legen Sie Musik auf, nehmen Sie das Kind auf den Arm, und tanzen mit ihm.
- Spielen Sie mit dem Kind „Stehaufmännchen", indem Sie es aufs Bett setzen, es an den Schultern halten und hin und her schaukeln. Sie können auch seinen Kopf und seine Schultern auf ein Kissen legen und es mit dem Kissen schaukeln.
- Gehen Sie zum Kinderturnen. Dort können Kinder sicher und unter Aufsicht klettern und springen und einfache Turngeräte wie Schwebebalken und Trampolin ausprobieren.

Therapeutisches Reiten

Therapeutisches Reiten ist in Deutschland inzwischen weit verbreitet und wird an vielen Orten angeboten (s. Kap. 11, S. 222).

Reiten wirkt sich in zweierlei Hinsicht positiv auf Kinder mit Behinderungen aus. Erstens ist es ein ausgesprochen wirksames Körpertraining. Wer selber noch nie auf einem Pferd gesessen hat, kann sich vielleicht kaum vorstellen, wie viele Muskeln ein Reiter anstrengen muss, um sich den Bewegungen des Pferdes anzupassen.

Reiten fördert in jedem Alter die physische Entwicklung. Es stärkt die Rumpfmuskulatur, fördert die Kopfkontrolle und den Stützreflex und übt den Gleichgewichtssinn und das räumliche Denken. Zum Zweiten ist der Umgang mit Pferden in emotionaler Hinsicht gerade für Kinder mit Behinderungen eine besonders beglückende und motivierende Erfahrung. Für Kinder, die nicht selbständig gehen können, ist es eine wunderbare Möglichkeit, sich fortzubewegen.

Therapeutisches Reiten findet üblicherweise einmal in der Woche statt, eine Sequenz dauert 15 bis 20 Minuten. Die Kinder werden dabei angeleitet und, wenn nötig, auch geführt. Meist werden verschiedene spielerische Übungen auf dem Pferderücken durchgeführt.

Schwimmen

Schwimmen ist eine großartige Aktivität für Kinder mit Behinderungen. Voraussetzung ist allerdings, dass sich die betreuende Person im Wasser absolut wohl und sicher fühlt. Jedes Zögern und jede Nervosität überträgt sich sofort auf das Kind und beeinträchtigt seine Motivation und sein Wohlbefinden.

Wenn man mit kleinen Kindern baden geht, sollte immer der Spaß im Vordergrund stehen. Beim Spielen, Planschen, Spritzen und Springen werden ganz nebenbei die Muskeln trainiert und die Beweglichkeit gefördert. Für Kinder mit körperlichen Behinderungen bedeutet es gleichzeitig auch ein Gefühl der Freiheit und Ebenbürtigkeit.

Achten Sie darauf, dass das Kind im Wasser nicht auskühlt. Manche Kinder frieren schneller als andere, besonders wenn sie sich nicht allzu heftig bewegen. In sehr warmem Wasser werden die Kinder wiederum schneller müde.

Wenn Ihr Kind ein wenig wasserscheu ist, gewöhnen Sie es sehr behutsam ein. Lassen Sie es anfangs einfach vom Rand aus zuschauen, dann vielleicht die Füße ins Wasser hängen und ein bisschen spritzen. Später ist es vielleicht mutig genug, um im flachen Wasser mit jemandem Ball zu spielen. Drängen Sie es nicht, in tieferes Wasser einzutauchen, bevor es das selber möchte. Manchmal hilft es auch, die Perspektive zu wechseln – gehen Sie mit dem Kind um das Schwimmbecken herum und steigen am anderen Ende hinein, oder gehen am See an eine andere Stelle. Im Kinderplanschbecken gibt es in manchen Schwimmbädern lustige Figuren oder Wandbilder, die als Anreiz dienen können.

In Schwimmbädern ist es oft so laut, dass es manche Kinder erschreckt. Gehen Sie am besten zu Zeiten dorthin, wenn es nicht allzu voll ist. Manche Bäder bieten auch bestimmte Badezeiten für Menschen mit Behinderungen an. Oder melden Sie sich mit Ihrem Kind zu einem Schwimmkurs an, solche werden schon für Babys ab drei Monaten angeboten. Dort lernen Sie, wie Sie am besten im Wasser mit dem Kind umgehen und bekommen Anregungen für Spiele.

Hier ein paar unkompliziert durchzuführende Badespiele:
- ✸ Fordern Sie Ihr Kind heraus, Sie mit Händen und Füßen kräftig nass zu spritzen, und machen Sie eine ganz große Show daraus mit Kreischen, Lachen, Fratzen schneiden. Tun Sie, als ob Sie sich ärgern oder fürchten, um

das Kind zu noch heftigerem Spritzen herauszufordern. Das Ganze ist dann auch noch gut für die Muskelkraft und Beweglichkeit.
* Werfen Sie sich Bälle zu, das stärkt die Arme.
* Verwandeln Sie sich in hüpfende Kängurus. Nehmen Sie das Kind bei der Hand und ermuntern es, im Wasser auf und ab zu hüpfen, um seine Beine zu kräftigen.
* Machen Sie gemeinsam mit dem Kind Luftblasen unter Wasser. Das ist eine gute Übung zur Kräftigung der Rachenmuskulatur. Es ist noch lustiger, wenn Sie beide versuchen, dabei unterschiedliche Töne zu produzieren.
* Fordern Sie das Kind auf, Ihnen einen Ball zuzuwerfen. Dabei muss es, um nicht das Gleichgewicht zu verlieren, lernen, ausgleichende Bewegungen zu machen.

Feinmotorische Fähigkeiten

Chronologischer Ablauf der Entwicklung

Haltung

Ausschlaggebend für das Erlernen feinmotorischer Fähigkeiten ist die richtige Haltung. Befindet sich das Kind in einer unbequemen oder ungünstigen Position, werden ihm die meisten der nachfolgenden Übungen von vornherein schwerfallen. Achten Sie also immer auf eine gute Haltung (s. Kap. 2, S. 35). Hat das Kind eine körperliche Behinderung, die eine gute Sitzposition erschwert, beraten Sie sich mit dem behandelnden Arzt oder Therapeuten.

Den Gebrauch der Hände fördern

Kinder, die wenig Kontrolle über ihre Handmuskulatur haben, sollten immer wieder dazu angeregt werden, etwas mit den Händen zu tun, um kontrollierte Bewegungen und Geschicklichkeit zu üben. Die im Folgenden beschriebenen Spiele können dazu beitragen, dass das Kind die Hände öffnet und seine Finger gebraucht.
* Probieren Sie beim Spielen viele verschiedene Materialien mit unterschiedlicher Konsistenz und Textur aus. Das Kind kann alles Mögliche da-

mit anstellen – sie vorsichtig betasten, beherzt zugreifen, mit den Fingern hineinpieken, streicheln, daran ziehen.
* Spielen Sie mit nassem und trockenem Sand oder mit Blumenerde.
* Lassen Sie das Kind mit oder im Wasser spielen, auch mal mit Schaum, Badewasserfarben oder sprudelndem Badesalz.
* Spielen Sie mit Knetmasse. Man kann sie auch ganz leicht selbst herstellen.
* Verkneten Sie Maismehl mit Wasser. Das ergibt eine phantastische Konsistenz, einerseits fest, aber auch geschmeidig, und man kann die Masse zu Würsten und anderen Formen modellieren.

Rezept für Knetmasse

2 Tassen feines Mehl,
2 Tassen Wasser,
1 Tasse Salz,
4 Teelöffel Weinsteinbackpulver,
4 Esslöffel Öl,
Lebensmittelfarbe.

Geben Sie alle Zutaten in eine Kasserolle und erwärmen sie bei schwacher Hitze so lange, bis die Masse die richtige Konsistenz bekommt. Die Knetmasse hält sich in einem luftdicht verschlossenen Behälter im Kühlschrank einige Zeit.

---

* Kochen Sie ein paar Spaghetti mehr und lassen Sie das Kind damit ‚experimentieren', wenn sie abgekühlt sind.
* Experimentieren Sie auch mit Rasierschaum und verschiedenen Cremes, besonders solcher, die Peelingkörnchen enthalten.
* Lassen Sie das Kind Plätzchenteig mit den Händen verkneten.
* Geben Sie dem Kind folgende Materialien zum Spielen: Alufolie, Luftpolsterfolie, alte Zeitungen und Zeitschriften, Stoff- und Teppichreste, Holzstücke, Wattebällchen.
* Spielen Sie mit einfachen Musikinstrumenten.
* Malen Sie mit Fingerfarben.
* Ermuntern Sie Ihr Kind, im Schwimmbecken einen Ball über die Wasseroberfläche zu ihnen zu schieben. Wechseln Sie sich dabei ab.

✯ Werfen Sie kleine Schwämmchen ins Badewasser. Das Kind kann sie herausfischen und mit den Fingern ausdrücken.
✯ Geben Sie dem Kind eine Rassel in die Hand oder befestigen Sie Glöckchen an seinen Handgelenken oder an seinen Handschuhen, um es zu motivieren, die Hände zu bewegen.
✯ Hängen Sie bunte Dinge über der Wiege, dem Kinderwagen oder dem Kindersitz auf. Am schönsten sind Mobiles oder spezielle sogenannte Baby-Gyms, an denen in Greifnähe handliche Spielsachen hängen. Sie sind für Babys geeignet, die hauptsächlich auf dem Rücken liegen, oder auch für Kleinkinder, die bereits sitzen können. Wechseln Sie die Spielsachen öfter mal aus, so dass das Spiel nie seinen Reiz verliert. Verwenden Sie möglichst bunte, verlockende Dinge, wie farbige Glocken, buntes Papier, Bilder, Spiegel, große Holz- oder Glasperlen, unzerbrechlichen Christbaumschmuck oder Schlüssel. Oder verwenden Sie Dinge, die interessante Geräusche machen, beispielsweise leere Joghurtbecher und Kronkorken, an Schnüren zusammen aufgehängt.

Greifen

Initiieren Sie Spiele mit
✯ Stoffbällen aus verschiedenen Materialien, gefüllt mit Bohnen, Knöpfen, Reis oder kleinen Nudeln,
✯ weichen, gut zu greifenden Bauklötzen,
✯ kleinen Klappern und Rasselringen,
✯ kleinen Holzstäben (ca. 10 x 1,25 cm), die Sie mit verschiedenen Materialien wie Alufolie, Fell, Samt oder Luftpolsterfolie umhüllen.

Loslassen

✯ Fordern Sie Ihr Kind auf, einen Gegenstand, den es in der Hand hält, in Ihre Hand oder auf den Tisch zu legen und loszulassen.
✯ Ermutigen Sie das Kind, unzerbrechliche, aber harte Gegenstände aus einer gewissen Höhe fallen zu lassen, so dass man sie unten aufschlagen hört. Befestigen Sie die Sachen mit einem Band am Hochstuhl, dann kann es sie sich wieder holen und Sie müssen sich nicht ständig bücken.
✯ Lassen Sie das Kind Dinge in einen großen, flachen Behälter werfen, so dass es möglichst laut scheppert. Üben Sie das mit immer kleineren Behältern.

- Das Kind stapelt einen Gegenstand auf einen anderen, beispielsweise ein Spielzeugauto auf eine umgedrehte Kuchenform, und dann haut es ihn geräuschvoll wieder hinunter. Beginnen Sie mit handlichen, kleinen Gegenständen, die auf große Gegenstände gestapelt werden, und gehen dann, wenn das Kind geschickter wird, zu insgesamt kleineren Dingen über, beispielsweise Bausteine aus Holz oder Plastik.
- Lassen Sie das Kind Gegenstände von einem Behältnis in ein anderes legen.
- Werfen oder rollen Sie dem Kind einen Ball zu und fordern es auf, ihn zurück zu werfen oder rollen.
- Lassen Sie das Kind üben, selbständig mit den Fingern zu essen, beispielsweise kleine Stücke Obst, Gemüse, Brot, Cornflakes oder Kekse.
- Lassen Sie das Kind beim Aufräumen helfen. Achten Sie darauf, dass es die Dinge in die richtigen Kisten packt.

Zeigen

Muskelkontrolle im Zeigefinger ist wichtig für die Feinmotorik, insbesondere für das spätere Schreibenlernen.

- Lassen Sie das Kind auf einem Klavier oder Keyboard klimpern.
- Zeigen Sie beim Bilderbuchanschauen auf die Bilder, und stellen dazu Fragen wie: ‚Wo ist das Fahrrad?' Regen Sie das Kind dazu an, selbst auch auf die Bilder zu zeigen. Ebenso können Sie auf Personen auf Fotos zeigen.
- Besorgen Sie Bilderbücher, die Geräusche machen, wenn man auf die Bilder drückt.
- Nutzen Sie jede Gelegenheit, bei der das Kind Knöpfe und Schalter betätigen kann. Beispielsweise kann es Kassettenrecorder ein- und ausschalten, Türklingeln drücken und Lichtschalter betätigen.
- Auch hier ist Malen mit Fingerfarben eine gute Übung.
- Besorgen Sie ein altes Telefon mit Wählscheibe und lassen Sie das Kind damit spielen.
- Regen Sie es dazu an, in der Badewanne die Schaumblasen mit dem Zeigefinger zum Zerplatzen zu bringen.
- Zeigen Sie dem Kind, wie es auf beschlagenen Scheiben oder in nassem Sand mit den Fingern malen kann.
- Lassen Sie das Kind Knetmasse oder Plätzchenteig kneten und mit dem Zeigefinger Löcher hineinstechen.

✯ Spielen Sie mit Fingerpuppen.

Dan gefällt es, seinen Finger in meinen Mund zu stecken. Zum Spaß mache ich dann schnell den Mund zu, so dass er den Finger nicht mehr zurückziehen kann. Das ist auch eine gute Übung für den Blickkontakt.

Fingerfertigkeit üben

Beginnen Sie mit leichten, griffigen Gegenständen, und gehen Sie allmählich zu schwereren, unhandlicheren, großen oder sehr kleinen Dingen über.

✯ Bauen Sie mit Ihrem Kind Türme aus Bauklötzen, Küchenutensilien, Duplo-Steinen oder Münzen.
✯ Lassen Sie Ihr Kind Duplo-Steine, Knöpfe, Wattebällchen, Holzklötzchen oder anderes in Schachteln und andere Behälter füllen.
✯ Zeichnen Sie kleine Tiere wie Enten, Fische oder Frösche auf Papier und schneiden Sie sie aus. Zeichnen Sie dann einen Teich auf ein großes Blatt. Das Kind kann nun die Tiere in den Teich setzen.
✯ Zeichnen Sie den Umriss eines Autos oder eines Sterns und lassen das Kind glänzende Aufkleber in die Umrisse kleben. Sie können einen Bindfaden auf die Linie kleben, um einen fühlbaren Rand zu erhalten.
✯ Eine Murmelbahn ist ein großartiges Spielzeug und nebenbei übt das Kind seine Fingerfertigkeit, indem es mit den kleinen Kugeln hantiert. Sie können aber auch selbst etwas aus Papprollen (Versandrollen oder dem Inneren von Geschenkpapier oder Küchenpapierrollen) basteln, und kleine Autos, Bälle, Kastanien oder Murmeln hindurchrollen lassen.
✯ Auch ganz normale Alltagsaktivitäten können gute Übungen sein: Lassen Sie Ihr Kind Briefe in den Kasten werfen, CDs in den CD-Spieler legen, Bücher ins Regal räumen, Besteck in die Schublade legen, Münzen in die Spardose oder in einen Fahrscheinautomaten stecken.
✯ Nicht alle Kinder lieben Puzzles, aber sie sind einen oder mehrere Versuche wert. Suchen Sie nach Puzzles, die Dinge abbilden, die das Kind mag. Das können Figuren aus Trickfilmen oder Bilderbüchern sein, Autos oder Tiere.
✯ Die Schienen einer Holzeisenbahn richtig zusammen zu stecken funktioniert ähnlich wie ein Puzzle.
✯ Machen Sie ein Spiel daraus, Wäscheklammern rund um den Rand eines Pappkartons oder in ein Kissen zu klemmen.
✯ Stellen Sie dem Kind einen Teller mit kleinen Sachen zum Essen hin, die es mit den Fingern aufpicken muss, so wie Rosinen, Honigpops, Nüsse, Smarties, kleine Obst- und Gemüsestückchen.

- Lassen Sie Ihr Kind große Holzperlen auf eine dicke, feste Schnur auffädeln (Wäscheleine eignet sich besonders gut). Nach etwas Übung können Sie es mit kleineren Perlen und dünnerer Schnur, beispielsweise einem schmalen Schnürsenkel, versuchen.
- Fordern Sie das Kind auf, Deckel auf Flaschen und Dosen zu schrauben, oder Hüllen auf Stifte.
- Lassen Sie es mit Aufziehspielsachen spielen.

Drehen

Üben Sie folgende Dinge mit Ihrem Kind:
- Deckel auf Flaschen und Marmeladengläser schrauben; Türgriffe drehen, Drehknöpfe am Kindercassettenrecorder bedienen, Wasserhähne auf- und zudrehen.
- Bälle und Kreisel drehen.
- Die Karten beim Memory-Spiel umdrehen.

Beidhändigkeit üben

Die meisten Menschen sind Rechts- oder Linkshänder. Es ist dennoch wichtig, dass Kinder Kraft und Geschicklichkeit in beiden Händen entwickeln. Regen Sie Ihr Kind deshalb zu Aktivitäten an, bei denen beide Hände gebraucht werden. Ist eine Hand schwächer als die andere, versuchen Sie, diese auf spielerische Weise besonders zu trainieren.
- Üben Sie als Erstes, einen Gegenstand von der einen in die andere Hand zu wechseln. Reichen Sie dem Kind ein Spielzeug und gleich danach ein zweites. Zeigen Sie ihm, wie es, statt das erste Spielzeug einfach fallen zu lassen, dieses in die andere Hand nehmen kann. Gut geeignet sind zwei Trommelschlegel, zwei Bausteine, um die gegeneinander zu schlagen, eine Tasse und ein Löffel, den man in die Tasse stecken kann.
- Halten Sie dem Kind das Spielzeug so hin, dass es dies mit beiden Händen gleich gut erreichen kann. Möchten Sie, dass es das Spielzeug mit einer bestimmten Hand greift, strecken Sie es ihm von dieser Seite entgegen.
- Spielen Sie mit Wasser und Sand und geben dem Kind dazu Eimer, Trichter, Kanne, Sieb und/oder Becher. Zeigen Sie ihm, wie es Sand und Wasser von einem Behälter in einen anderen schütten kann.
- Setzen Sie sich Ihrem Kind gegenüber auf den Boden, werfen oder rollen Sie einen großen Ball zwischen Ihnen beiden hin und her.

✯ Knetmasse kann man mit beiden Händen kneten oder mit einem Nudelholz ausrollen.
✯ Geben Sie dem Kind beim Essen ein Schüsselchen in die eine und den Löffel in die andere Hand.
✯ Geben Sie dem Kind Duplo-Steine oder anderes Steckspielzeug.
✯ Lassen Sie Ihr Kind beim Kochen oder Backen mit der einen Hand die Schüssel halten und mit der anderen umrühren.
✯ Ermuntern Sie das Kind, seine Puppen zu füttern und zu baden, an- und auszuziehen.
✯ Spielen Sie gemeinsam auf einfachen Musikinstrumenten wie Tamburins, Zimbeln oder Klanghölzern.
✯ Lassen Sie das Kind an einer Kinderwerkbank Schrauben drehen.
✯ Üben Sie das Auf- und Zuschrauben von Zahnpastatuben und ähnlichem
✯ Hören Sie mit dem Kind Musik oder singen Sie, und fordern es auf, im Takt mitzuklatschen.
✯ Machen Sie Seifenblasen und fordern das Kind auf, sie durch Händeklatschen platzen zu lassen.
✯ Geben Sie dem Kind ein Blatt Papier und fordern es auf, es mit einer Hand Streifen abzureißen, während es das Blatt mit der anderen Hand festhält.

Wenn bei Ihrem Kind eine Hand schwächer ist als die andere, versuchen Sie es mit Folgendem:
✯ Legen Sie Spielsachen auf seine schwächere Seite.
✯ Wenn Ihr Kind bevorzugt mit einer bestimmten Hand isst, geben Sie ihm bei den Mahlzeiten in jede Hand einen Löffel oder eine Gabel.
✯ Geben Sie ihm Spielsachen in die schwächere Hand, damit es mit diese damit spielt oder die Sachen wenigstens mit der schwächeren Hand in die andere weitergibt.
✯ Geben Sie dem Kind weiche, formbare Dinge in die schwache Hand, wie Schaumstoffbälle, Wattekugeln oder Knetmasse, um es so anzuregen, die Hand zu bewegen.
✯ Ziehen Sie dem Kind einen Handschuh oder eine Tüte über die stärkere Hand und fordern es auf, sich mit Hilfe der schwächeren Hand wieder davon zu befreien.

Schultertraining zur Verbesserung der Handkontrolle

Die Belastung der Schulter- und Handmuskulatur ist ein wichtiges Training, denn um präzise Handbewegungen ausführen zu können, bedarf es ausreichender Kraft und Kontrolle in den Schultern und Armen.

- Spielen Sie ‚Schubkarre'. Wenn es nicht genug Kraft hat, sich auf die Arme zu stützen, halten Sie es an den Hüften statt an den Füßen.
- Ermutigen Sie das Kind, durch Tunnel und schmale Durchgänge zu krabbeln.
- Spielen Sie mit Ihrem Kind seine Lieblingsspiele, während es sich im Vierfüßlerstand befindet.
- Üben Sie mit dem Kind, sich auf allen Vieren auf Knien und Unterarmen abzustützen und dabei gleichzeitig den rechten Arm und das linke Bein auszustrecken ohne das Gleichgewicht zu verlieren. Wiederholen Sie die Übung mit linkem Arm und rechtem Bein.
- Üben Sie ‚halbe Liegestütze' mit Ihrem Kind, bei denen es auf dem Bauch liegt und sich mit den Armen hochstützt.

Gebrauch von Werkzeugen

Einen Stift halten
Verwenden Sie Stifte, die dem Kind gut in der Hand liegen. Dicke Stifte, idealerweise dreieckig im Querschnitt, sind optimal. Sie sollten breite, deutliche Linien zeichnen, so dass das Kind die Spuren seiner Mühe deutlich erkennen kann. Stifte, die nur funktionieren, wenn man sie in einem ganz bestimmten Winkel hält, sind frustrierend.

Befestigen Sie das Zeichenblatt an einer Staffelei oder einfach an der Wand, dann ist das Handgelenk des Kindes in einer guten Schreibposition, besser als auf einem Tisch, wo es das Handgelenk stark anwinkeln muss. Probieren Sie Verschiedene Techniken aus: Kreide, Farbe und Pinsel, Zeichnen mit Buntstiften, Ausmalen und was Ihnen sonst noch einfällt.

Regen Sie Ihr Kind zu Spielen an, die es zum Malen und Zeichnen animieren, wie beispielsweise:

- Spuren in den Sand (nass oder trocken) zeichnen,
- Sand auf bemaltes Papier streuen, so lange die Farbe noch nass ist,
- mit Fingerfarbe malen,
- mit Kreide zeichnen.

Weitere Ideen für Mal- und Schreibspiele finden Sie in Kap. 3, S. 73ff.

Schaufeln

✶ Lassen Sie Ihr Kind im Sandkasten spielen, sowohl mit trockenem als auch mit feuchtem Sand.
✶ Geben Sie ihm einen Löffel und lassen es Reis oder Hülsenfrüchte von einem Behälter in einen anderen schaufeln.
✶ Lassen Sie Ihr Kind das Waschpulver in die Waschmaschine füllen.
✶ Nehmen Sie das Kind mit in den Garten und lassen es dort graben oder Erde in große Töpfe schaufeln.
✶ Beziehen Sie das Kind in Küchenaktivitäten mit ein, indem Sie es beispielsweise Kuchenteig mit einem Löffel in eine Form oder in kleinere Muffinförmchen füllen lassen.

Gießen

✶ Lassen Sie Ihr Kind im Planschbecken oder in der Badewanne mit vielen verschiedenen Bechern, Eimerchen, Plastikflaschen, Trichtern und Wasserspielsachen spielen, damit es ausgiebig das Gießen üben kann. Auf ähnliche Weise kann es das auch in der Sandkiste mit trockenem, feinen Sand tun.
✶ Geben Sie dem Kind eine kleine Gießkanne oder einen Becher und lassen es beim Blumengießen helfen.

Zangen

Lassen Sie das Kind versuchen, mit einer Küchenzange Dinge zu greifen. Diese Bewegung ist eine gute Vorbereitung für das Schneiden mit einer Schere.

Mit der Schere schneiden

Es gibt verschiene Arten von (Spezial-)Scheren. Experimentieren Sie ruhig. Bei den Doppelgriff-Scheren kann ein Erwachsener beim Schneiden mithelfen, wenn die Hände des Kindes noch zu schwach sind, und ihm trotzdem ein Gefühl dafür vermitteln, wie man zudrückt und wieder loslässt. Es gibt auch Scheren mit einem praktischen Federmechanismus, der die Klingen nach dem Schneiden wieder in die geöffnete Position zurück drückt.
Fragen Sie nach, ob Sie solche Scheren bei Ihrem Ergotherapeuten oder in Ihrer Spielgruppe ausleihen können, um zu sehen, wie das Kind damit zu-

Feinmotorische Fähigkeiten 139

rechtkommt. Man kann Sie nur in Spezialgeschäften kaufen und sie sind recht kostspielig.

* Lassen Sie das Kind zuerst, wie vorher schon beschrieben, mit einer Küchenzange üben, beispielsweise einen Schwamm zusammendrücken. Die Bewegung ist so gut wie identisch mit der beim Schneiden mit einer Schere.
* Geben Sie dem Kind lieber dünne Pappe als Papier zum Schneiden, das ist einfacher zu handhaben. Schneiden Sie lange Streifen zu, von denen das Kind dann mit einem Schnitt Stücke abschneiden kann. Lassen Sie es mit immer größeren Stücken üben, so dass es nach und nach mehrere Schnitte machen muss.
* Zeichnen Sie mit dicken Linien große Formen vor, die das Kind dann ausschneiden darf. Zuerst sollten es gerade Linien sein, später dürfen sie kurviger und die Formen kleiner sein.
* Wenn das Kind geübt im Umgang mit der Schere ist, lassen Sie es verschiedene Basteltechniken ausprobieren. Es kann Bilder aus alten Zeitschriften und Katalogen ausschneiden und Collagen daraus zusammenstellen. Aus alten Weihnachts- und Geburtstagskarten kann man Motive ausschneiden und zu neuen Karten zusammenstellen. Aus buntem Papier, in kleine Stücke geschnitten, kann man Mosaikbilder kleben.

Essen mit der Gabel

Bringen Sie dem Kind bei, mit einer Gabel zu essen. Sie können vorher mit Knetmasse üben, sie mit der Gabel aufzupicken.

Mit einem Messer schneiden

Geben Sie dem Kind ein stumpfes Messer und lassen es von einer Rolle Knetmasse Scheiben abschneiden.

Parallelentwicklung

Essen

Wenn Ihr Kind Schwierigkeiten mit dem selbständigen Essen hat, experimentieren Sie! Es gibt alle möglichen Spezialschüsseln und -becher, sowie Löffel und Gabeln mit Spezialgriffen zu kaufen. Wenn auch das nicht zum gewünschten Erfolg führt, lassen Sie sich von Ihrem behandelnden Arzt oder

Therapeuten beraten, ob er Ihnen Hilfsmittel zur Verfügung stellen kann, die besser funktionieren. Sprachtherapeuten können bei Problemen mit der Mundmuskulatur, die sich auf die Fähigkeit zu Kauen auswirken können, behilflich sein.

Wenn Sie mit Ihrem Kind am selbständigen Essen arbeiten, nehmen Sie sich nicht zu viel auf einmal vor. Lassen Sie das Kind beispielsweise bei jeder Mahlzeit eine Speise mit Besteck essen, die anderen darf es mit den Fingern in den Mund stecken. Oder machen Sie es zur Regel, dass die ersten fünf Mundvoll mit Löffel oder Gabel befördert werden, danach darf das Kind dann essen wie es will. Verlängern Sie dann nach und nach die Dauer des ‚ordentlichen' Essens.

Mit den Fingern essen
Um dem Kind ganz zu Anfang ein Gefühl für feste Nahrung zu geben, lassen Sie es kleine Stücke weiches Brot, Kuchen, Obst oder gekochtes Gemüse mit den Fingern essen.

Mit dem Löffel essen
Füllen Sie den Löffel und lassen Sie das Kind ihn selber zum Mund führen. Führen Sie zu Beginn noch seine Hand, und reduzieren nach und nach den Druck, bis das Kind es allein kann. Benutzen Sie einen spezieller Kinderlöffel mit angewinkeltem Griff.

Wenn das Kind den Löffel erfolgreich in den Mund transportiert hat, fordern Sie es auf, ihn in die Schüssel zurück zu legen.

Als nächstes können Sie üben, das Essen auf den Löffel zu befördern.

- Beginnen Sie mit einer Speise, die sich einfach löffeln lässt, so wie fester Joghurt, Milchreis oder Apfelmus, und nicht so schnell vom Löffel rutscht wie beispielsweise Nudeln.
- Üben Sie im Sandkasten mit einem Löffel Sand, Wasser oder Schlamm zu schaufeln.
- Stellen Sie den Teller oder die Schüssel beim Essen auf eine rutschfeste Unterlage oder benutzen Sie einen speziellen, nicht rutschenden Kinderteller. Das verhindert das Wegrutschen der Schüssel beim Löffeln.
- Die Schüssel sollte außerdem fast senkrechte Seitenwände haben, weil das das Löffeln sehr vereinfacht.

Mit der Gabel essen
Üben Sie das Essen mit der Gabel am besten mit Dingen, die sich leicht „aufgabeln" lassen, wie Melonenstücke, dicke, kurze Nudeln, gekochte Karotten, Kartoffelscheiben und geschnittenes Fleisch.

Mit Löffel und Gabel essen
Sobald Ihr Kind das Essen sowohl mit dem Löffel als auch mit der Gabel sicher beherrscht, lassen Sie es mit beidem gleichzeitig üben.

An- und ausziehen

Schwierigkeiten beim An- und Ausziehen hängen häufig mit einer sehr spezifischen physischen Beeinträchtigung zusammen, die eine genau auf das einzelne Kind abgestimmte Herangehensweise erfordert. In solchen Fällen sollte ein Ergotherapeut herangezogen werden. Hängen die Probleme hingegen eher mit schwach entwickelten feinmotorischen Fähigkeiten zusammen, können die folgenden Übungen helfen.

Achten Sie auf eine sichere Position. Das Kind sollte beim An- und Ausziehen am besten sitzen. Es kann sich besser auf die Sache an sich konzentrieren, wenn es nicht die ganze Zeit angestrengt das Gleichgewicht halten muss.

- ✸ Lassen Sie das Kind Erwachsenenkleidung anziehen.
- ✸ Machen Sie im Laufe des Tages ein Spiel aus dem An- und Ausziehen, wenn Sie nicht unter Zeitdruck stehen. Morgens ist man oft in Eile, und am Abend ist das Kind zu müde und leicht ablenkbar.
- ✸ Üben Sie in kleinen Schritten.
- ✸ Befestigen Sie Verschlussteile wie Reißverschlüsse, Klettband und Knöpfe an einem Brett, und lassen Sie das Kind üben, wie man Sie auf- und zumacht.

Auge-Hand-Koordination

Alle oben aufgeführten Übungen für die Feinmotorik sind auch hilfreich bei Problemen mit der Auge-Hand-Koordination und können zu Fortschritten auf diesem Gebiet beitragen.

6 Sensorische Entwicklung

Die Theorie

Uns allen sind die fünf Sinne Sehen, Hören, Tastsinn, Geruchs- und Geschmackssinn ein Begriff, deren wichtigste Aspekte wir im folgenden Kapitel behandeln werden. Weniger bekannt sind zwei weitere Sinne, obwohl sie Tag für Tag im Einsatz sind: Der vestibuläre Sinn oder Gleichgewichtssinn und die Körperempfindung oder Tiefensensibilität (Propriozeption). Von ihnen wird später im Abschnitt „Sensorische Integration" noch die Rede sein, da viele Kinder mit Behinderungen diesbezüglich Probleme haben.

Sehen

Die visuelle Wahrnehmung ist hinsichtlich der kindlichen Entwicklung der wichtigste aller Sinne, denn der Mensch lernt hauptsächlich durch das Sehen. Es gibt einen starken Zusammenhang zwischen visueller Wahrnehmung und der Fähigkeit, mit Dingen umzugehen und die Welt zu begreifen.

Neugeborene fokussieren menschliche Gesichter mit mehr Interesse als alles andere, besonders, wenn sie ca. 20–25 cm weit entfernt sind. Das entspricht dem Abstand zwischen Mutter und Kind beim Füttern. Bietet man einem Baby eine Auswahl von Dingen zum Anschauen an, wählt es immer das Gesicht. Babys können hell und dunkel unterscheiden, nehmen verschwommene Formen wahr und sind interessierter an Mustern als an einfarbigen Flächen.

Nachdem das Baby gelernt hat, Gesichter auf kurze Entfernung zu fokussieren, lernt es nun, beweglichen Objekten mit den Augen zu folgen.

Nach und nach nimmt es immer weiter entfernte Personen und Dinge wahr, bis seine Fähigkeit zur visuellen Wahrnehmung der eines Erwachsenen entspricht.

Der Seh-Sinn ist notwendig zur Entwicklung von Objektpermanenz, der kognitiven Fähigkeit also, zu wissen, dass ein Objekt (oder eine Person) noch immer existieren, auch wenn sie aus dem eigenen Blickfeld verschwunden sind. Das wird ausführlicher in Kap. 3, S. 63ff. behandelt.

Kinder brauchen die visuelle Wahrnehmung, um ein Gefühl für den Raum und ihre Position im Raum zu entwickeln. Sie lernen beispielsweise, dass sie sich, wenn sie auf dem Boden sitzen und das Gleichgewicht verlieren, mit den Armen seitlich abstützen können, um nicht umzukippen. Sie haben also verstanden, dass der Boden eine horizontale Fläche ist.

Die visuelle Wahrnehmung spielt auch bei der Interaktion mit dem Umfeld des Kindes eine wichtige Rolle, begonnen beim Blickkontakt. Die visuellen Informationen helfen bei der Kommunikation mit Anderen. Beispielsweise kann ein Kind, das gern ein Spielzeug haben möchte, das sich außerhalb seiner Reichweite befindet, jemanden, der dicht daneben sitzt, darum bitten, es ihm zu geben (Sheridan, 1977; Sonksen, 1983; Sonksen, 1984; Sonksen & Levitt, 1984).

Hören

Der Gehörsinn eines Babys und sein Verständnis dessen, was es hört, entwickeln sich erst allmählich. Neugeborene erschrecken bei plötzlichen Geräuschen. Sie reagieren auf Lärm mit dem Moro- oder Schreckreflex, d.h. sie werfen die Arme zurück und reißen die Augen weit auf.

Bald beginnen Sie sich für menschliche Stimmen und besonders für die ihrer Mutter zu interessieren. Wenn sie ruhig und zufrieden sind, wenden sie sich der Stimme zu und lauschen still. Wenn sie schreien, weil Hunger oder etwas anderes sie quält, nehmen sie von Stimmen wenig Notiz.

Etwas später weitet sich ihr Interesse für Geräusche schnell aus. Sie hören den Staubsauger und das Telefon. Auf manche Töne reagieren sie mit Aufregung, und sie drehen den Kopf hin zu Geräuschen in der Nähe. Sie lernen, die einzelnen Geräusche zu erkennen, und können bald das Bellen des Hundes deutlich vom Geräusch der Waschmaschine unterscheiden. Sie beginnen, auf Geräusche mit Krähen und Glucksen zu ‚antworten'. Wenn sie etwas hören, versuchen sie festzustellen, woher das Geräusch kommt. Meist lokalisieren sie Geräusche mit einem Ohr eher als mit dem anderen.

Die Fähigkeit zur Lokalisierung von Geräuschen entwickelt sich nach und nach. Zu Anfang kann das Kind nur Geräusche ganz in seiner Nähe orten, beispielsweise wenn eine Rassel neben seinem Bettchen geschüttelt wird. Später lernt es dann, auch weiter entfernte Geräusche im selben Raum zu lokalisieren, dann auch solche außerhalb des Zimmers, wie beispielsweise die Türklingel, oder auch sehr weit entfernte wie Flugzeuglärm.

Allmählich lernt das Kind, das Gehörte zu unterscheiden und zu erkennen, dass manches davon Worte sind, die etwas bedeuten. Es lernt also die Bedeutung von Sprache kennen.

Die meisten von uns leben in einer lauten Welt mit ständigen Hintergrundgeräuschen, wie beispielsweise Verkehrslärm, Vogelgezwitscher, tickende Uhren, Musik und Waschmaschinenschleudern. Kinder müssen also lernen, den Hintergrundlärm auszublenden, um sich auf die relevanten Geräusche, wie beispielsweise die Stimmen seiner Eltern, konzentrieren zu können.

Neugeborene und Babys nehmen vor allem Hochfrequenztöne wahr, das ist der Grund, weshalb Eltern mit ihren Babys mit hoher, singender Stimme sprechen, und warum Babys eher auf Frauenstimmen reagieren. Im Laufe der Entwicklung des Hörvermögens können sie später auch die tieferen Frequenzen wahrnehmen.

Geschmackssinn

Kinder haben eine angeborene Vorliebe für Süßes. Bereits die Muttermilch hat einen leicht süßen Geschmack. An herzhaften Speisen finden sie erst Geschmack, wenn sie älter sind und sich ihr Speiseplan erweitert. Im Alter von ca. 15 Monaten hat ein Kind bereits geschmackliche Vorlieben entwickelt. Wenn es also bis dahin hauptsächlich mit süßen Speisen und Getränken ernährt wurde, wird ihm vermutlich erst einmal nichts anderes schmecken. Deshalb ist es wichtig, dass Kinder von Anfang an eine große Auswahl an verschiedenen Nahrungsmitteln in allen Geschmacksrichtungen und Konsistenzen kennenlernen.

Tastsinn

Das Bedürfnis nach Geborgenheit und Sicherheit wird bei Babys zu einem großen Teil durch den Tastsinn befriedigt. Wir wickeln sie warm ein, halten sie und schmusen mit ihnen, damit sie sich geliebt und behaglich fühlen. Babys nutzen den Tastsinn außerdem, um Informationen über die Dinge um sich herum zu bekommen und ihre Umgebung kennenzulernen. Selbstschutz ist ein anderer Aspekt: Kinder lernen in der Regel schnell, die Hand von einer scharfen Klinge oder einer heißen Pfanne wegzuziehen und aufzupassen, dass sie nicht fallen. Zwar bekommen Kinder die meisten Informationen durch die anderen Sinne, vor allem die visuellen, dennoch spielt auch der Tastsinn eine wichtige Rolle. Denken Sie beispielsweise daran, wie Sie in Ihrer Jackentasche nach einer Münze kramen, oder im dunklen Zimmer nach dem Lichtschalter tasten. Indem Kinder die durch den Tastsinn gewonnenen Informationen anwenden und anpassen legt die Basis für ihre Fähigkeit, Aktivitäten zu planen und durchzuführen.

Geruchssinn

Zu Beginn ihres Lebens führt der Geruchssinn Babys zu ihrer Nahrungsquelle. Sie können sehr früh starke Gerüche unterscheiden. Je älter sie werden, desto größer wird die Bandbreite der Gerüche, die sie unterscheiden und erkennen können. Im Gegensatz zu zahlreichen Tierarten orientieren sich Menschen sehr wenig mit dem Geruchssinn. Allerdings ist er eine wichtige Voraussetzung für den Geschmackssinn.

Spiele und Aktivitäten

Sehen

Anregungen speziell für Kinder mit Sehschwäche

* ✻ Kommentieren Sie alles, was Sie tun in einfachen Worten, so dass Ihr Kind immer weiß, was vor sich geht.
* ✻ Benutzen Sie dabei immer die gleichen Worte für bestimmte Tätigkeiten, und signalisieren ihm auf diese Weise, was als nächstes geschehen wird. Das Kind lernt, Worte und Begriffe mit Aktivitäten zu assoziieren.
* ✻ Sprechen Sie das Kind leise an, wenn Sie sich ihm nähern, damit es nicht erschrickt.
* ✻ Legen Sie Spielsachen auf ein Tablett, und stellen es vor Ihr Kind. Sobald es sich einigermaßen orientiert hat, vertauschen Sie die Plätze der einzelnen Dinge. So lernt das Kind Objektpermanenz zu verstehen und übt seinen Tastsinn.
* ✻ Besorgen Sie ein sogenanntes ‚Baby-Gym'. Ihr Kind kann die daran hängenden Spielsachen leicht und selbstständig erreichen.

Anregungen speziell für Kinder mit Problemen der visuellen Verarbeitung

Manche Kinder wird zwar im Sehtest eine sehr gute Sehkraft nachgewiesen, da jedoch ihr Gehirn die visuellen Informationen nicht verarbeiten kann, haben sie dennoch Probleme mit der visuellen Wahrnehmung. Bei Sehtests werden Tafeln mit meist schwarzen Formen oder Buchstaben vor einem hellen Hintergrund gezeigt, gut zu erkennen für ein Kind. Möglicherweise ist das Kind aber nicht in der Lage, auf einem Bild mit vielen verschiedenen Zeichen etwas zu erkennen. Es könnte zwar zum Beispiel einen Schuh auf einem ansonsten leeren Fußboden als solchen erkennen, wenn er aber neben einem anderen liegt oder zwischen anderen Dingen, kann es nichts damit anfangen.

Wenn Sie mit einem solchen Kind arbeiten,
- sorgen Sie dafür, dass Bilder und Gegenstände deutlich kontrastieren;
- sorgen Sie dafür, dass genug freie Fläche um den betreffenden Gegenstand vorhanden ist;
- lassen Sie das Kind nahe genug herankommen, damit es so gut wie möglich sieht;
- probieren Sie die nachfolgenden Ideen aus, die zum Sehen anregen sollen.

Zum Sehen anregen

Sehbehinderte Kinder haben oft noch eine Rest-Sehstärke, und es ist fundamental wichtig für sie, diesen Rest zu benutzen und zu trainieren. Regen Sie also Ihr Kind so oft es geht zum Sehen an. Kinder mit anderen Behinderungen neben der Sehbehinderung müssen besonders zum Sehen und nach den Dingen greifen angeregt werden.

Der RNIB (Royal National Institute of the Blind) gibt Eltern von Kindern mit Sehbehinderungen folgende Ratschläge:
- Geben Sie dem Kind große Spielsachen – kleine filigrane Dinge sind schwer zu erkennen und noch schwerer zu handhaben.
- Spielsachen in leuchtenden Farben sind ebenfalls gut zu erkennen. Achten Sie auf Kontraste: Schwarz vor weiß ist wunderbar für den Anfang, später können Sie es auch mit Rot oder Gelb versuchen. Fluoreszierende Farben und glänzendes oder holographisches Papier sind auch gut geeignet.
- Sorgen Sie nach Möglichkeit für helle, gut beleuchtete Räume (RNIB & PLAY Matters/NATLL, 1987).

Verwenden Sie optisch reizvolle Materialien
In den ersten Wochen und Monaten können Babys Dinge nur auf sehr kurze Distanz erkennen. Bringen Sie also Bilder oder Dinge wie Mobiles ganz in der Nähe des Babys an, maximal in 25 cm Entfernung. Da Babys so fasziniert von Gesichtern sind, kleben Sie einige Fotos oder Bilder von Gesichtern an die Seiten des Kinderbettchens.

Auch die folgenden Materialien können Kinder zum Hinschauen verlocken:

- In glitzerndes, glänzendes oder holographisches Papier gehüllte Gegenstände;
- Licht – der Lichtkegel einer Taschenlampe, der durch den Raum oder über holographisches Papier wandert, Wunderkerzen, Bilderbücher und Spielzeug mit blinkenden Lichtern, Glasfaser-Leuchtstäbe (in Deko-Läden oder auf Jahrmärkten erhältlich);
- Glänzende Gegenstände, in denen sich das Licht bricht und reflektiert wird;
- Spiegel;
- Greifspielzeug mit interessanter Oberflächenstruktur;
- Schlüssel;
- Luftballons;
- metallisch glänzende Windrädchen;
- Musikspielzeug.

Finden Sie eine Einrichtung, die über einen multisensorischen Raum verfügt, den Ihr Kind nutzen könnte. Multisensorische Räume bieten eine Vielfalt an sinnlichen Stimuli (Anregungen) mit einzigartigen technischen Hilfsmitteln – Kombinationen von Musik, interaktiven Lichteffekten, Projektoren, Wasserbett, sanften Vibrationen, Wassereffekten, taktilen Stimulationen und Aromatherapie. Die Benutzer können dort auf eine Entdeckungsreise durch die Welt der Sinne gehen.

> *Als Natasha sechs Monate alt war, besuchte ich mit ihr einen multisensorischen Raum. Damals hatte sie noch nie auf irgendeinen optischen Reiz reagiert. Ich werde nie vergessen, wie sie zurückschreckte, als ich einen bunten Glasfaserwedel vor ihrem Gesicht herumschwenkte. Es war, als hätte sie zum ersten Mal in ihrem Leben etwas gesehen. Wir besorgten uns daraufhin alle Arten von bunten, blinkenden Lampen und Lichtern, um ihre visuelle Wahrnehmung zu stimulieren. Ich bin sicher, dass es geholfen hat, denn heute benutzt Natasha ihren geringen Rest Sehstärke, auch ohne starke Reize wie Lichtblitze.*

Über die anderen Sinne zum Sehen anregen

Bei den folgenden Aktivitäten werden die anderen Sinne mobilisiert, um das Kind zum Sehen anzuregen.

Gehör
- Lassen Sie das Kind Quietschtiere suchen.
- Singen und spielen Sie mit dem Kind Kinderspiellieder und -verse.
- Spielen Sie mit Musikinstrumenten und Musikspielzeug.
- Hängen Sie überall im Haus Windglockenspiele auf.

Geben Sie dem Kind Spielsachen, die Geräusche machen. Sie sollten möglichst unterschiedlich klingen, damit es die Spielsachen an ihren Geräuschen erkennen kann. Hört Ihr Kind ein Geräusch, zeigen Sie ihm die Geräuschquelle und lassen es sie befühlen, damit es die Ursache und Bedeutung von Tönen zu verstehen lernt. Ist das nicht der Fall, gewöhnt sich das Kind möglicherweise an, Geräusche einfach auszublenden und zu ignorieren.

Tastsinn
Verteilen Sie überall im Haus Spielsachen für Ihr Kind. Die meisten Spielzeuge für Kleinkinder sind heutzutage vorwiegend aus Plastik in Primärfarben. Ein Kind sollte aber auch Dinge mit anderer Beschaffenheit, Oberflächenstruktur und Farben kennenlernen. Sie können ‚Überraschungspakete' packen, die Sie beispielsweise mit Kerzen, Holzlöffeln, Topfdeckeln, Kaffeelöffeln, kleinen Schachteln, Klarsichtfolie, Papiertüchern, das Innere von Pralinen- oder Keksschachteln, Schwämme und kleine Stücke Seide, Fell, Paillettenstoff, Leder, Teppich, Sandpapier oder Samt füllen. Ihrer Phantasie sind keine Grenzen gesetzt.

Geschmackssinn
Alle Kinder stecken, wenn sie klein sind, alles in den Mund, um es zu untersuchen, denn der Mund ist der sensitivste Teil ihres Körpers.

Geruchssinn
Mischen Sie eine winzige Menge antiallergener ätherischer Öle wie Lavendel oder Kamille unter eine Hautcreme, und verreiben Sie auf den Händen und Füßen des Kindes. Übertreiben Sie ruhig ein bisschen, wenn Sie daran schnuppern und auch das Kind daran riechen lassen. Versuchen Sie das auch ruhig mal mit unangenehmeren Gerüchen wie Zwiebel oder Knoblauch.

Objekte verfolgen

* Binden Sie eine Schnur an einen Luftballon, befestigen Sie am Türrahmen oder an der Decke und lassen den Ballon dort hin und her schwingen, damit das Kind ihm mit den Augen folgt.
* Lassen Sie ein Auto mit Friktionsantrieb quer durchs Zimmer fahren, am schönsten wäre eines mit Blinklichtern und/oder anderen besonderen Effekten.
* Rollen Sie einen Ball vor Ihrem Kind hin und her. Nehmen Sie am besten einen in leuchtenden Farben, der beim Herumrollen bimmelt oder blinkt.
* Bewegen Sie ein Quietschtier durch das Gesichtsfeld Ihres Kindes und animieren es dazu, ihm mit den Augen zu folgen.
* Wenn Ihr Kind im Hochstuhl sitzt, lassen Sie ein Spielzeugauto am Rand des Tischchens entlangfahren, so dass das Kind ihm mit den Augen folgen kann.
* Fordern Sie das Kind auf, einen weichen Ball auf ein Ziel zu werfen. Das kann ein bestimmter Punkt an der Wand sein, ein Netz oder ein Karton.
* Spielen Sie im dunklen Zimmer mit fluoreszierenden Bildern oder Gegenständen.

Hören

Allgemeine Hinweise

Wenn Sie mit Ihrem Kind sprechen, setzen Sie sich ihm möglichst nah gegenüber. Wecken Sie seine Aufmerksamkeit, achten Sie darauf, dass es Ihnen ins Gesicht sehen kann und versuchen Sie, Blickkontakt herzustellen. Schalten Sie Radio, Fernseher und möglichst auch alle anderen Geräuschquellen ab. Das ist besonders wichtig, wenn Ihr Kind schwerhörig ist.

Zum Hören anregen

* Lenken Sie die Aufmerksamkeit des Kindes auf die Geräusche, die die Dinge um es herum machen.
* Ahmen Sie beim Anschauen von Bilderbüchern und beim Spielen die Geräusche der jeweiligen Dinge oder Tiere nach. ‚Wie macht die Kuh? Muuuh!'. Sprechen Sie auf dieselbe Art von Autos, Hunden, Eisenbahnen, Flugzeugen etc.

- Sie mit Spielsachen, die hupen, klingeln oder andere Geräusche machen. Sie können auch Plastikflaschen oder –dosen mit verschiedenen Materialien füllen, die sich unterschiedlich anhören: Reis, Steinchen, Nudeln, Knöpfe, Wasser etc.
- Gehen Sie mit dem Kind durchs Haus und führen ihm die verschiedenen Geräusche der Haushaltsgeräte vor: Waschmaschine, Kühlschrank, Türklingel, Staubsauger, Wasserhahn und Wanduhr.
- Machen Sie ‚Geräuschspaziergänge'. Gehen Sie mit dem Kind ins Freie und lauschen dort auf Töne wie Vogelgezwitscher, Blätterrauschen, Regen, Springbrunnen oder Verkehrslärm.
- Spielen Sie ‚Bilderlotto'. Jeder Mitspieler hat eine Bildertafel. Die einzelnen Kärtchen liegen auf einem Stapel, und derjenige der ‚dran' ist, nimmt ein Kärtchen und sagt laut an, was darauf abgebildet ist. Wer das Bild auf seiner Tafel wiederfindet, bekommt das Kärtchen. Wessen Tafel zuerst komplett ist, der hat gewonnen.
- ‚Achtung-Fertig-Los'-Spiele bringen Kinder dazu, aufmerksam auf das entscheidende Startsignal zu hören.

Geräusche lokalisieren

- Wenn Sie durch das Zimmer oder durchs Haus laufen, sprechen Sie dabei mit Ihrem Kind. So übt es sich darin, zu ‚orten', woher Ihre Stimme kommt.
- Halten Sie ein Quietschtier versteckt unter der Tischplatte und lassen Ihr Kind nach dem Geräusch suchen.
- Machen Sie ein Spiel daraus, Geräuschquellen zu finden. Verstecken Sie ein Radio oder einen laut tickenden Wecker und fordern das Kind auf, danach zu suchen.
- Achten Sie bei Ihren Geräuschspaziergängen jetzt auch darauf, woher die einzelnen Geräusche kommen.

Musikalische Spiele

Spielerische Aktivitäten mit Musik schulen besonders gut das Hören und die Konzentration. Außerdem kommt es dabei auf das Abwarten-Können des eigenen Einsatzes an. Es folgen einige Spielideen:
- Lassen Sie das Kind auf einfachen Musikinstrumenten wie Trommeln, Xylophon oder Kazoo spielen.

✼ Spielen Sie Ihrem Kind etwas vor. Wunderbar, wenn Sie Klavier, Gitarre oder Blockflöte spielen können, aber kleine Kinder sind ebenso fasziniert von den Tönen, die Sie einem Kazoo, einem Tamburin oder verschiedenen Gläsern, die Sie mit einem Stift anschlagen, entlocken können.
✼ Ermutigen Sie Ihr Kind, Sie mit einem einfachen Instrument wie Trommel oder Klanghölzern zu begleiten, wenn Sie ein Lied singen. Wenn Sie sich davor scheuen, geht auch Musik von einer CD.
✼ Summen, klatschen oder schunkeln Sie mit dem Kind zur Musik, um mit ihm ein Gefühl für Rhythmus zu üben.
✼ Spielen Sie Bewegungsspiele, bei denen es auf Konzentration und den richtigen Einsatz ankommt, wie das Spiel „Alles was Flügel hat, fliegt hoch!" Dabei trommeln alle leise auf die Tischkante, der Spielleiter ruft ‚Alle Vögel fliegen hoch! Alle Flugzeuge fliegen hoch! Alle Katzen fliegen hoch!' Beim Stichwort: ‚Hoch!' werden alle Finger hoch in die Luft gehoben, und wer beim falschen Stichwort (‚Katzen') die Hände hebt, muss ein Pfand geben.
✼ Auch die schon in Kapitel 3 beschriebenen Spiellieder üben das Zuhören und die Konzentration.
✼ Wenn Ihr Kind schwerhörig ist, legen Sie seine Hände auf die Lautsprecher seines CD-Spielers oder Ihrer Musikanlage, damit es die Vibrationen spürt. Machen Sie ein Spiel daraus, indem Sie die Lautstärke ein- und ausschalten. Oder legen Sie seine Hände auf eine Trommel oder ein Tamburin, während Sie darauf spielen.
✼ Lassen Sie Musik spielen, die Kinder laufen oder tanzen dazu durch den Raum. Wenn die Musik stoppt, müssen die Kinder etwas vorher Besprochenes tun: Still stehen wie Statuen, einen Hut aufsetzen, sich auf den Boden legen oder auf einen Stuhl setzen. Ein bekanntes Spiel dieser Art ist die „Reise nach Jerusalem". Wechseln Sie immer mal Rhythmus und Schnelligkeit der Musik.
✼ Spielen Sie unterschiedliche Arten von Musik und fordern Sie das Kind auf, sich zur Musik passend zu bewegen, beispielsweise zu hüpfen, auf Zehenspitzen zu gehen, zu tanzen oder zu marschieren.
✼ Von den meisten Musikschulen und auch von anderen Einrichtungen oder privaten Musiklehrern werden Kurse zur musikalischen Früherziehung angeboten. Dort wird unter anderem mit ähnlichen Aktivitäten wie den oben beschriebenen gearbeitet. Auch in privaten oder kirchlichen Spieltreffs kann man kurze musikalische Sequenzen einbauen. Alternativ können Sie aber auch zu Hause mit Ihren Kindern singen, sich zu Musik be-

wegen und mit Instrumenten experimentieren. Die meisten Kinder machen mit Begeisterung mit!

Geschmacksinn

Bieten Sie Ihrem Kind möglichst viele verschiedene Nahrungsmittel an, mit unterschiedlichen Konsistenzen und Geschmacksvarianten. Auch wenn es eine ausgesprochene Vorliebe für eine Geschmacksrichtung, beispielsweise für Süßspeisen hat, setzen Sie dennoch auch anderes auf den Speiseplan. Wenn Ihr Kind sehr eigen beim Essen ist, und Sie um die Ausgewogenheit seiner Ernährung besorgt sind, ist professionelle Unterstützung angeraten.

Tastsinn

Die folgenden Anregungen dienen dazu, Kinder anzuregen, ihren Tastsinn zu einzusetzen und zu entwickeln.

- ✯ Geben Sie Ihrem Kind hin und wieder die Möglichkeit zu ‚Schmuddelspielen' – mit Sand, Gries, Linsen, Rasierschaum, gekochten Spaghetti, ungekochtem Reis, Matsch (um nur einige wenige Beispiele zu nennen).
- ✯ Bastelarbeiten mit verschiedenen Materialien wie Pappmaché, Fingerfarben, Modellieren mit Ton oder anderen Modelliermassen.
- ✯ Spiele mit Wasser, die Sie mit speziellen Badewasserfarben oder Badeschaum noch interessanter gestalten können.
- ✯ Lassen Sie das Kind beim Kochen und Backen mithelfen.
- ✯ Ermuntern Sie Ihr Kind zur Mithilfe bei der Gartenarbeit, wie Umgraben oder Töpfe mit Blumenerde füllen.
- ✯ Stellen Sie ‚Fühlsäckchen' her, füllen Sie mit möglichst unterschiedlichen Materialien und lassen das Kind den Inhalt ertasten.

Für die sensorische und emotionale Entwicklung von Babys ist Berührung immens wichtig und förderlich. Darüber hinaus können Sie verschiedene Arten von Babymassagetechniken in speziellen Kursen oder aus Büchern erlernen.

Geruchssinn

Die Bedeutung, die dieser Sinn für uns hat, wird oft unterschätzt. Gerüche beeinflussen unser Fühlen und Denken, indem sie beispielsweise Erinnerungen heraufbeschwören. Gerüche können Sie auch beim Spielen mit Ihrem Kind einsetzen. Stellen Sie eine Aromalampe mit ätherischen Ölen ins Zimmer, fügen Sie Backaromen wie Vanille oder Zitrone in das Becken, wenn Sie mit Wasser spielen, oder suchen Sie im Garten und in der freien Natur nach Kräutern und Blumen mit besonders angenehmem oder interessantem Duft. Gerüche können heftige Gefühle hervorrufen, besonders, wenn sie an ein unangenehmes Ereignis in der Vergangenheit erinnern.

Sensorische Integration

Kinder erleben die Welt am liebsten mit allen Sinnen. Die Schaukel kann nicht hoch genug schwingen, sie drehen sich auf dem Karussell, bis ihnen schwindelig ist, und sie rennen, anstatt zu gehen. Solche Sinneserfahrungen machen nicht nur Spaß, sie sind auch wichtig für die kindliche Entwicklung. Kinder suchen sich instinktiv die Aktivitäten, die sie brauchen. Geben Sie also ihrem Kind so oft es geht die Möglichkeit, auf sichere und angemessene Weise immer neue sensorische Erfahrungen zu machen. Hier einige Beispiele:

- ✯ Gehen Sie mit dem Kind in den Park, in den Garten oder auf Spielplätze, wo es rennen, schaukeln, rutschen, springen, sich drehen, klettern oder Purzelbäume machen kann.
- ✯ Wenn möglich, gehen Sie Trampolinspringen oder schwimmen.
- ✯ Geben Sie dem Kind Spielsachen, die es gefahrlos in den Mund nehmen kann, wie spezielles Beißspielzeug oder Pfeifen und Tröten.
- ✯ Regen Sie das Kind zu Schmuddelspielen an, mit Matsch, Fingerfarben, Knetmasse, lassen Sie es beim Teigkneten helfen oder mit Sprühsahne und Rasierschaum experimentieren.
- ✯ Initiieren Sie Tobespiele mit möglichst viel Körperkontakt: Kitzeln Sie das Kind durch, knuddeln Sie mit ihm, massieren Sie es, wickeln Sie es in ein Bettlaken ein und rollen es hin und her.

Manche Kinder reagieren so extrem auf bestimmte sensorische Eindrücke, dass es sie in ihrem Alltagsleben beeinträchtigt. Wenn Sie das Gefühl haben,

Ihr Kind habe ein solches Problem (man nennt es Sensorische Integrationsstörung), suchen Sie am besten einen Ergotherapeuten auf, der mit Hilfe bestimmter Tests einschätzen kann, welche Hilfen Ihr Kind in welchen Bereichen braucht. Möglicherweise wird er Sie darüber beraten, wie Sie die Umgebung des Kindes seinen besonderen Bedürfnissen entsprechend gestalten können, und wenn nötig, kann er eine individuelle Therapie anbieten.

Hypersensitive Reaktionen erfolgen meist nur in einzelnen sensorischen Bereichen. Manche Kinder reagieren stark überempfindlich auf Berührungen (taktil-defensiv), andere auf Lärm und laute Geräusche (hyperakustisch). Diese Kinder reagieren auf Lärm, bestimmte Materialien oder Nahrungsmittel entweder mit Erstarren, Flucht oder Aggression. Andere Kinder sind eher unempfindlich gegen sensorische Reize und brauchen extrastarke Stimulation wie schnelles Im-Kreis-Drehen, von hohen Möbelstücke springen oder blinkende Lichter, um überhaupt Reaktionen zu zeigen. Kinder reagieren sehr individuell auf Reize – auf manches reagieren sie extrem empfindlich, bei anderen Dingen zeigen sie kaum eine Reaktion. Finden Sie heraus, welche sensorischen Aktivitäten Ihrem Kind am meisten Spaß machen (ganz fest gedrückt zu werden beispielsweise, auf Spielsachen herumzukauen oder richtig laute Musik zu hören), und welche es nach Möglichkeit meidet (Karussells, zarte Berührungen, Kleidung aus bestimmten Stoffen oder laute Geräusche zum Beispiel). Wenn Sie es schwierig finden, die Reizempfindlichkeiten oder -unempfindlichkeiten Ihres Kindes zu erkennen, lassen Sie sich dabei professionell unterstützen.

Ich holte eines Nachmittags Christopher von seiner Spielgruppe ab, und man berichtete mir, er sei den ganzen Tag sehr verängstigt gewesen. Offenbar hatte jemand den Staubsauger eingeschaltet, was Christopher sehr in Aufregung versetzt habe. Der Staubsauger wurde also weggebracht, da man annahm, dass Christopher das Geräusch nicht ertragen konnte. Dabei liebt er Staubsauger! Wahrscheinlich war seine Aufregung eher Begeisterung, und später war er außer sich, weil man den Staubsauger wieder ausgeschaltet und aus seiner Sichtweite gebracht hat.

Wenn Ihr Kind auf irgendetwas mit großer Heftigkeit reagiert, machen Sie sich bitte klar, dass es nicht „unartig" ist. Wenn es beispielsweise wegläuft, kann das daran liegen, dass sein Gehirn gerade nicht mit den momentanen Eindrücken fertig wird und es einfach flüchten möchte. Vielleicht reagiert es auch unangemessen heftig, wenn es einen bestimmten Reiz dringend braucht und nicht bekommen kann. Umgekehrt kann es sein, dass das Kind alles Mögliche anstellt, um einen bestimmten Reiz zu vermeiden, den es nicht ertragen kann. Es versucht beispielsweise ein unangenehmes Geräusch auszublenden, indem es selbst laut schreit oder den Kopf schüttelt – etwas, das es wenigstens selbst kontrollieren kann.

Es ist also von großer Wichtigkeit, herauszufinden, auf welche Sinneseindrücke Ihr Kind besonders heftig reagiert. Respektieren Sie unbedingt seine Empfindlichkeiten und Grenzen, und sorgen Sie dafür, dass auch alle anderen Personen, die mit dem Kind in Kontakt stehen, diese Grenzen kennen und Rücksicht darauf nehmen. Finden Sie nach Möglichkeit Wege, die es dem Kind ermöglichen, mit seinen Überempfindlichkeiten zu leben und sich wohl zu fühlen. Wenn es sich um Dinge handelt, die im Alltag gar nicht wirklich zu vermeiden sind, tasten Sie sich gemeinsam mit Ihrem Kind in Millimeterschritten vor, in dem Versuch, seine Toleranzgrenze ganz allmählich etwas zu verschieben. Wenn Sie sich damit überfordert fühlen, suchen Sie sich unbedingt professionellen Beistand.

Wenn ein Kind beispielsweise keine Kleidung auf seiner Haut ertragen kann, versuchen Sie es mit den leichtesten und weichsten Stoffen, die Sie finden können. Gebrauchte, schon oft gewaschene Kleidung ist angenehmer zu tragen als neue Materialien. T-Shirts und kurze Höschen sind ein guter Anfang, später kann man lange Hosen und langärmelige Pullies versuchen. Schneiden Sie die Etiketten aus den Kleidungsstücken heraus, sie könnten kratzen. Und waschen Sie dir Kleidung immer mit demselben Waschmittel, damit das Kind nicht durch ungewohnte Gerüche irritiert wird.

Hat Ihr Kind Probleme mit Lärm, können Sie dafür sorgen, dass es bei Ihnen zu Haus möglichst ruhig ist, ohne ständig im Hintergrund laufenden TV- oder Radiogeräte. Aber probieren Sie hin und wieder aus, wie es reagiert, wenn Sie für kurze Zeit leise Musik abspielen. Walgesänge oder ruhige, gleichmäßige Klänge bieten sich für einen Versuch an, natürlich möglichst leise im Hintergrund. Wenn Sie das Gefühl haben, ihr Kind kommt gut damit klar, können Sie die Lautstärke erhöhen und andere Musikrichtungen versuchen.

Ein Kind, das hypersensitiv auf zarte Berührungen reagiert, besonders wenn es davon überrascht wird, sollte vor jedem Anfassen vorgewarnt werden (beispielsweise indem man sich ihm immer von vorn nähert) und der Griff sollte eher fest sein.

Auf der anderen Seite gibt es auch hyposensible Kinder, d.h. Kinder, die eher wenig spüren und deshalb besonders viel und starke Stimulierung brauchen. Sie gieren geradezu nach Aufregung und extremen Erfahrungen und bringen sich dadurch häufig selbst in Gefahr. Man sollte also Wege finden, dieses Bedürfnis nach starken Sinneserfahrungen auf ungefährliche Weise zu befriedigen.

Ein Kind, das gerne springt, wird sich auf einem Trampolin (mit Sicherheitsnetz!) wohlfühlen. Schaukeln und Karussells sind etwas für Kinder, die es lieben, sich zu drehen und zu schwingen.

Kindern, die festen Druck auf ihren Körper brauchen, um sich wohl und sicher zu fühlen, kann es helfen, tagsüber einen nicht zu leichten Rucksack zu tragen, und in der Nacht mit einer schweren Decke zugedeckt zu werden.

Selbstregulation

Wir alle bedienen uns, bewusst oder unbewusst, sensomotorischer Strategien, um unsere Gefühle zu kontrollieren und unsere Befindlichkeit an alles, was wir tun, anzupassen. Beispielsweise drehen wir eine Haarsträhne um den Finger oder saugen an einem Kugelschreiber, wenn wir uns in einer Sitzung konzentrieren müssen. Wir trinken ein Glas warme Milch oder nehmen ein Bad, um uns vor dem Schlafengehen zu entspannen. Wir alle verfügen über unsere eigenen Strategien, die im Hintergrund für uns arbeiten.

Kinder müssen diese Strategien erst entwickeln, und besonders Kinder mit Behinderungen brauchen dazu die Hilfe von Erwachsenen (Williams & Schellenberger, 1994). Wenn sie ihre Empfindungen nicht zu steuern lernen, werden sie allzu häufig besonders überdreht sein, wenn sie eigentlich ruhig sein sollen, gedämpft, wenn lebhafte Beteiligung angesagt wäre etc., und schlimmstenfalls wechseln sie alle Augenblicke zwischen zwei Extremen hin und her.

Nicht selten sind wir uns durchaus über die kognitiven ‚Tricks' im Klaren, mit denen wir uns oder auch unsere Kinder in die richtige Stimmung für eine Aktivität bringen. Wir stellen uns eine Belohnung in Aussicht oder setzen uns ein bestimmtes Ziel als motivierenden Anreiz.

Mein Sohn liebt es, gekitzelt zu werden, und bittet mich oft mehrmals am Tag „Kitzel mich ganz doll durch!" Eigentlich ist das, was er will, eine sehr intensive Massage, besonders an Rücken, Schultern und Nacken. Ich tue ihm fast jedes Mal den Gefallen, denn es scheint ihn seltsamerweise zu beruhigen.

Versuchen Sie auch Folgendes:
- ✶ Blasen – Musikinstrumente wie Pfeifen und Tröten, Seifenblasen.
- ✶ Saugen – eine dicke Flüssigkeit durch einen Strohalm trinken.
- ✶ Schwer zu kauende oder sehr knusprige Dinge essen.

- ✯ Einen schweren Rucksack tragen
 Spielerische Raufereien, Knuddeln, fest in eine Decke einrollen.
- ✯ Trampolinspringen.
- ✯ Türmen Sie Sofakissen auf ihr Kind und setzen oder legen Sie sich vorsichtig oben drauf.
- ✯ Schwere Dinge schleppen – beim Aufräumen beispielsweise.
- ✯ Schubkarre oder Kinderwagen schieben, beim Aufräumen Möbel verrücken, Sackkarre mit etwas beladen ziehen.
- ✯ Boden wischen, staubsaugen, Staub wischen.
- ✯ Im Garten mit feuchter Erde arbeiten – umgraben oder Blumentöpfe füllen.
- ✯ Über Hindernisse krabbeln oder klettern.
- ✯ Schubkarrenrennen.
- ✯ Mit Teig oder Knetmasse spielen.

7 Soziale Entwicklung

Die Theorie

Was ist soziale Entwicklung?

Soziale Entwicklung beginnt in dem Augenblick, wenn das Kind erkennt, dass es ein eigenständiges Individuum ist, das sich von seinen Eltern und anderen Menschen unterscheidet, und eine Vorstellung von sich selbst und seiner Identität zu entwickeln beginnt. Mit dieser Erkenntnis kann es anfangen, die nötigen Fähigkeiten zu lernen, die es zum Zusammenleben mit anderen Menschen braucht. Kinder müssen lernen, mit Anderen zu kommunizieren, Dinge zu teilen und Rücksicht zu nehmen und die allgemeinen Regeln im Umgang mit der Gesellschaft zu begreifen und anzuwenden.

Chronologische Entwicklung

Das Neugeborene

Bereits im Moment seiner Geburt ist das Baby ein soziales Wesen. Es möchte nicht allein gelassen werden, es fühlt sich sicher und geborgen, wenn man es im Arm hält und liebkost. Es schreit, um auf seine Bedürfnisse aufmerksam zu machen.

Interesse an anderen Menschen

Wie bereits an anderer Stelle erwähnt, haben bereits Neugeborene besonders großes Interesse an menschlichen Gesichtern. Sie betrachten sowohl reale Gesichter als auch Bilder und Fotos von Gesichtern und suchen Blickkontakt.

Säuglinge lernen gewöhnlich innerhalb einiger Wochen zu lächeln. Lächeln hat eine starke und positive Wirkung auf die Betreuer, und der Säugling wird sofort mit Aufmerksamkeit belohnt.

Eltern können dem Lächeln ihres Kindes nur schwer widerstehen. Laute von sich geben und Gurgeln haben den gleichen Effekt, es bindet die Eltern enger an ihr Kind.

Säuglinge lernen eine überlebenswichtige Lektion. Sie erkennen, dass sie durch Lächeln und das Produzieren von Lauten Erwachsene dazu bringen können, ihre Bedürfnisse zu befriedigen.

Sie lernen ebenfalls bereits sehr früh in der Entwicklung, dass Mitmenschen wichtig sind. Dies ist entscheidend, denn durch andere Menschen lernen sie viel über sich selbst und ihre Möglichkeiten und über die Welt um sich herum.

Vorhersehen alltäglicher Abläufe

Ihr Kind wird anfangen, sich bekannter Abläufe bewusst zu werden und visuelle und akustische Zeichen zu erkennen, die ihm vorhersagen, was passieren wird. Es lernt, das Rauschen des Wassers in die Badewanne als Zeichen zu erkennen, dass es bald gebadet wird, oder dass das Auftauchen seiner Stiefel und seines Mantels bedeutet, dass es das Haus verlassen wird. Eltern erkennen, dass das Kind die ‚Zeichen des Lebens' deuten kann, weil es begeistert oder aufgeregt reagiert. Einige Kinder fangen vor Vorfreude auf das Bad zu strampeln an und aufgeregt zu quieken, wenn sie ausgezogen werden.

Es mag zwar selbstverständlich erscheinen, aber die Fähigkeit, bekannte Situationen und Abläufe vorherzusehen, ist eine wichtige Qualifikation, denn ohne sie wären wir nicht in der Lage, unser Umfeld zu begreifen. Diese Qualifikation ist die Grundlage für das Gefühl, Kontrolle über sein Leben zu haben.

Konzept der eigenen Identität

Das Kind entwickelt langsam ein Gefühl dafür, dass es ein Lebewesen mit einer eigenen Identität ist, abgetrennt von der seiner Mutter. Es entwickelt dieses, indem es sich seines Körpers bewusst wird, und erkennt, was dieser kann und wie er sich anfühlt. Es lernt, dass es seine Bewegungen kontrollieren kann, nicht aber die anderer Personen, dass es fühlt, wenn es an seinen Zehen kaut, nicht aber wenn es in den Fingern des Vaters beisst. Etwa zur gleichen Zeit lernt das Kind, dass Objekte und Personen auch weiter existieren, auch wenn sie sich nicht mehr in seinem Blickfeld befinden (s. Kap. 3, S. 63ff.). Der Säugling schreit, wenn seine Mutter den Raum verlässt, denn er denkt, sie sei für immer verschwunden. Erst später versteht er, dass sie weiterhin existiert, obwohl sie nicht zu sehen ist, und auch wieder zu ihm zurückkehrt.

Abwechseln

Abwechseln ist eine Fähigkeit, die man gut beobachten kann, wenn ein Elternteil mit seinem Kind spricht.

Wenn der Vater beispielsweise etwas zu seinem Kind sagt und es mit Lauten antwortet, und dann auf die Reaktion des Vaters wartet, bevor es weitere Laute produziert. Dies kann sich bis hin zu einer längeren ‚Konversation' wiederholen.

Das Abwechseln ist grundlegend für die Entwicklung von Kommunikation und Sprachkenntnissen und ist ausführlich in Kapitel 4, S. 89ff. beschrieben. Es ist ebenfalls notwendig für die soziale Entwicklung, da das Konzept des Abwechselns, Teilens und Rücksichtnehmens auf andere Menschen die Grundlage sozialer Fähigkeiten ist.

Aufmerksamkeit der Erwachsenen wecken

Neugeborene Kinder schreien, um Aufmerksamkeit zu bekommen und veranlassen ihre Eltern, das übliche Überprüfungsprogramm der Bedürfnisse des Kindes durchzugehen: Ob das Kind trinken möchte, schlafen oder kuscheln will, aufstoßen muss oder die Windeln gewechselt werden müssen. Eltern lernen schnell, unterschiedliche Arten des Schreiens für Hunger, Schmerz, Müdigkeit oder Langeweile zu unterscheiden.

Später lernen die Kinder anspruchsvollere Mittel der Kommunikation. Sie machen unterschiedliche Geräusche und Laute in verschiedenen Situationen. Dies sind noch keine Worte, aber sie sind ein entscheidender Vorläufer für Sprache und zeigen, dass das Kind den Kontakt zu anderen Personen anstrebt.

Ein bereits früh auftretendes Beispiel hierfür ist, dass das Kind nach dem Aufwachen in der Krippe eher mit Rufen statt Weinen darauf aufmerksam macht, dass es nun wach ist und die Eltern zu ihm kommen sollen.

Ein weiteres Beispiel ist, dass das Kind beim Spielen mit der Mutter durch Lächeln und Gurgeln das Interesse der Mutter wachhalten und sie daran hindern will, wegzugehen und etwas anderes zu tun.

Das Kind muss lernen, dass es seine Mitmenschen bewegen, beeinflussen und manipulieren kann. Es muss den Sinn sozialer Interaktion begreifen; in anderen Worten: Es muss verstehen, dass es erwachsene Menschen dazu bringen kann Dinge zu tun, die es selber noch nicht kann. Wenn Eltern kein Interesse an ihrem Kind zeigen und auf das Kind nicht angemessen reagieren, verliert das Kind das Interesse an sozialen Interaktionen. Dieses Verhalten hat einen schädlichen Einfluss auf seine allgemeine Entwicklung.

In diesen frühen Entwicklungsstufen der Interaktion können spätere Verhaltensstörungen verursacht werden. Ein Kind, das viel Aufmerksamkeit bekommt, weil es sich ‚brav' verhält, wird vermutlich dieses Verhalten beibehalten. Wohingegen ein Kind, das nur beachtet wird, wenn es sich aufsässig verhält, dieses Verhalten höchstwahrscheinlich kultiviert, da es mit Aufmerksamkeit belohnt wurde.

Erkennen bekannter Menschen und Angst vor Fremden

Neugeborene erkennen ihre Eltern schnell durch deren Geruch oder deren Stimme, die sie schon während der Schwangerschaft kennengelernt haben. Säuglinge haben nicht grundlegend Angst vor Unbekannten, sie können unbeschwert von Freunden und Familienmitgliedern ebenso wie von freundlichen Fremden berührt und gehalten werden.

Erst später, wenn sie bekannte Gesichter erkennen und sie als Konsequenz daraus zwischen bekannten und unbekannten Menschen differenzieren können, verhalten sie sich aus Selbstschutz Unbekannten gegenüber zurückhaltend und unsicher.

Mit den Erfahrungen und der Zuversicht, dass erwachsene Menschen ihnen keinen Schaden zufügen wollen, schwindet auch das Misstrauen gegenüber Fremden.

Kooperieren und Imitieren

Wenn Kinder frühe Stufen der physischen Fähigkeiten erlernen, wie Aufsetzen, Laufen und Objekte bewegen, sind sie größtenteils mit sich selbst und ihrem Experimentierdrang beschäftigt. Sie lassen sich bis zu einem gewissen Grad von Erwachsenen unterstützen und richten ihre Bedürfnisse nach Nähe oder Nahrung an sie.

Als nächstes beginnen sie, mit Erwachsenen gemeinsam zu spielen, wie z. B. ‚Backe, backe Kuchen', und einfachen Anweisungen wie ‚komm zu mir' oder ‚gib mir den Becher' nachzukommen. Sie arbeiten den Erwachsenen beim Spielen zu, wie etwa beim Füttern einer Puppe oder dem Rollen eines Balls.

Zur gleichen Zeit beginnen Kinder, die Tätigkeiten der Erwachsenen zu imitieren. Häufig sind dies Haushalts-Tätigkeiten wie den Tisch abwischen, den Boden fegen oder Abstauben. Sie imitieren auch Gesten wie zum Abschied Winken oder *schhhh* sagen. Kinder lernen, sich an die Gesellschaft anzupassen, indem sie das Benehmen und Verhalten der Menschen um sie herum kopieren.

Teilen und Abwechseln

Sobald Kinder die Objektpermanenz (Kap. 3, S. 63ff.) verstanden und ein Konzept der eigenen Individualität entwickelt haben, fangen sie an, sich besitzergreifend zu verhalten und sich zu sträuben, anderen Erwachsenen und Kindern ihre Spielsachen und sonstigen Besitztümer zu überlassen oder sie generell aus der Hand zu geben. Sie wehren sich unter Umständen vehement dagegen, die Aufmerksamkeit ihrer Eltern teilen zu müssen. Sie möchten zum Beispiel, dass nur ihnen ein bestimmtes Buch vorgelesen wird und nicht auch den Geschwistern oder Freunden. Die Fähigkeit, Eigentum zu teilen und sich bei der Nutzung abzuwechseln entwickelt sich erst allmählich, wenn das Kind erkennt, dass es im Endeffekt Vorteile daraus ziehen kann. Es muss erst die Erfahrung machen, dass es sein Spielzeug wiederbekommt, und dass die anderen ebenfalls die Bereitschaft zeigen, mit ihm ihre Spielzeuge zu teilen.

Grenzen austesten

Sobald das Kind ein Ich-Bewusstsein entwickelt hat beginnt es, eigene Bedürfnisse zu entdecken, die nicht immer mit denen der Eltern übereinstimmen. Anfänglich kann man das Kind leicht mit anderen Aktivitäten ablenken. Wenn das Kind zum Beispiel unbedingt das Spielzeug haben will, mit dem sich gerade seine Schwester beschäftigt und deshalb wütend wird, kann es leicht mit einem anderen, gleichwertigen Spielzeug beschwichtigt werden.

Später, wenn das Kind entschlossener und nicht mehr so leicht zu besänftigen ist, wird es möglicherweise Wutanfälle bekommen, wenn man seine Pläne durchkreuzt. Kinder müssen die Regeln und Grenzen des angemessenen Verhaltens kennenlernen. Sie testen gerne die Grenzen aus um zu sehen, wie standfest diese sind. Sobald sie erkennen, dass manche Regeln unumstößlich sind, können sie sich mit einem Gefühl der Sicherheit innerhalb dieser Grenzen weiterentwickeln. Wenn sie diese Regeln begreifen, gehen sie möglicherweise als liebevollere, freundlichere Wesen aus der Phase der Wutanfälle hervor. Wenn Eltern diese Regeln nicht festlegen und konstant durchsetzen dauert es länger für das Kind, ein angemessenes Verhalten zu erlernen. Das Austesten der Regeln und Grenzen ist ein Versuch, die Welt um sich herum zu begreifen.

Soziale Interaktion

Kinder lernen, das es Freude machen kann, ihren Eltern bei alltäglichen Aufgaben zu helfen, wie z. B. Kochen, Einkaufen und Gartenarbeit, und empfinden die Zusammenarbeit und das gemeinsame Erreichen von Zielen als befriedigend.

Kinder bauen auch ihre eigenen sozialen Netzwerke auf. Sie möchten mit anderen Kindern Zeit verbringen und Freunde finden. Zuerst spielen Kinder mit jedem, der das gleiche tut wie sie, aber später schließen sie echte Freundschaften.

Die Gefühle anderer verstehen

Kinder spüren, ob andere Menschen aufgebracht, traurig, fröhlich oder wütend sind.

Wenn sie älter werden können sie auch zeigen, dass sie die Gefühle ihrer Freunde verstehen, indem sie beispielsweise Mitgefühl oder Besorgnis äußern, wenn ein Freund sich verletzt hat oder durch einen bestimmten Vorfall unglücklich ist.

Kinder müssen lernen, ihre persönliche, angeborene Egozentrik zu mäßigen, um Interesse an Anderen empfinden und Empathie für deren Situation und Sorgen zeigen zu können. Wenn das Kind seine egozentrische Einstellung gegenüber der Umwelt in das Erwachsenenalter überträgt, wird es ihm schwerfallen, Freunde zu finden oder sozial zu interagieren, da seine Mitmenschen dieses Verhalten nicht lange tolerieren werden.

Allein spielen

Auch wenn soziale Interaktion wichtig ist, muss das Kind auch Zeit mit sich alleine verbringen, da dies maßgeblich für Entspannung sorgt und Raum zum Experimentieren lässt.

Als Erwachsener verbringt man seine Zeit alleine, um auszuprobieren und zu üben, wie man sich in gewissen Situationen verhalten möchte, um die Selbstsicherheit in der Öffentlichkeit zu steigern. Kinder verbringen anfangs nur kurze Zeitabschnitte damit, alleine zu spielen, diese werden aber mit der Zeit immer länger und das Bedürfnis, ihren eigenen Raum zu haben, steigt.

Soziale Regeln erlernen

Kinder lernen, Erwachsene zu imitieren, wollen mit ihnen zusammenarbeiten und ihre Anerkennung gewinnen. Mit der Erweiterung ihres sozialen Umfelds finden sie eigene Freunde und lernen, welches Verhalten zulässig ist und welches nicht. Sie lernen, die sozialen Regeln zu befolgen und sich besser in die Gesellschaft einzufügen.

Parallele Entwicklung

Persönlichkeiten

Kinder werden mit ihrer eigenen Persönlichkeit geboren, einige sind schüchtern und introvertiert, einige sind extrovertiert und gesellig.

Die Persönlichkeit eines Kindes sollte immer respektiert und verständnisvoll unterstützt werden.

Soziales Spielen

Ganz am Anfang spielen Kinder stets alleine, erst mit der Zeit lernen sie, mit anderen Kindern gemeinsam zu spielen.

Dies ist ein schleichender Prozess, weshalb es trotz der folgenden Klassifizierungen schwer ist, das Kind ‚einzuordnen'. Das Ziel ist authentisches gemeinsames Spielen, aber wir kennen sicher alle auch einen ‚normalen' Erwachsenen, dem dies schwerfällt.

Allein spielen
Das Kind spielt allein, es klebt beispielsweise Bilder auf, fährt Spielzeugautos umher und setzt Puzzles zusammen.

Paralleles Spielen
Das Kind spielt neben einem anderen Kind, ohne allerdings mit ihm zu interagieren. Wenn zum Beispiel zwei Kinder in einer Sandkiste buddeln, tun sie zwar das gleiche, aber eben nicht gemeinsam.

Beobachten
Dem Kind wird bewusst, was andere um es herum tun und beginnt, Interesse dafür zu entwickeln, ohne aktiv daran teilzunehmen.

Wenn das Kind einem Spielkreis beitritt und andere Kinder beim Spielen mit Duplo-Steinen sieht, verharrt es, um das Spielen mit Abstand zu beobachten. Es wird aber zuerst nicht den Schritt wagen, mitzuspielen. Obwohl dies als eine eigenständige Entwicklungsphase empfunden wird, beobachten Kinder Andere auch schon in früheren Phasen.

Mitmachen
Kinder spielen miteinander, indem sie der gleichen Aktivität nachgehen, aber jedes mit seinem eigenen Tempo und eigenen Regeln, so dass sie, obwohl sie gemeinsam Verkleiden spielen oder sich beim Spielen mit Duplo-Steinen zuarbeiten, leicht in Konflikte geraten können.

Gemeinsam Spielen
Das bedeutet echtes gemeinsames Spiel, in dem die Kinder einen Weg gefunden haben, der eine gemeinsame Beschäftigung ermöglicht, bei der fast alle Meinungsverschiedenheiten und Unstimmigkeiten gelöst werden können.
Die Kinder sind nun in der Lage zu warten, sich abzuwechseln und zu teilen. Sie können zum Beispiel Verstecken oder ein Kartenspiel spielen. Dies ist eine hochentwickelte Form des Spielens.

Fantasievolles Spielen

Fantasievolles Spielen ist eine Möglichkeit für Kinder, soziale Situationen zu erforschen. Sie können Situationen nachspielen, die sie beobachtet haben und in andere Rollen schlüpfen. Es ist ebenfalls ein wichtiges Mittel, um mit ihren Altersgenossen interagieren zu lernen, indem sie gemeinsam gewisse Szenarien nachspielen. Das wurde genauer beschrieben im Kap. 3, S. 77f.

Spiele und Aktivitäten

Zeitliche Entwicklung

Interesse an anderen Menschen

Einige Kinder mit Entwicklungsschwächen ziehen sich am liebsten zurück und zeigen wenig Interesse an ihren Mitmenschen. Sie müssen lernen, dass menschlicher Kontakt sehr wichtig ist.

Spiele und Aktivitäten

* Spielen Sie mit Blickkontakt verbundene Spiele, um das Interesse an erwachsenen Mitmenschen zu wecken. Viele verschiedene Spiele finden Sie in Kap. 4, S. 87f. Achten Sie darauf, Ihrem Kind ausreichend Zeit zum reagieren zu geben.
* Spielen Sie Spiele, die ihr Kind mag, denn wenn es Freude daran hat fällt es ihm leichter, die Vorzüge der Interaktion mit Anderen zu verstehen. Zusätzlich lernt das Kind, dass es, wenn es den Wunsch verspürt das Spiel zu wiederholen, dies deutlich kommunizieren muss. Versuchen Sie beim Spielen so viel Körper- und Blickkontakt wie möglich herzustellen.
* Schauen Sie mit ihrem Kind in den Spiegel und machen übertriebene und interessante Gesichter, lustige Grimassen und alberne Geräusche und Spielen ‚Kuckuck'. Spiele mit Spiegelbildern tragen dazu bei, sein eigenes und andere Gesichter studieren und die verschiedenen Ausdrucksmöglichkeiten kennenzulernen.
* Verkleiden Sie sich mit auffallender Kleidung wie bunte Hüte, große Ohrringe, Brillen und falsche Nasen, um das Interesse des Kindes zu wecken.
* Spielen Sie nahe an ihrem Gesicht mit Spielzeugen, die Geräusche machen, damit das Kind seine Aufmerksamkeit dorthin lenkt.
* Benutzen Sie Gesichtsfarben, um ihr Gesicht spannender zu gestalten.
* Probieren Sie auch die Vorschläge aus Kap. 8, S. 182ff., um eine Reaktion des Kindes zu wecken.

Vorhersehbarkeit alltäglicher Routinen

Geben Sie ihrem Kind im Alltag eine verlässliche Routine, um es ihm zu erleichtern, sein Umfeld zu verstehen und sich auf Bevorstehendes vorzubereiten. Geben Sie deutliche Hinweise auf das, was als nächstes geschehen wird. So weist zum Beispiel das Rauschen des Wassers in der Wanne auf ein Bad hin, Teller und Löffel auf dem Tisch auf das Mittagessen, der Gang zum Wickeltisch auf das Wechseln der Windeln und Ähnliches.

Versuchen Sie, bestimmte Spielzeuge immer am gleichen Ort aufzubewahren, damit das Kind lernt, wo die Dinge ihren Platz haben.

Gebrauchen Sie jeden Tag die gleichen Worte, um Dinge zu beschreiben. Variieren Sie ihre Sprache nicht zu stark, damit es dem Kind leicht fällt, Sie zu verstehen.

Bewusstsein der eigenen Identität

Spielen Sie mit Ihrem Kind Spiele, die ihm sich selbst und seinen Körper bewusst machen.
Ideen für solche Spiele finden Sie im Kap. 8, S. 182ff.

Abwechseln

Ideen für Spiele, die Vorfreude anregen und abwechselndes Spiel üben finden Sie in Kap. 4, S. 89f.

Die Aufmerksamkeit der Erwachsenen bekommen

Bevor das Kind sprechen lernt, kann es ihre Aufmerksamkeit auf viele verschiedene Arten wecken, zum Beispiel durch gezielte Blicke, Deuten mit Fingern oder Händen, Spielzeug anbieten, an ihrer Kleidung ziehen, natürliche Gesten machen, ihre Hand zu einem Gegenstand führen, sie zu etwas hinlenken oder Laute von sich geben. All diese Methoden sind sehr hilfreich für Sie und ihr Kind, und zeigen sein Interesse an sozialer Interaktion und Kommunikation.

- ✯ Reagieren Sie möglichst sofort auf ihr Kind, nehmen Sie seine Aufforderungen ernst und machen Sie deutlich, ob Ihre Reaktion positiv oder negativ ist. Wenn ihr Kind keine Reaktion bekommt, wird es vielleicht irgendwann ganz aufhören, es zu versuchen und sich weiter zurückziehen. Wenn ihr Kind in irgendeiner Form mit ihnen zu interagieren versucht.
- ✯ Reagieren Sie umgehend und kommen Sie nach Möglichkeit seinem Wunsch nach, da ein Erfolgserlebnis das Kind zum Weitermachen motiviert.
- ✯ Übertreiben Sie mit ihrer Reaktion ruhig ein wenig, damit sie eine eindeutige, positive Wirkung auf das Kind hat. Dies können Sie entweder durch exzessives Jubeln mit viel Lärm und übertriebenen Grimassen alleine tun, oder Sie bitten Freunde und Familie, diese Reaktion durch schiere Masse zu verstärken.

Es ist oft nicht leicht, festzustellen, ob das Kind durch Blickkontakt oder feine Gesten zu kommunizieren versucht, aber es ist besser, dem Kind diese Absicht grundsätzlich zu unterstellen. Selbst wenn es nicht kommunizieren wollte kann ihr Verhalten es vielleicht ermutigen es doch auszuprobieren.

Wenn Sie hier einen negativen Standpunkt einnehmen, entmutigen Sie ihr Kind vielleicht, weil es sich ignoriert fühlt.

Frühe Kommunikationsfertigkeiten werden in Kap. 4, S. 87ff. näher beschrieben.

Gemeinsames Spielen mit Erwachsenen

✫ Fordern Sie Ihr Kind auf, Ihnen Objekte und Spielzeuge zu reichen. Strecken Sie Ihre Hand aus und fragen das Kind, was es in seiner Hand hält. Versuchen Sie, es dazu zu bewegen, es Ihnen zu geben.

✫ Rollen Sie einen Ball oder ein Spielzeugauto zwischen sich und dem Kind hin und her.

✫ Spielen Sie ‚Ringel-Ringel-Rosen' und animieren Sie das Kind dazu, Ihnen seine Hände entgegen zu strecken.

✫ Versuchen Sie jedes Singspiel, bei dem das Kind Bewegungen mit Ihnen gemeinsam ausführen muss. Zum Beispiel:

✫ Nehmen Sie die Hände ihres Kindes in ihre und klatschen Sie zusammen zu ‚Backe, backe Kuchen' oder anderen Liedern, zu denen man Klatschen kann.

✫ Spielen Sie **‚Gewitter'**:
Es tröpfelt,
mit zwei Fingern jeder Hand auf den Tisch klopfen
es regnet
mit vier Fingern
es gießt
lauter
es hagelt
mit den Fingerknöcheln, noch lauter
es blitzt
Zischgeräusche und Blitze mit den Händen in der Luft machen
es donnert!
mit den Fäusten trommeln, klatschen
Alle laufen schnell nach Hause,
Hände auf den Rücken
und morgen scheint die liebe Sonne wieder!
großen Kreis mit den Händen beschreiben.

- ✯ Weitere Verse und Spielvorschläge finden Sie in der Literaturliste im Anhang.
- ✯ Nehmen Sie ihr Kind mit dem Gesicht zu sich auf den Schoß, halten Ihre Handflächen an seine und schaukeln Sie gemeinsam zu:

My bonnie lies over the ocean
My bonnie lies over the sea
My bonnie lies over the
Oh bring back my bonnie to me
Bring back, bring back
Bring back my Bonnie to me, to me
Bring back, bring back
Bring back my Bonnie to me.

- ✯ Singen Sie Kinderlieder, um gemeinsam mit Ihrem Kind zu schaukeln oder zu ‚Rudern'. Sie können Ihr Kind auch einfach im Arm halten, summen und zu einer Melodie schaukeln.
- ✯ Spielen Sie Seilziehen. Verwenden Sie zum Beispiel ein Seil mit Plastikringen darauf, damit das Kind beobachten kann, wie Sie sich beim abwechselnden Ziehen hin und her bewegen.
- ✯ Nutzen Sie Gelegenheiten, ein ‚Hin und Her'-Spiel zu gestalten. Wenn Ihr Kind Sie beispielsweise an Ihrem Rucksackgurt oder Jackenärmel zu sich hinzieht, bewegen Sie sich wieder ein bisschen von ihm fort und warten darauf, dass es das Ziehen wiederholt. Diese Situationen entstehen ganz nebenbei und bilden eine gute Übung zur Interaktion.

Erwachsene imitieren

Zeigen Sie ihrem Kind in sozialen Situationen deutlich, wie es sich verhalten soll und was von ihm erwartet wird. Erwarten Sie dabei aber nicht zu viel. Wenn Sie möchten, dass sich das Kind hinsetzt und seine Milch trinkt, setzen Sie sich ebenfalls hin und trinken Ihren Kaffee. Seien Sie in allen Dingen ein gutes Vorbild! Andere Vorschläge für das Imitieren finden Sie in Kap. 3, S. 60ff. und in Kap. 4, S. 89f.

Spiele und Aktivitäten

Teilen und Abwechseln

Wenn Kinder anfangen, mit anderen zu interagieren, müssen sie die Fähigkeit zum Teilen und Abwechseln erlernen. Sie müssen darauf bestehen, dass Ihr Kind sich an die Regeln hält und nicht einem anderen Kind das Spielzeug entreißt, und auch bereit ist, seine Spielzeuge hin und wieder zu teilen. Sie müssen aber auch nach Möglichkeit sicherstellen, dass Andere sich Ihrem Kind gegenüber korrekt verhalten, damit es auch die Vorteile erkennt, die solche Regeln mit sich bringen. Das können Sie erreichen, indem Sie selbst sich ihrem Kind gegenüber fair und gerecht verhalten und stets darauf achten, dass Andere dies ebenfalls tun.

- ✭ Veranstalten Sie ein Kuscheltier-Picknick, und lassen Sie Ihr Kind das Essen gerecht unter den Gästen verteilen.
- ✭ Wenn Sie im Park die Enten füttern gehen, achten Sie penibel darauf, erst einer Ente etwas zu geben, dann der nächsten und so weiter.
- ✭ Verteilen Sie das Essen bei den Mahlzeiten – etwas für Johann, etwas für Jana, etwas für Mama und etwas für Papa. Verteilen Sie Süßigkeiten wie Rosinen, Smarties oder Schoko-Taler unter den Kindern.
- ✭ Geben Sie ihrem Kind Gelegenheiten, mit Geschwistern oder Freunden zuhause oder in Spielgruppen Spiele zu spielen, bei denen das Abwechseln im Mittelpunkt steht. Dabei lernt es, einfache soziale Regeln zu befolgen. Spielkreise und Spielplätze bieten sich hier an, weil das Kind bei den Spielangeboten wie Trampolinspringen, Rutschen oder Schaukeln abwarten muss, bis es dran ist, und anderen den Vortritt lassen. Auch hier sollten Sie beachten, dass auch ihr Kind gerecht behandelt wird.

Grenzen austesten

Übungen zum Verhaltenstraining finden Sie in Kap. 9, S. 191ff.

Soziale Interaktion

Versuchen Sie, ihr Kind in alltägliche Vorgänge zu involvieren, wie zu Beispiel gemeinsam Bettenmachen, mit Kehrblech und Besen umgehen, Möbel polieren, kochen, den Kinderwagen schieben oder Körbe und Taschen tragen.

Die Gefühle anderer verstehen

Nehmen Sie jede Gelegenheit wahr, über Gefühle zu reden, wenn diese im Alltag oder auch in Büchern oder Videos thematisiert werden.

Allein Spielen

Wählen Sie ein Spielzeug aus, das ihr Kind gerne mag und mit dem es ohne Hilfe von Erwachsenen spielen kann. Setzen Sie sich mit Ihrem Kind in einen Raum und sprechen während des Spiels mit ihm, ohne direkt daran teilzunehmen. Versuchen Sie dies erst einmal nur für einige Minuten. Sagen Sie nach und nach weniger und versuchen Sie, die Zeitspanne schrittweise zu verlängern.

Suchen Sie ein interessantes Buch oder Fotoalbum heraus und ermutigen Sie ihr Kind, sich dieses alleine anzugucken. Bleiben Sie aber in seiner Nähe.

Soziale Regeln erlernen

Kinder brachen Zeit um zu lernen, welches Verhalten in welchen sozialen Situationen angemessen ist.

Vermeiden Sie, wenn möglich, Situationen, die ihr Kind überfordern. Es gibt keinen Grund, sich und das Kind unnötig in stressige Situationen zu bringen. Sie müssen Ihr Kind nicht in ein teures Restaurant mitnehmen, der Besuch eines Pizza-Imbisses wäre vielleicht entspannter. Wenn Sie das Gefühl haben, dass Ihr Kind gelernt hat, sich angemessen zu verhalten, können Sie es noch einmal versuchen.

Es gibt auch Situationen, die sich nicht vermeiden lassen, wie Krankenhausaufenthalte oder der Kauf von Schuhen. Wenn eine dieser Situationen ansteht, versuchen Sie es mit folgenden Vorschlägen:

- ✭ Sprechen Sie mit ihrem Kind im Vorfeld die Situation durch, binden Sie es in Ihre Pläne mit ein und geben Sie ihm etwas, worauf es sich konzentrieren kann. Wenn Sie im Supermarkt einkaufen, reden Sie mit dem Kind darüber, was Sie kaufen wollen, welche Farbe es hat, seine Größe und Eigenschaften und was Sie damit tun werden. Die Leute um Sie herum werden das vielleicht etwas befremdlich finden, aber das ist immer noch besser, als ein hysterisches Kind beruhigen zu müssen.
- ✭ Geben Sie ihrem Kind in einer Situation, die es mit hoher Wahrscheinlichkeit überfordert, eine Beschäftigung. Wenn das Kind sich in bestimmten Läden immer auffällig verhält, können Sie ihm gleich beim Betreten

ein besonders attraktives Spielzeug in die Hand geben. Das könnte für eine gewisse Zeit für Ablenkung sorgen.
- ✯ Geben Sie ihrem Kind beim Einkaufen seine eigene Einkaufsliste mit Bildern oder Etiketten, so dass es selber ein paar Dinge besorgen kann.
- ✯ Wenn Sie verreisen wollen oder ihr Kind ins Krankenhaus muss, sollten Sie es auf die neue Situation so gut wie möglich vorbereiten, indem Sie ihm erzählen, was auf es zukommt und mit ihm entsprechende Bücher, Bilder oder Fotos anschauen.
- ✯ Wenn es in bestimmten Situationen immer wieder Schwierigkeiten gibt, sollten Sie erst einmal versuchen, diese zuhause mit ihrem Kind durchzuspielen. Nach und nach können Sie auch andere Personen einbinden und die Situation im Haus eines Freundes ausprobieren, bevor Sie sich mit dem Kind in den ‚Ernstfall' begeben. Wenn ihr Kind beispielsweise beim Essen in einer fremden Umgebung extrem unruhig und zappelig ist, weil es die Umgebung zu interessant oder beunruhigend findet, sind Besuche von Geburtstagsfeiern oder Restaurants sehr schwierig. Beginnen Sie damit, zuhause bei den Mahlzeiten streng darauf zu achten, dass ihr Kind stillsitzt. Dies sollten Sie auch durchsetzen, wenn Freunde des Kindes anwesend sind. Wenn Sie mit ihrem Kind Freunde besuchen, sollten Sie dieses Verhalten ebenfalls einfordern, so dass Sie sich, wenn sich das Verhalten beim Kind gefestigt hat, an größere Zusammenkünfte heranwagen können – Geburtstage, Teetrinken im Spielkreis oder essen gehen im Restaurant. Steigern Sie die Zeitspanne, die Sie am Tisch verbringen.
- ✯ Sie können versuchen, sich eine Social Story auszudenken, um ein gewisses Verhalten zu verändern (Gray & Leigh White, 2002). Social Stories sind einfache, illustrierte Erzählungen, die Situationen aus der Perspektive eines Kindes erzählen und ihm verschiedene Möglichkeiten aufzeigen, wie es sich in der Situation verhalten kann. Die Geschichten können personalisiert werden, indem man den Namen des betreffenden Kindes einsetzt und die Situationen und Illustrationen anpasst. Die Geschichte sollte den Kontext der Situation beinhalten, das richtige und das falsche Verhalten deutlich aufzeigen und einen positiven Abschluss finden. Ein Beispiel für eine Social Story ist:

Christophers Geschichte

Wir küssen Menschen um ihnen zu zeigen, dass wir sie lieb haben.
Christopher küsst seine Mama, seinen Papa, Nick und Billy.
Christopher kann auch andere Menschen aus seiner Familie küssen.
Christopher kann seine Kuschel-Ente küssen, weil sie weich und flauschig ist und er sie lieb hat.
Papier, Stifte und andere Dinge in der Schule küssen wir nicht.
Ich werde versuchen, Papier und andere Dinge nicht zu küssen. Ich bin ein lieber Junge.

Sie können Social Stories verwenden, um viele unterschiedliche Probleme zu behandeln; zum Beispiel auf die Toilette gehen, mit Dingen um sich werfen oder wie man sich im Auto verhält. Sie können Ihrem Kind diese Geschichten in verschiedenen Situationen vorlesen, damit es lernt, wie es sich in bestimmten Situationen verhalten soll. Social Stories, die eine große Auswahl an verschiedenen Problematiken und Situationen für sehr junge Kinder beschreiben, sind in „My Social Story Book" zu finden. Social Stories können sehr erfolgreich sein.

Kinder lernen durch regelmäßige Wiederholung einer bestimmten Situation und der dabei gemachten Erfahrungen, was sie tun dürfen und was nicht. Letztendlich sollten Sie konsequent bei Ihren Verhaltenstrainings-Techniken bleiben, um das gewünschte Verhalten zu verstärken. S. Kap. 9, S. 191ff.

Mein Sohn ist damals, als er erstmals eine Brille tragen sollte, beim Optiker regelmäßig ausgerastet – er wollte alle Brillen aufsetzen, hat die Kontaktlinsen-Lösungen aus den Regalen geholt, wollte mit der Kasse spielen und so weiter, und das, obwohl es eine schöne Spielecke für Kinder gab. Nachdem wir sechs Monate regelmäßig zum Optiker mussten (mein Sohn zerbrach ständig seine Brillen) hat er gelernt, sich besser zu benehmen und geht nun schnurstracks in die Spielecke.

Parallele Entwicklung

Geschlechtsspezifische Aspekte

Zwängen Sie ihr Kind nicht in eine Geschlechterrolle. Geben Sie ihm die Möglichkeit, mit allen Spielzeugen zu spielen und alle Aktivitäten zu ausprobieren, unabhängig von seinem Geschlecht. Ermutigen Sie ihren Sohn, mit Puppen zu spielen und zu kochen, und geben Sie ihrer Tochter auch Gelegenheit, mit Zügen und Spielzeugautos zu spielen.

Soziales Spielen erlernen

Beginnen Sie erst dann mit dem sozialen Spiel, wenn Sie sicher sind, dass sich die Grundlagen des Blickkontaktes, Abwechselns und Zusammenarbeitens verfestigt haben.

Paralleles Spielen (neben einem anderen Kind spielen)
Kinder spielen anfangs lieber mit Erwachsenen, weil deren Verhalten vorhersehbarer und kontrollierbarer ist als das von anderen Kindern ist. Deshalb ist der erste Schritt, ihr Kind zum Spielen neben anderen Kindern zu motivieren, es zum Spielen neben Ihnen anzuregen. Imitieren Sie, was Ihr Kind tut: Wenn es krabbelt, krabbeln Sie mit, wenn es einen Turm aus Bausteinen baut, tun Sie dies auch.

Respektieren Sie den persönlichen Raum ihres Kindes. Die Größe des persönlichen Raumes ist kulturell verankert, und einige Kinder mit Entwicklungsstörungen, zum Beispiel Autisten, brauchen mehr Raum als andere.

Geben Sie Ihrem Kind Gelegenheit, an einer Singstunde im Spielkreis oder in der Mutter-Kind-Gruppe teilzunehmen – dabei kann es neben anderen Kindern spielen, ohne dass dies bedrohlich wäre.

Gehen Sie mit Ihrem Kind auf einen Spielplatz und ermutigen es, auf der Rutsche, den Schaukeln und dem Klettergerüst zu spielen. Dort entstehen ständig gute Gelegenheiten, neben anderen Kindern zu spielen.

Animieren Sie Ihr Kind, konstruktive Spiele zu spielen, an denen es Spaß hat, wie bauen mit Duplo-Steinen, Malen, Zeichnen, und mit Sand oder Wasser spielen, während neben ihm ein anderes Kind das Gleiche tut. Auch wenn man vielleicht das Gegenteil erwarten würde, können Kinder unter Anleitung besser miteinander spielen als wenn sie sich sozusagen frei bewegen können. Wenn ihr Kind etwa gleichaltrige Geschwister hat, sind diese fast immer die ersten Spielgefährten, da das Kind mit Ihnen vertraut ist und es ständig Gelegenheiten gibt, gemeinsam zu spielen. Alternativ können Sie ein Kind, das das Ihre gut kennt, zu sich nach Hause oder auf den Spielplatz zum Spielen einladen.

Am Spielen beteiligen (mit anderen Kindern spielen)
Wenn Ihr Kind zufrieden neben einem anderen Kind spielen kann, ergibt sich ein Zusammenspiel meist von allein. Probieren Sie einfache Spiele wie *Kuckuck* oder Abwechselspiele wie Murmeln in die Murmelbahn legen, Autos eine Rutsche herunterfahren lassen aus.

Es ist auch sinnvoll, ein Spiel auszuprobieren, bei dem ineinandergreifende Handlungen vorkommen. Ein Kind kann einen Teil von etwas aufbauen und das andere vollendet es dann. Beispielsweise kann ein Kind ein Objekt in einen Behälter legen, während das andere einen Schalter umlegt, damit es wieder herausfällt.

Wenn ihr behindertes Kind mit anderen Kindern zusammen ist, sollten Sie darauf achten, wie es von den anderen behandelt wird. Kinder mit offensichtlichen Behinderungen werden oft von anderen Kindern bemuttert, oder in schlimmeren Fällen auch schikaniert und geärgert.

Es ist die Aufgabe der Eltern oder Betreuer, das Verhalten der Kinder untereinander zu steuern und immer wieder deutlich zu machen, dass Kinder mit besonderen Bedürfnissen mit Verständnis, aber vor allem mit Respekt behandelt werden sollen. Haben Sie keine Scheu, andere auf Fehlverhalten in dieser Hinsicht hinzuweisen – möglicherweise sind sie sich dessen gar nicht bewusst.

8 Emotionale Entwicklung

Die Theorie

Was bedeutet ‚emotionale Entwicklung'?

Emotionale Entwicklung in den ersten Lebensjahren bedeutet in erster Linie, dass das Kind ein Bewusstsein für sich selbst erlangt. Es lernt, dass es ein eigenständiges Individuum ist, einen Körper und einen Namen hat und dass es sein Umfeld und die Menschen um sich herum beeinflussen kann. Seine Persönlichkeit und die frühkindliche Erziehung bilden die Grundlage dafür, wie es sich selbst wahrnimmt, prägen sein Selbstbewusstsein, seine Selbstsicherheit und sein Verhalten. Später wird es erkennen, dass es in manchen Situationen ganz anders empfindet als andere Menschen, und es wird lernen, damit umzugehen.

Zeitliche Entwicklung

Das neugeborene Kind

Neugeborene suchen Kontakt und Trost bei anderen Menschen. Anfangs können sie nur schreien, um zu zeigen, dass sie Aufmerksamkeit und Nähe wollen. Allerdings lernen sie schnell, zu lächeln und Laute von sich zu geben. Außerdem lernen sie, dass dieses Verhalten sehr viel effektiver ist, um die Aufmerksamkeit und Gesellschaft der Erwachsenen zu erhalten (Holmes, 1993).

Liebe

Alle Kinder brauchen Liebe und Sicherheit. Sie brauchen Eltern, die auf sie eingehen. Kinder müssen in einem sicheren und liebevollen Umfeld aufwachsen, damit sie den Mut aufbringen können, Risiken einzugehen, Fehler zu machen und aus diesen zu lernen.

Kinder, die sich nicht geborgen fühlen, verhalten sich häufig zurückgezogen oder ängstlich. Unter Umständen reagieren sie auch aggressiv und verhalten sich auffällig, um Aufmerksamkeit zu bekommen. Diese Kinder brauchen mehr Zuneigung und sollten nach Möglichkeit bei gutem Benehmen mit Aufmerksamkeit belohnt werden, und nicht nur bei unerwünschtem Verhalten (s. Kap. 9, S. 191ff.). Kinder brauchen ausreichend Stimulation und dann auch wieder Pausen, um sich damit auseinanderzusetzen und zu reagieren – vermeiden Sie Über-Stimulation.

Sie sollten Ihr Kind auf keinen Fall übermäßig behüten oder mit Liebe schier ersticken. Geben Sie Ihrem Kind den nötigen Freiraum, den es braucht, um Unabhängigkeit von der Familie zu lernen.

Auf Körperkontakt reagieren

Nachdem Kinder das Lächeln gelernt haben, beginnen sie auch, an stärkerem, aktiverem Körperkontakt, wie Kuscheln, Kitzeln und vorsichtigem Toben, Spaß zu haben. Sie äußern ihre Freude durch Lächeln, Laute und später durch Kichern und Lachen.

Körperliche Selbstwahrnehmung

Der Säugling hat zunächst noch keine wirkliche Vorstellung von sich selbst als körperliches und eigenständiges Wesen. Er betrachtet sich eher als Verlängerung des Körpers seiner Mutter. Er lernt Schritt für Schritt, dass er einen eigenen Körper hat, und wo dieser beginnt und endet.

Kinder entdecken, was sie mit ihren Händen tun können, indem sie sie vor ihrem Gesicht hin und her bewegen, mit ihren Fingern spielen und erkennen, dass sie ihre Bewegungen kontrollieren können. Sie strecken ihre Füße in alle Richtungen und erforschen sie, indem sie sie in den Mund nehmen. Wenn Kinder sich körperlich weiterentwickeln, aufsetzen, krabbeln und laufen lernen, lernen sie auch mehr über sich und ihren Körper.

Dieses Ausprobieren hilft Kindern, ihren Körper kennenzulernen und zu begreifen, wie sie ihn kontrollieren können. Es ist die Grundlage der emotionalen Entwicklung, da Kinder erst ein Verständnis für ihren Körper entwickeln müssen, bevor sie ihren Geist und ihre Gefühle begreifen können.

SelbstKonzept

Kindern wird bewusst, dass sie ein Individuum mit einer eigenständigen Psyche sind. Sie spielen ‚Kuckuck' und begreifen, dass Dinge und Menschen nicht aufhören zu existieren, nur weil sie aus dem Blickfeld verschwinden. Sie fangen an, ihren Namen zu erkennen und auf ihn zu reagieren.

Fremdeln

Kinder mögen von Anfang an die Gesellschaft von Erwachsenen, aber sie sind nicht besonders auf ihre Mutter oder andere enge Bezugspersonen fixiert. Sie können von einem Erwachsenen zum nächsten weitergereicht werden und anschließend vollkommen zufrieden mit sich allein spielen. Sobald sich die Kinder ihrer Umwelt bewusster werden, werden sie auch ängstlicher und klammern sich an ihre Mutter, wenn diese weggehen will.

Wenn Kinder allmählich ein stärkeres Selbstbewusstsein entwickeln und sich geborgen fühlen, können sie das Allein-Sein auch wieder besser aushalten.

Teilen

Sobald das Kind begreift, wer es ist, entwickelt es auch ein Konzept von Eigentum. Es kann vorübergehend sehr besitzergreifend hinsichtlich seines Spielzeugs oder auch seiner Eltern werden. Es dauert einige Zeit, bis das Kind die Fähigkeit entwickelt, mit anderen Kindern zu teilen und sich beim Spielen abzuwechseln.

Sich selbst erkennen

Wenn Kinder sich selbst im Spiegel sehen, glauben sie zuerst, eine andere Person zu sehen und versuchen, diese zu berühren und mit ihr in Kontakt zu treten. Früher oder später aber erkennen sie sich selbst im Spiegel oder auf Fotos.

Danach entwickeln sie auch bald ein bestimmtes Bild von ihrem Körper – ob sie ein Junge oder ein Mädchen sind, ob sie klein oder groß sind, und so weiter.

Sie erkennen die Unterschiede zwischen sich selbst und anderen Menschen sehr früh, weshalb es enorm wichtig ist, ihnen schon in jungen Jahren ein funktionierendes Selbstwertgefühl zu vermitteln.

Selbstwertgefühl

Ein gut ausgebildetes Selbstwertgefühl ist wichtig, damit ein Kind irgendwann die Selbstsicherheit gewinnt, das sichere Umfeld ihrer Familie verlassen und Risiken im sozialen, didaktischen und beruflichen Leben eingehen zu können. Selbstsichere Kinder werden auch in ihrem Erwachsenenleben erfüllter und fröhlicher sein als jene mit einem geringen Selbstwertgefühl.

Eltern sind die ersten und wichtigsten Personen, die zur Entwicklung des Selbstbewusstseins beitragen können. Sie fördern das Vertrauen des Kindes in seine Fähigkeiten und seinen Wert, indem Sie es loben für das, was ihm gelungen ist, statt es für das zu schelten, was es nicht erreicht hat. Sie äußern ihre Wertschätzung für die Erfolge ihres Kindes, ob es nun die ersten Sprechversuche sind oder selbstgemalte Bilder am Kühlschrank ausgestellt werden, und schenken ihm Vertrauen, Freiheit, sowie ausreichend Gelegenheiten für Aktivitäten und neue Erfahrungen.

Entscheidungen zu treffen ist ebenfalls wichtig im Leben eines Kindes. Ein Kind, das nie die Chance hatte, selbst zu entscheiden, was es tun will, kann passiv werden oder herausforderndes Verhalten an den Tag legen. Die Fähigkeit, eigene Entscheidungen zu treffen, ist nicht nur aus diesem Grund wichtig – sie ist aber auch eines der Dinge, die das Leben lebenswert machen. Sie vermittelt uns ein Gefühl von Kontrolle, Unabhängigkeit und Selbstständigkeit.

Deshalb müssen Kinder eigene Entscheidungen treffen dürfen. Anfangs reichen schon einfache Entscheidungen wie die Wahl zwischen Apfel und Banane im Müsli, oder mit welchem Buch oder Spielzeug sich das Kind beschäftigen will. Später, wenn das Kind das Prinzip des Sich-Entscheidens verstanden hat, kann es komplexere Entscheidungen treffen, wie beispielsweise, ob es lieber schwimmen gehen oder einen Spaziergang machen will.

Kinder müssen außerdem lernen, mit Misserfolgen umzugehen. Sie müssen lernen, ihre Fehler im Gesamtzusammenhang zu sehen, aus ihnen zu lernen und sich zuzutrauen, einen neuen Versuch zu wagen. Kinder übernehmen die Einstellung der Eltern zu Fehlern und lernen diese aus deren Reaktionen bei Misserfolgen. Wenn ein Kind Schwierigkeiten beim Anziehen hat, kann es entweder frustriert die Kleidung auf den Boden werfen oder es noch einmal versuchen, vielleicht mit etwas Hilfe seiner Eltern. Seine Entscheidung wird in hohem Maße davon beeinflusst, wie sich seine Eltern in einer entsprechenden Situation verhalten.

Sicherheitsgefühl

Eltern geben die Grenzen für angemessenes Verhalten ihres Kindes vor. Kinder testen diese Grenzen aus und erkennen im Idealfall, dass diese unerschütterlich und unverrückbar sind. So lernen sie, was von ihnen erwartet wird. Sie machen außerdem die Erfahrung, dass ihre Eltern nicht nur die Kontrolle über die Familie haben, sondern auch über das erweiterte Umfeld. Dies vermittelt dem Kind ein Gefühl von Sicherheit und Geborgenheit und unterstützt die emotionale Entwicklung. Es bedeutet aber nicht, dass das Kind innerhalb dieser Grenzen keine eigenen Entscheidungen treffen darf.

Wenn sich die Grenzen häufig verschieben, werden Kinder unsicher und können nicht sicher erkennen, was von ihnen erwartet wird.

Zudem machen sie dabei die Erfahrung, dass sie ihre Eltern beeinflussen und kontrollieren können und diese demzufolge selbst nicht genug Kontrolle mehr über Familie und Umgebung haben.

Ängste

Die meisten Kinder haben hin und wieder Angst. Angst vor Fremden oder Angst, Hinzufallen. Später können sie auch andere Ängste entwickeln. Einige sind rational, wie die Angst vor Hunden, wenn sie schon einmal gebissen wurden; einige sind von anderen Menschen übernommen, wie die Angst vor Spinnen von einem Elternteil; und einige sind irrational, wie die Angst vor Monstern oder die Befürchtung, in die Toilette zu fallen. Letztere entstehen, wenn das Kind beginnt, seine Vorstellungskraft zu entwickeln, bevor es Sprache und Umwelt versteht, oder aus einfachen Missverständnissen. Wenn zum Beispiel ein kleines Kind Angst davor hat, abends ins Bett zu gehen, weil es sich vor ‚Zugluft' fürchtet, versteht es das Wort gar nicht. Seine Mutter sagt aber jeden Abend: ‚Kuschel dich schön fest in deine Decke ein, damit du vor Zugluft sicher bist', und deshalb fürchtet es sich vor dieser unheimlichen Bedrohung.

Gefühle verstehen und ausdrücken

Kinder lernen beim Heranwachsen, die Gefühle anderer, wie Wut, Freude, Schmerz und Überraschung, zu erkennen. Sie lernen, auf diese Gefühle angemessen zu reagieren, indem sie Trost spenden, wenn sich jemand verletzt hat, oder sich mit einem Geburtstagskind freuen.

Kinder lernen, Gefühle wie beispielsweise Zuneigung ihren Geschwistern gegenüber, zu äußern. Und sie lernen, welche Gefühle sie besser nicht zeigen:

dass es zum Beispiel in unserer Kultur unüblich ist, dass Jungs weinen oder Mädchen öffentlich aggressiv werden. Ob das wirklich sinnvoll und hilfreich ist, steht auf einem anderen Blatt.

Ob ein Kind sich zu einer durchsetzungsfähigen, selbstbestimmten Persönlichkeit entwickelt, ob es passiv und leicht beeinflussbar ist oder aggressiv und einschüchternd, hängt sehr von den Eltern und deren Persönlichkeit ab.

Wachsende Unabhängigkeit

Kinder erlangen Schritt für Schritt Unabhängigkeit von ihren Eltern. Sie erreichen einen Punkt, an dem sie alles allein schaffen wollen aber dies nicht dürfen, da es zu gefährlich ist, oder sie körperlich noch nicht dazu in der Lage sind. Das führt häufig zu Wutausbrüchen, weil sie nicht verstehen, warum ihr sie in ihrem Unternehmungsgeist gebremst werden. Sobald sich ihre Fähigkeiten und ihr Verständnis weiterentwickeln, wachsen auch ihre Chancen auf eigenständiges Handeln.

Spiele und Aktivitäten

Chronologische Entwicklung

Reaktionen herausfordern

Einige Kinder mit Behinderung sind teilnahmslos und desinteressiert gegenüber anderen Menschen und ihrer Umwelt. Es kann für Eltern enorm problematisch sein, damit zurechtzukommen. Eltern versuchen immer, bewusst oder unbewusst, eine Reaktion bei ihrem Kind hervorzurufen. Es ist ausgesprochen wichtig, dass sie sich von teilnahmslosen und passiven Kindern nicht abwenden, sondern kontinuierlich durch Lächeln, Reden und Kuscheln ihre Zuneigung zeigen und unermüdlich nach Aktivitäten suchen, an denen das Kind Spaß haben könnte.

> *Schon bevor uns bewusst war, dass unser Sohn Schwierigkeiten hatte, haben wir instinktiv erkannt, dass wir ihm durch Kitzelspiele immer eine Reaktion entlocken konnten. Demzufolge haben wir das natürlich häufig gespielt. Mit 18 Monaten wollte er zum ersten Mal aus eigenem Antrieb ein Spiel wiederholen. Er streckte die Hand aus, damit wir noch einmal mit ihm ‚Ringel-Rangel-Rose' spielen sollten. Es war ein wunderschöner Moment.*

Sie werden sich fragen, ob die Dinge, die ihrem Kind Freude bereiten, auch sinnvoll für seine Entwicklung sind – ob es sich nun um Kitzeln, Seifenblasen-Machen oder Toben handelt. Glauben Sie mir: Es ist sinnvoll. Die Freude ihres Kindes zu sehen ist nicht nur für sie wunderschön, sondern sie bedeutet auch Hoffnung und Motivation für weitere aktive Reaktionen ihres Kindes. Ein Kind, das Seifenblasen mag, lernt vielleicht auf sie zu zeigen und das Wort ‚Seifenblasen' zu sagen, auf sie zuzukrabbeln oder mit anderen Kindern selber Seifenblasen zu machen.

Sie werden erkennen, wenn Ihr Kind auf das Vorgehen in seinem Umfeld reagiert, auch wenn es nur in einem kleinen Maße ist. Bauen Sie darauf auf.

Achten Sie auf alle Reaktionen ihres Kindes auf Dinge in seiner Umgebung, auch wenn sie nur schwach sind, und bauen Sie darauf auf.

Unten finden Sie einige Vorschläge für Aktivitäten, die Ihrem Kind gefallen könnten. Denken Sie daran, dass Kinder mit Behinderungen häufig etwas länger brauchen, um eine Rückmeldung zu geben. Lassen Sie ihrem Kind also viel Zeit.

Die Aufmerksamkeit ihres Kindes wecken

Wecken Sie die Aufmerksamkeit ihres Kindes, indem Sie etwas Ungewöhnliches tun. Sie können beispielsweise einen großen, auffälligen Hut aufsetzen, um ihm zu signalisieren: ‚Guck, etwas ist anders'. Sie können auch die Vorschläge zum Aufbau von Blickkontakt aus Kap. 4, S. 89ff. nutzen.

Visuell anregendes Spielzeug
Es gibt viele Dinge, die ihr Kind interessieren könnten, wie zum Beispiel sehr bunte Spielzeuge, und ganz besonders solche mit blinkenden Lichtern, wie Taschenlampen, Leuchtstäbe und Glasfaser-Lämpchen. Kinder sind oft auch ganz fasziniert von Aufziehspielzeugen, Spielzeugautos und Seifenblasen.

Körperliches Spielen
* Spielen Sie Spiele, die mit körperlichen Berührungen verbunden sind, wie ‚Ringel-Rangel-Rose' und ‚Das ist der Daumen'. Den Text finden Sie in Kap. 8, S. 185f. Nehmen Sie Ihr Kind auf den Schoß und singen Sie ‚Hoppe-Hoppe-Reiter' oder ähnliches. Passende Spiele und Reime finden Sie in der Literaturliste in Kapitel 11.
* Kuscheln Sie mit Ihrem Kind.
* Toben Sie. Sie können Ihr Kind im Bett umherrollen, es hochwerfen und

auffangen, in Ihren Armen herumwirbeln oder mit ihm auf dem Arm auf und ab hopsen.

Klänge
Geben Sie Ihrem Kind Gelegenheit zu musikalischen Aktivitäten:
- Spielen Sie ein Instrument, seien es nun Gitarre, Blockflöte, Tröte oder Trommeln.
- Singen Sie Kinderlieder oder auch Ihr Lieblingslied für Ihr Kind.
- Spielen Sie mit musikalischem Spielzeug wie einem Kinder-Keyboard oder einem musikalischen Kreisel.
- Nehmen Sie ihr Kind zu Live-Musik mit, zum Beispiel zu Straßenmusikern.

Wir waren eines Tages in der Nähe der Winchester Kathedrale unterwegs und hörten zufällig das Bournemouth Sinfonieorchester proben. Unser Sohn war überwältigt von dem Klang des großen Orchesters und den wunderschönen Melodien und wollte gar nicht mehr weitergehen.

Gerüche
- Basteln Sie ‚Riech-Kisten'. Legen Sie aromatische Materialien in kleine Dosen oder Schachteln (vielleicht haben Sie noch alte Filmdöschen), zum Beispiel Kräuter, Kaffeepulver, Tee oder Orangenschale, und lassen Sie ihr Kind daran schnuppern.
- Tröpfeln Sie etwas Parfüm, Aftershave, Mundwasser oder ähnliches auf einen Watteball und lassen Sie ihr Kind daran riechen.
- Benutzen Sie Duftöle.

Berührung
- Lassen Sie Ihr Kind mit Haushaltsgegenständen mit unterschiedlicher Oberflächenstruktur hantieren: weich und geschmeidig (Seide und Samt), rau, stachelig (Bürste), knubbelig, kalt, warm, hart (Stein), weich (Fell) und so weiter.

Körperliche Selbstwahrnehmung

- Streicheln, berühren und massieren Sie Ihr Kind.
- Spielen Sie mit seinen Händen und Füßen, indem Sie sie festhalten oder leicht schütteln.

Spiele und Aktivitäten 185

- ✯ Kitzeln Sie ihr Kind vorsichtig, indem Sie zum Beispiel mit Ihren Fingern über die ganze Länge seines Körpers streichen.
- ✯ Setzen Sie das Kind in enge Räume (einen großen Karton) oder nah an eine Wand, so dass es, wenn es sich bewegt, den Kontakt zu einer Oberfläche spürt.
- ✯ Geben Sie dem Kind Rasseln in die Hände. Wenn es die Hand bewegt, wird diese Bewegung durch das Geräusch betont. Sie können Rasseln benutzen, die in der Hand gehalten werden müssen, oder auch welche, die sich am Handgelenk befestigen lassen, oder einfach Handschuhe mit angenähten Glöckchen. Auch wenn ihr Kind noch keine Gegenstände festhalten kann, kann es über seinen Körper lernen. Sie können auch Glöckchen an den Socken befestigen, um es zum Treten und Strampeln zu ermutigen.

Konzept des Selbst

Die ersten Körperteile, die das Kind erkennt, sind in der Regel Augen, Nase und Mund, dann Haare, Bauch und Hände.
- ✯ Nutzen Sie alltägliche Aktivitäten, um Körperteile beim Namen zu nennen. Baden bietet sich dabei an, weil Sie jeden Körperteil waschen, aber auch beim Windeln wechseln und beim Anziehen können Sie Bauch, Po, Beine, Arme, Hände und Füße benennen.
- ✯ Singen Sie Lieder wie ‚Backe, Backe Kuchen' oder:

Köpfe, Schultern, Knie und Zehen, Knie und Zehen
Köpfe, Schultern, Knie und Zehen, Knie und Zehen
und Augen und Ohren und ein Mund und eine Nase
Köpfe, Schultern, Knie und Zehen, Knie und Zehen.

Das ist der Daumen,
der schüttelt die Pflaumen,
der liest sie auf,
der trägt sie heim,
und der kleine isst sie ganz allein.
Daumen bück dich,
Zeiger streck dich,
Goldner lupf dich,
Kleiner duck dich.

- ✴ Zeichnen Sie Gesichter oder nehmen Sie große, klar erkennbare Fotos von Gesichtern und benennen Sie die einzelnen Körperteile.
- ✴ Nehmen Sie das Kind auf den Schoß und berühren Sie nacheinander Ihre und seine Körperteile und benennen diese, zum Beispiel: „Dein Knie, mein Knie".
- ✴ Verwenden Sie Puppen, um Körperteile zu benennen.
- ✴ Benutzen Sie Spiegel, in denen Ihr Kind sich selber anschauen kann, während Sie folgende Spiele ausprobieren:
  – Lassen Sie ihr Kind verschiedene Teile seines Gesichtes berühren
  – Wiederholen Sie seinen Namen, während Sie auf sein Spiegelbild deuten.
  – Tupfen Sie ein wenig Lippenstift oder Rasierschaum auf Nase oder Wange ihres Kindes. Wischen Sie dies nun ab oder bringen Sie ihr Kind dazu, es selber zu tun. So erkennt es, dass es sich selbst im Spiegel betrachtet.
  – Stellen Sie sich vor einen großen Spiegel und ziehen Sie Grimassen und machen lustige Geräusche. Versuchen Sie, Ihr Kind dazu zu bringen, Sie nachzumachen.
  – Spielen Sie ‚Kuckuck' mit dem Spiegel. Verstecken Sie ihn und halten ihn dann Ihrem Kind vor, damit es sein Spiegelbild betrachten kann.

Den eigenen Namen kennen

Das benötigt viel Wiederholung und Beharrlichkeit. Nenne Sie das Kindes bei jeder Gelegenheit bei seinem Namen. Fragen Sie: ‚Wo ist Sophie? Da ist Sophie!', während Sie sie auf die Brust tippen und lächeln. Stellen Sie Fragen wie: ‚Wer hat den Ball? Jonas hat den Ball!'

Viele Eltern sprechen automatisch in der dritten Person mit ihrem Kind: ‚Das ist Janas Becher' anstatt ‚Das ist dein Becher'. Das ist sinnvoll, da es das Identitätsverständnis unterstützt.

Teilen

- ✴ Spielen Sie Spiele, bei denen das Kind Dinge aufteilen muss, zum Beispiel ein Kaffeekränzchen für Puppen und Kuscheltiere, bei dem das Essen gerecht an alle verteilt werden muss.
- ✴ Fordern Sie das Kind auf, den anderen auch zu Essen zu geben, anstatt nur für sich selbst etwas zu nehmen: Erst einen Keks für Sie und dann einen Keks für das Kind.

✳ Bringen Sie das Kind dazu, ein Spielzeug mit Ihnen oder einer anderen bekannten Person zu teilen und sorgen Sie dafür, dass andere dies auch für Ihr Kind tun.

Sich im Spiegel und auf Fotos erkennen

Nutzen Sie die oben beschriebenen Spiegel-Spiele, um mit dem Kind zu üben, sein Spiegelbild zu erkennen. Unterstützen Sie die Übung, indem Sie abwechselnd auf Kind und Spiegelbild zeigen.

Basteln Sie ein Fotoalbum mit Bildern ihrer Familie, und schauen Sie es mit dem Kind gemeinsam an. Zur Not reicht auch eine Schachtel mit Fotos. Nehmen Sie nicht die schönsten Bilder, sondern solche, die nicht so gut gelungen sind und die auch kaputt gehen dürfen. Gucken Sie sich mit ihrem Kind die Bilder an und nennen Sie alle abgebildeten Personen mit Namen. Bitten Sie ihr Kind, einzelne Bilder mit bestimmten Personen herauszusuchen.

Selbstwertgefühl aufbauen

Wenn das Kind eine Behinderung hat und sich des Unterschieds zwischen sich selbst und den anderen Kindern bewusst ist, besonders wenn es sich um eine körperliche oder Sinnesbehinderung handelt, braucht es besonders viel Unterstützung und Ermutigung, um Selbstwertgefühl und Selbstvertrauen zu entwickeln.

Loben Sie ihr Kind für seine Leistungen. Kinder brauchen viel Lob für die Dinge, die sie tun und Dinge, die sie ausprobieren. Auch wenn nicht alles gleich gelingt, sollten Eltern immer Anerkennung für die Bemühung zeigen. Kinder blühen bei Lob auf. Sie lieben die Aufmerksamkeit und werden versuchen, sie sich wieder und wieder zu verdienen. Aufmerksamkeit ist eine mächtige Antriebskraft.

Erkennen Sie jede Leistung Ihres Kindes an und zeigen das auch. Heften Sie seine Zeichnungen für jedermann sichtbar an den Kühlschrank, eine Pinnwand, an der man auch kleine Basteleien befestigen kann, ist ebenfalls eine gute Möglichkeit, die Werke ihres Kindes zu auszustellen. Fragen Sie ihr Kind: ‚Wer hat das gemalt? Ja, Jasmin hat das gemalt. Es ist wunderschön!' Zeigen Sie die Werke ihren Freunden und Familienmitgliedern und ermuntern sie, das Kind ebenfalls überschwänglich zu loben.

Singen Sie Lieder mit Ihrem Kind, um sein Selbstwertgefühl und Selbstvertrauen zu wecken. Die meisten Kinder singen gern. Sie haben Spaß daran und keine Angst, zu versagen, weil man beim gemeinsamen Singen nicht viel falsch machen kann. Sehr gut sind Lieder, die mit Aktivitäten verbunden sind. Das Kind soviel oder so wenig mitmachen, wie es ihm halt möglich ist und es ist auch nicht schlimm, wenn es gar nicht mitmachen kann. Viele Beispiele sind in Kap. 3, S. 70ff. und Kap. 4, S. 88 aufgeführt. Wenn Sie zum Beispiel ‚Backe, backe Kuchen' singen und Ihr Kind mitklatscht, können Sie dies loben. Ihr Kind hat das Gefühl, etwas geschafft zu haben, und alle haben Spaß an dem Lied. Wenn Selbstvertrauen und Fähigkeiten gewachsen sind, kann sich das Kind mehr am Spiel beteiligen.

Singen Sie Kinderlieder und bauen den Namen ihres Kindes ein. Singen Sie zum Beispiel in 'Schlaf Kindlein, schlaf' statt 'Kindlein' einfach den Namen ihres Kindes.

Ermutigen Sie ihr Kind dazu, mit Wasser und Sand zu spielen, denn dabei gibt es keinen Richtig oder Falsch – es geht ums entdecken und ausprobieren.

Seien Sie ihrem Kind beim Umgang mit Niederlagen durch Ihr Verhalten in den betreffenden Situationen ein Beispiel, ob es nun eine von Ihnen oder von ihrem Kind erlebte Niederlage ist. Zeigen Sie ihm, dass es okay ist, auch mal Niederlagen zu erleben oder etwas nicht so gut zu können, und dass die Bemühung und das Bedürfnis, es noch einmal zu versuchen, am wichtigsten sind.

Seien Sie in Umgang mit Niederlagen positiv, wie es in Kap. 2, S. 39f. beschrieben wird.

Achten Sie darauf, dass Sie Lob nicht entwerten, indem Sie es zu oft und wahllos äußern. Wenn eine Fähigkeit bereits ganz mühelos und selbstverständlich von ihrem Kind ausgeführt wird, müssen Sie es nicht übertreiben. Wenn das Kind sich also nicht besonders bemühen musste, sollten Sie es nicht verwirren, indem Sie sein Verhalten zu sehr loben. Seien Sie einfühlsam. Wenn es eine große Überwindung für Ihr Kind bedeutet, sich ruhig hinzusetzen und überhaupt etwas zu malen, sollten Sie dies natürlich loben. Wenn aber ihr Kind keine Schwierigkeiten hat, mit seinen Malsachen still zu sitzen, sollten Sie ein paar Kleckse auf dem Papier nicht unverhältnismäßig lobpreisen.

Entscheidungen treffen

Es ist sehr wichtig, einem Kind mit Behinderung die Möglichkeit zu geben, Entscheidungen zu treffen und diese Entscheidungen auch zu mitzuteilen.

Wenn Sie Ihr Kind vor eine Wahl stellen, müssen Sie sichergehen, dass es auch versteht, was Sie ihm anbieten, und durch Blicke, Deuten, Gebärden oder Sprache deutlich machen kann, wofür es sich entschieden hat. Anfangs sollten

Sie am besten die Dinge, zwischen denen das Kind entscheiden soll, vor sich haben. So kann das Kind genau verstehen und auswählen, was es will. Um ihm eine Auswahl an Früchten als kleinen Imbiss anzubieten, können Sie ihm einen Apfel und eine Banane zeigen und fragen, was es möchte. Wenn das sich das Kind für den Apfel entscheidet, legen Sie die Banane weg, sagen: ‚Du willst den Apfel', und reichen ihm diesen.

Einfache Entscheidungsmöglichkeiten bieten Essen, Getränke und Spielsachen, weil Sie sie dem Kind zeigen können. Für komplexere Situationen könnten Sie dem Kind vielleicht seine Gummistiefel als Symbol für einen Spaziergang zeigen, den Badeanzug fürs Schwimmen und ein Foto vom Spielplatz für den Ausflug in den Park.

Gefühle verstehen

- ✭ Zeigen Sie ihrem Kind Bilder von Menschen, die Gefühle zeigen, und sprechen Sie mit ihm in einfachen Worten darüber.
- ✭ Lesen Sie mit dem Kind Bücher, in denen Menschen Gefühle zeigen.
- ✭ Sprechen Sie mit dem Kind über das, was um es herum geschieht: ‚Schau, er hat sich am Knie verletzt. Er ist unglücklich', ‚Sie freut sich, weil sie Geburtstag hat.'
- ✭ Wenn ihr Kind etwas tut, das die Gefühle von jemand anderem verletzt, machen Sie ihm das klar: ‚Du hast ihn geschubst. Jetzt weint er. Armer Oskar.'
- ✭ Benutzen Sie einen Spiegel, um dem Kind zu zeigen, wie ein fröhliches Gesicht, ein trauriges Gesicht, ein überraschtes Gesicht etc. aussehen.
- ✭ Zeigen Sie selber Ihre Gefühle und reden Sie darüber.
- ✭ Spielen Sie fantasievolle Spiele mit ihrem Kind, erfinden Sie Szenarien, in denen Gefühle geäußert werden, wie ‚Puppe ist krank' oder ‚Puppe fällt hin'

9 Alltägliches Leben – Verhalten, Schlafen, Toilettentraining

Das folgende Kapitel soll ein kleiner Ratgeber hinsichtlich dreier Lebensbereiche sein, die im Alltag mit Kindern eine sehr große Rolle spielen. Für Eltern von Kindern mit Behinderungen können sie eine extreme Herausforderung darstellen: Sozialverhalten, Schlafen und Toilettentraining.

Sozialverhalten

Für Eltern und Betreuer gibt es viele Wege, einem Kind angemessenes Sozialverhalten verständlich zu machen und es dazu zu motivieren. Jedes Kind benimmt sich mal daneben, vielleicht weil es müde oder wütend ist, es sich ausgebremst fühlt oder einfach die Grenzen austesten möchte. Kinder mit Behinderung legen häufig unangemessenes oder herausforderndes Verhalten an den Tag. Damit umzugehen kann sehr schwierig sein. Es fällt Ihnen vielleicht schwer, das richtige Gleichgewicht zu finden zwischen dem Wunsch, dem Kind aufgrund seiner Schwierigkeiten, Dinge zu verstehen, Verständnis entgegenzubringen und der Notwendigkeit, strenge und starre Regeln für das Kind aufzustellen, damit es sich besser und schneller anpassen kann.

Strategien, um angemessenes Verhalten zu fördern

Maßstäbe für richtiges Verhalten setzen

Eltern müssen die Grenzen dessen festlegen, was angemessenes oder unangemessenes Verhalten ist. Die Regeln sollten fair, berechenbar, konsequent und verständlich sein. Kinder werden versuchen, diese Grenzen auszutesten und herauszufinden, wie weit sie dabei gehen können. Wenn sie die Regeln einmal erkannt haben und verstehen, dass diese konsequent eingehalten werden müssen, wissen sie, was von ihnen erwartet wird und welche Konsequenzen das Nicht-Einhalten haben kann. Das macht ihre Welt berechenbarer, geordnet und kontrollierbar, und sie werden sich sicher und aufgehoben fühlen. Angemessene Maßstäbe für das Benehmen unterstützen Kinder, auch in erweiterten sozialen Kreisen akzeptiert zu werden, was entscheidend für deren Entwicklung ist.

Eltern müssen dennoch sicherstellen, dass ihr Kind dabei genug Freiheiten hat, um Dinge entdecken und erforschen zu können; es sollte frei sein ohne Angst vor Misserfolgen zu experimentieren, zu lernen und unabhängiger zu werden.

Konsequent sein

Das Kind muss verstehen, wo die Grenzen angemessenen Verhaltens sind, und dies geht nur, wenn sich diese Grenzen nicht ständig verändern. Manche Menschen setzen sich hin und entscheiden, wie diese Regeln aussehen sollen, andere entscheiden dies erst, wenn sie in die entsprechende Situation geraten. Wenn Sie ihrem Kind an einem Tag erlauben, auf dem Sofa zu stehen, sollten Sie diese Regel nicht am nächsten Tag wieder ändern.

Stellen Sie Regeln und Richtlinien auf und behalten Sie diese auch bei. Ihrem Kind fällt es so viel leichter zu verstehen, was von ihm erwartet wird und es lernt schneller, was gutes Benehmen bedeutet, wenn Sie konsequent bleiben.

Helfen Sie Ihrem Kind, zu verstehen

Bedenken Sie, dass kleine Kinder noch nicht alles verstehen können und noch viel Hilfe brauchen um zu verstehen, was um sie herum passiert und was von ihnen erwartet wird. Sprechen Sie dabei möglichst viele seiner Sinne an.

✵ Seien Sie ein gutes Vorbild. Versuchen Sie, das Verhalten, dass Sie sich von ihrem Kind wünschen, vorzuleben und achten Sie darauf, dass Ihre anderen Kinder sich ebenfalls so verhalten. Es ist sinnlos, ihrem Kind ein bestimmtes Verhalten vorzuschreiben, wenn Sie dies nicht gleichzeitig auch vorleben.

✵ Nutzen Sie die Vorschläge in Kap. 2, S. 42ff., um Ihrem Kind so viel wie möglich von seinem Alltag verständlich zu machen. Geben Sie ihm das Gefühl, dass es geborgen ist und geben Sie ihm viel Hilfestellung bezüglich seines Sozialverhaltens.

✦ Achten Sie darauf, eine Sprache zu sprechen, die das Kind leicht verstehen kann. Benutzen Sie möglichst immer die gleichen Worte und drücken Sie sich klar aus. Verstärken Sie dies mit optischen Helfern wie Handzeichen oder Symbolen.

Richtiges Verhalten belohnen

Die goldene Regel im Umgang mit dem Verhalten des Kindes ist, das gute Benehmen zu belohnen und schlechtes Benehmen weitestgehend zu ignorieren. Ihre Aufmerksamkeit und Ihr Lob sollten Sie auf das erwünschte Verhalten richten, das Sie verstärken wollen. Es hilft nicht, schlechtem Benehmen zu viel Aufmerksamkeit zu schenken – Ihr Kind wird diese Aufmerksamkeit vielleicht so sehr genießen, dass es ungewollt das unerwünschte Verhalten fördert. Wir loben Kinder oft, weil sie etwas Neues und Besonderes tun, und werden wütend, wenn sie etwas Böses anstellen. Leider neigen wir dazu, mit Lob zu geizen, wenn das Kind einfach etwas tut, was es tun soll, obwohl dies genau das Verhalten ist, was gelobt und verstärkt werden sollte. Versuchen Sie, ihr Kind auch fürs Stillsitzen und ruhiges Spielen zu loben und zu belohnen. Nutzen Sie die Vorschläge zu Lob und Unterstützung aus Kap. 2, S. 39ff.

Wahlmöglichkeiten anbieten

Kinder müssen Entscheidungen treffen dürfen, die ihr Leben betreffen, aber diese Entscheidungen müssen ihren Fähigkeiten angepasst sein. Es macht wenig Sinn, das Kind zu fragen, ob es im Urlaub nach Frankreich oder Spanien fahren will; es wird gar nicht verstehen, was diese Ländernamen bedeuten. Dagegen wird es vielleicht durchaus in der Lage sein, sich zwischen einem gelben und einem roten T-Shirt zu entscheiden.

Es ist auch kontraproduktiv, das Kind vor eine Wahl zu stellen, wenn sowieso nur eine Variante realisierbar ist oder Sie seine Entscheidung letztlich sowieso überstimmen. Wenn Sie Ihr Kind beispielsweise fragen, ob es zu den Schaukeln will oder an den Strand, und es sich für den Strand entscheidet, sollten Sie ihm das danach nicht auszureden versuchen und entscheiden, dass Sie lieber schaukeln gehen wollen. Wenn es keine realistischen Auswahlmöglichkeiten gibt, sollten Sie das Kind auch nicht vor die Wahl stellen. Teilen Sie ihm statt dessen einfach mit, was Sie vorhaben.

Entscheidungen im Rahmen seiner Möglichkeiten zu treffen (was es essen möchte, womit es spielen will) sind für das Selbstwertgefühl, die Unabhängigkeit und andere Fähigkeiten im Umgang mit der Umwelt enorm wichtig. Es ist ebenfalls wichtig, dass Eltern erkennen, dass ihre Kinder Ansichten und Bedürfnisse haben und diese respektiert werden müssen. Ein Kind, dem keine Entscheidungen zugetraut werden, wird sich später vielleicht passiv oder unerzogen verhalten.

Wie man anhaltend schlechtes Verhalten ändern kann

Wenn schlechtes Verhalten bei ihrem Kind zum Alltag gehört, versuchen Sie es mit den folgenden Methoden aus Verhaltensmanagement-Techniken.

Ergründen Sie die Hintergründe des Verhaltens

Verhalten hat immer einen bestimmte Funktion, und schlechtes Verhalten ist oft Ausdruck eines Wunsches nach Aufmerksamkeit. Vielleicht ist schlechtes Benehmen der einzige Weg für das Kind, sich mitzuteilen, und es ist eine sehr effektive Methode. Wenn sich Ihr Kind schlecht benimmt, sollten Sie hinterfragen, was es Ihnen damit vielleicht sagen oder was es damit erreichen will.

Sie können sich an diesem Ablauf orientieren:
* Auslöser: Was hat zu diesem Verhalten geführt?
* Verhalten: Was hat es getan und wie haben Sie darauf reagiert?
* Konsequenzen: Welche Konsequenzen ergeben sich daraus für das Kind?
* Intention: Was will Ihnen das Kind durch sein Verhalten mitteilen?

In anderen Situationen kann schlechtes Verhalten auch bedeuten ‚Ich bin mit der Situation überfordert', ‚Ich will meine Ruhe haben', ‚Das ist zu kompliziert', ‚Ich ertrage den Lärm nicht', ‚Ich liebe es, mich im Kreis zu drehen' oder ‚Ich bin müde'.

Sobald Sie erkannt haben, welchen Hintergrund das Verhalten hat und was das Kind mitteilen wollte, können Sie vielleicht eine Lösung finden. Möglicherweise wird das Kind schnell hungrig und Sie müssen darauf achten, immer eine essbare Kleinigkeit bei sich zu haben. Möglicherweise kann das Kind den Lärm des Staubsaugers nicht ertragen, dann sollten Sie saugen, wenn das Kind nicht da ist oder ihm die Möglichkeit geben, rechtzeitig in ein anderes Zimmer zu gehen.

> **Beispiel**
> *Ihre Tochter spielt brav vor sich hin und greift plötzlich ihre kleine Schwester an, also weisen Sie sie zurecht und geben Ihr eine neue Beschäftigung zur Ablenkung.*
> - Auslöser: Sie hat eine ganze Weile ruhig allein gespielt, und Sie haben sich derweil ganz auf die kleine Schwester konzentriert.
> - Verhalten: Sie wird wütend und zieht an den Haaren ihrer kleinen Schwester, daraufhin werden Sie ärgerlich und schimpfen sie aus.
> - Konsequenzen: Die ältere Tochter hat Ihre Aufmerksamkeit wiedererlangt und darf ein neues Spiel anfangen.
> - Intention: Sie war gelangweilt und wollte Aufmerksamkeit und eine neue Beschäftigung.

Suchen Sie nach bestimmten Verhaltensmustern

Wenn sich Ihr Kind konstant unangemessen verhält und Sie sich überfordert fühlen, versuchen Sie es damit, ein Verhaltens-Tagebuch zu führen, in dem Sie alle Vorfälle im Laufe des Tages aufzeichnen. Im Gesamtzusammenhang können Sie vielleicht bestimmte Situationen, Anlässe oder Ursachen erkennen, die dieses Verhalten ausgelöst haben.

Häufige Auslöser für unangemessenes Verhalten

Sensorische Probleme
Behalten Sie im Auge, dass Ihr Kind eventuell Schwierigkeiten mit der sensorischen Auffassung hat und sein störendes Verhalten daher rührt, dass es die Informationen, die seine Sinnesorgane ihm übermitteln, nicht einordnen kann, beispielsweise die Textur seiner Kleidung, laute Geräusche oder helles Licht. Vielleicht braucht es auch stärkere Stimulation wie klatschen oder springen. Berücksichtigen Sie nach Möglichkeit solche Bedürfnisse. Für nähere Informationen siehe Kap. 6, S. 154ff.

Kommunikation
Da unerwünschtes Verhalten oft als eine Form der Kommunikation benutzt wird, ist es sehr wichtig, dass Sie ihrem Kind helfen, andere Ausdrucksformen zu finden, wie zum Beispiel Sprache, Zeichen oder Bilder, so dass es sich selber und seine Bedürfnisse mitteilen kann, ohne auf schlechtes Verhalten zurückgreifen zu müssen. Wenn Ihr Kind von seiner Unfähigkeit, sich mitzuteilen, sehr frustriert ist, sollten Sie PECS ausprobieren (Kap. 4, S. 103f.).

Die wichtigsten Probleme identifizieren und in Angriff nehmen

Um sich nicht selbst zu überfordern, konzentrieren Sie sich auf nicht mehr als zwei oder drei Probleme auf einmal, zum Beispiel Wegrennen und An-den-Haaren-Ziehen. Sie können unmöglich alle Probleme auf einmal lösen, also arbeiten Sie zuerst an denen, die die für Ihren Alltag am gefährlichsten oder störendsten sind.

Wenn Sie sich für ein Problem entschieden haben, dass Sie behandeln wollen, machen Sie sich einen Verlaufsplan und orientieren Sie sich an folgenden Vorschlägen:
* Seien Sie konsequent.
* Sagen Sie nein – und bleiben Sie dabei.
* Geben Sie nicht nach, egal, wie sehr das Kind darauf besteht.
* Finden Sie eine alternative Beschäftigung, die das Kind vom unerwünschten Verhalten ablenkt.
* Reagieren Sie sofort.
* Belohnen Sie erwünschtes Verhalten.

Konsequent sein
Entscheiden Sie sich für ein Problem, das Sie in Angriff nehmen wollen, und seien Sie konsequent in Ihrer Vorgehensweise. Wenn Sie ihrem Kind sagen, dass es nicht mit Ihren CDs spielen darf, müssen Sie dies konsequent durchsetzen und es auch nicht ausnahmsweise durchgehen lassen, weil Sie zu beschäftigt sind oder sich im Moment nicht damit auseinandersetzen wollen. Stellen Sie sicher, dass alle Bezugspersonen des Kindes, wie Großeltern, Spielkreise und Tagesmutter, die gleichen Regeln anwenden und das Kind so einem eindeutigen Konsens gegenüber steht.

Sagen Sie ruhig, aber bestimmt ‚Nein'
Wenn Ihr Kind unerwünschtes Verhalten an den Tag legt, beispielsweise jemanden schlägt oder unerlaubt Kekse aus der Schublade nimmt, sollten Sie ruhig, aber bestimmt ‚Nein' sagen, und dies mit einer Handbewegung verstärken. Machen Sie keinen großen Aufstand, regen Sie sich nicht auf und werden Sie nicht wütend. Das Kind wird verstehen, dass sein Verhalten inakzeptabel ist, auch wenn es Sie nicht wütend oder genervt erlebt.

Niemals nachgeben
Wenn Sie ‚Nein' sagen, müssen Sie auch hinter dieser Aussage stehen, denn Kinder müssen lernen, dass ‚Nein' auch ‚Nein' bedeutet. Wenn das Kind weiß, dass Sie irgendwann nachgeben, wenn es nicht lockerlässt, machen Sie es sich selbst nur noch schwerer.

Denken Sie beispielsweise an ein Kind, das ständig nach Keksen verlangt. Wenn Sie die Regel aufgestellt haben, dass es immer nur einen Keks bekommt, wird es das bald akzeptieren und auch nicht auf weiteren bestehen, wenn es seinen einen Keks gegessen hat. Wenn Sie aber manchmal nachgeben, vermitteln Sie dem Kind, dass es, wenn es genügend weint und jammert, doch noch eine Extraration Kekse bekommt.

Wenn Ihr Kind einen Wutanfall bekommt, sollten Sie es ignorieren. Machen Sie ihm keine Vorhaltungen oder versuchen, mit ihm zu diskutieren. Ignorieren Sie es einfach und warten Sie darauf, dass die Wut nachlässt. Lassen Sie sich von einem Wutanfall nie von ihren Regeln abbringen, oder ihr Kind wird dies als erfolgreiches Mittel entdecken und so oft wie nötig einsetzen, wenn es sich etwas davon verspricht.

Wenn Sie diese Vorschläge für Verhaltens-Management nutzen, kann es passieren, dass einige Situationen erst einmal schwieriger werden, bevor eine Verbesserung eintritt. Ihr Kind wird versuchen, Ihre Regeln zu brechen und herauszufinden, wo sich die Grenzen befinden. Seien Sie stark, bestimmt und beharrlich.

Finden Sie eine Ablenkung oder alternative Beschäftigung
Versuchen Sie, das Kind abzulenken. Zeigen Sie ihm ein anderes Spielzeug oder geben Sie ihm eine andere Beschäftigung. Wenn ihr Kind zum Beispiel ein anderes Kind an den Haaren zieht, sagen Sie ‚Nein' und schlagen Sie ihrem Kind vor, das Haar des anderen Kindes zu streicheln. Es wird ihm schwerfallen, die Haare zeitgleich zu ziehen und zu streicheln. Sie können ihm auch vorschlagen, die Füße aufzustampfen anstatt zu treten. Es hilft dem

Kind, etwas positiv zu verstärken anstatt sich nur auf das Negative zu konzentrieren.

Einige Situationen, die schlechtes Verhalten auslösen, sind möglicherweise unvermeidlich. Sie müssen sich deshalb Strategien überlegen, um mit solchen Situationen umgehen zu lernen. Solche Situationen entstehen, wenn Sie ihre Aufmerksamkeit nicht auf ihr Kind fokussieren können oder das Kind nicht versteht, was um sich herum passiert. Finden Sie etwas, dass Ihr Kind in einer unvermeidlichen Situation ablenken kann. Wenn das Kind sich störend verhält, während Sie telefonieren, bewahren Sie besonderes Spielzeug in der Nähe des Telefons auf. Dann können Sie dem Kind immer eines dieser Spielzeuge in die Hand geben, wenn das Telefon klingelt. Sehen Sie sich den Absatz über das Lernen von sozialen Regeln in Kap. 7, S. 165f. für weitere Vorschläge an.

Wir haben es mit einer bestimmten Matte versucht, auf die wir Douglas immer setzten, wenn er aufgedreht und unkontrollierbar wurde und sich wieder beruhigen sollte. Er empfand die Matte als so beruhigend, dass er von sich aus darum bat, ihn darauf zu setzen, sobald er selber das Gefühl hatte, die Kontrolle zu verlieren. Später wurde die Matte sein fliegender Teppich, der ihn in fantastische Welten brachte.

Sofort reagieren
Sie sollten unmittelbar auf das unerwünschte Verhalten Ihres Kindes reagieren, weil es sonst Ihre Reaktion nicht verstehen kann. Wenn sich Ihr Kind bei einer Feier unangemessen verhält, es zum Beispiel anderen Kinder das Essen wegnimmt, sollten Sie es umgehend dafür rügen und notfalls die Feier verlassen. Sie sollten nicht erst warten, bis Sie zu Hause sind, um Ihrem Kind zu sagen, dass es sich falsch verhalten hat. Es wird später den Zusammenhang nicht mehr erkennen, selbst wenn Sie den Vorfall erklären und sagen würden: ' Du warst sehr böse, weil du Jonas' Essen geklaut hast'. Sie müssen direkt und umgehend auf das Verhalten reagieren.

Denken Sie aber auch daran, Ihrem Kind, wenn Sie loben oder schelten, deutlich zu machen, was es richtig oder falsch gemacht hat. Sagen Sie statt ‚braves Mädchen' oder ‚böses Mädchen' lieber ‚sehr gute Tischmanieren' oder ‚Nein, nicht an den Haaren ziehen'. Auf diese Weise verstärken Sie ihre Aussage. Wenn Sie nur ‚brav' oder ‚böse' sagen, weiß das Kind nicht zwangsläufig, worauf sich das Lob oder die Schelte bezieht. Für das Selbstwertgefühl ihres Kindes ist es außerdem wichtig, dass Sie ausschließlich sein Verhalten kritisieren, nicht aber das Kind selber.

Gutes Verhalten belohnen
Belohnen Sie ihr Kind, wenn es innehält und tut, was Sie sagen. Sie denken vielleicht, dass eine schwere Bestrafung des unerwünschten Verhaltens zu besserem Verhalten führt, aber das funktioniert nicht. Die beste Methode ist, das unerwünschte Verhalten zu ignorieren. Wenn Sie aus dem negativen Verhalten eine große Sache machen, belohnen Sie ihr Kind mit genau dem, was es will: Aufmerksamkeit. Das bringt Sie also nicht weiter. Wenn Sie aber unerwünschtes Verhalten ignorieren, bleibt die Belohnung aus. Gleichzeitig müssen Sie ihrem Kind Aufmerksamkeit schenken, wenn es sich gut und richtig verhält.

Suchen Sie nach Belohnungen, die ihr Kind motivieren. Das können manchmal Dinge sein, die einem zuerst etwas seltsam erscheinen. Für manche sind Lob, Kuscheleinheiten, Lächeln oder ein Sternchen-Sticker für jede Leistung ein wirksamer Anreiz, andere finden Seifenblasen, Durchkitzeln, eine Autofahrt, Papier zerreißen oder eine Sammelkarte motivierend. Sie kennen ihr Kind am besten: Finden Sie etwas, das es liebt, egal, wie ungewöhnlich es sein mag.

Maja liebt die ‚Sesamstrasse', und als Belohnung für ihr gutes Verhalten haben wir ihr immer ein Stück eines ‚Sesamstrassen'-Puzzles geschenkt. So konnte sie Stück für Stück die Puzzles mit den verschieden Figuren zusammensetzen, wenn sie sich richtig verhalten hat.

Weitere Problembereiche

Unangemessenes Verhalten verbessern

Kinder mit Behinderung lernen manchmal Verhaltensweisen, die später abgeändert und situationsbedingt angepasst werden müssen. Manchmal lernen sie ein Verhalten, das in einer bestimmten Situation angemessen ist, aber in einem anderen Zusammenhang als inakzeptabel angesehen wird. Wenn ein Kind zum Beispiel gelernt hat, Menschen Küsschen zu geben, und dann alle Menschen von der Großmutter bis zum Tankstellenwart küsst, ist das ein Problem.

Wenn ihr Kind ein Verhalten erlernt hat, dass Sie verändern wollen, müssen Sie eine alternative Handlung anbieten, die es stattdessen ausführen kann. So kann das Kind, das jeden küsst, lernen, statt dessen ‚Hallo' zu sagen oder das entsprechende Handzeichen zu machen, und ein Kind, das ständig in die Hände klatscht, kann lernen, ‚Bravo!' zu sagen oder zu zeigen.

Auf den Möbeln herumhüpfen mag ja in Ordnung sein, wenn Ihr Kind klein ist. Wenn es größer wird, kann man das nicht mehr ohne Weiteres tolerieren. Sagen Sie ihm, es darf nicht auf den Stühlen, sondern nur auf dem Sofa herumhüpfen, später dann nur noch auf seinem Bett und später ausschließlich auf dem Trampolin auf dem Spielplatz.

Selbstverletzung

Einige Kinder verletzen sich selbst, schlagen ihren Kopf an, reißen sich die Haare aus oder beißen sich. Dies kann gefährlich sein und ist für Eltern sehr belastend.

Wenn sich Ihr Kind selbst verletzt, sollten Sie versuchen, den Grund herauszufinden. Es kann von der Frustration herrühren, die Ihr Kind verspürt, weil es sich nicht mitteilen kann, oder aber weil es verängstigt oder verwirrt ist. Vielleicht versucht es, Ihnen etwas zu mitzuteilen, ist aber dazu nicht in der Lage. Es versucht es immer wieder und kann es nicht, bis es so wütend und enttäuscht ist, dass es sich oder andere angreift. Versuchen Sie, seine Mitteilung zu verstehen, bevor es richtig wütend und aufgebracht wird. Nutzen Sie die oben genannten Methoden. Achten Sie darauf, wann dieses Verhalten auftritt und vermeiden Sie diese Situationen.

Wenn sich bestimmte Situationen nicht vermeiden lassen, sollten Sie eine Ablenkung für ihr Kind bereithalten. Wenn das nicht möglich ist, geben Sie ihm ein Kissen zum Draufhauen oder ein Quietsch-Spielzeug zum Beißen, um den Frust abzulassen.

Wenn Sie die Selbstverletzung nicht verhindern können, sollten Sie versuchen, den Schaden so gering wie möglich zu halten, und ihm nicht mehr Aufmerksamkeit als unbedingt notwendig zu schenken.

Sobald Ihr Kind besser versteht, was um es herum passiert und lernt, seine Bedürfnisse zu kommunizieren, wird die Selbstverletzung wahrscheinlich aufhören.

Hannah biss sich bei Frustration immer in die Handgelenke. Wir haben ihr Armbänder aus alten Schulterpolstern und Klettverband gebastelt. Sie biss zwar immer noch, aber nun in die Armbänder, und da sie sich nicht mehr blutig beißen konnte, fiel es uns leichter, dieses Verhalten zu ignorieren. Irgendwann hörte sie dann ganz mit dem Beißen auf.

Sozialverhalten

Fixierung und Zwänge

Leidet Ihr Kind unter Zwängen, sollten Sie ihm erlauben, jene davon auszuleben, die harmlos und akzeptabel sind. Unterbinden Sie aber Fixierungen, die gefährlich und antisozial sind. Sie können nicht verhindern, dass ihr Kind solche Fixierungen auf bestimmte Handlungen und Dinge hat – wenn Sie sie verhindern, wird es sich möglicherweise neue suchen. Besonders auf autistische Kinder wirken solche Zwangshandlungen oft sehr beruhigend. Wenn ihnen dies verwehrt wird, macht sie das ängstlich und nervös und sie nutzen erst recht jede Gelegenheit, ihre Fixierung auszuleben. Planen Sie also kurze Perioden ein, in denen Ihr Kind seinen bevorzugten Aktivitäten nachgehen kann, ob es nun im Wasser planschen, Schaukeln oder sich im Kreis drehen ist. Benutzen Sie hierfür einen gut sichtbaren Zeitplan.

Strategien für Eltern und Betreuer, mit unerwünschtem Verhalten umzugehen

Für Eltern kann der Umgang mit dem unerwünschten Verhalten ihres Kindes sehr belastend sein, weil Verwandte, Freunden und anderen Menschen nicht verstehen, welche Schwierigkeiten das Kind hat und wie stark ihr eigenes Verhalten das des Kindes beeinflussen kann. Zusätzlich hat jeder andere Prioritäten und Richtlinien. Menschen fällt es leicht zu beurteilen, wo ein Kind nicht an ihre Erwartungen heranreicht, aber Sie bemerken nicht, wenn sein Verhalten die Erwartungen übertrifft. Kümmern Sie sich nicht darum, was andere denken. Arbeiten Sie an ihren eigenen Prioritäten.

Machen Sie ihr Leben nicht unnötig kompliziert. Wenn Ihr Kind mit ihrem wertvollen Dekorationsstücken oder CDs herumspielt, bringen Sie diese Dinge einfach außer Reichweite. Wann immer es eine einfache Lösung gibt, sollten Sie Sie nutzen.

Versuchen Sie, positiv zu bleiben. Versuchen Sie, jeder negativen Aussage eine positive Aussage entgegenzusetzen. Stellen Sie sicher, dass Sie jeden Tag positiv beginnen und beenden.

Wenn ihr Kind Verhaltensprobleme hat, kann das sehr anstrengend für Sie sein. Suchen Sie nach Aktivitäten, die ihr Kind gern hat und bei denen es sich brav benimmt, wie zum Beispiel schwimmen oder schaukeln, und gehen Sie diesen so oft wie möglich nach, damit Sie auch schöne Zeit miteinander verbringen.

Schlafen

Wenn Sie mit dem Schlaf-Verhalten ihres Kindes zufrieden sind, sollten Sie nichts ändern und die Verbesserungsvorschläge anderer ignorieren. Wenn Sie aber merken, dass Sie keine Lust mehr auf das lange Aufbleiben, die unruhigen Nächte, zu frühes Aufwachen oder auf ihr Kind in ihrem Bett haben, ist es völlig in Ordnung, wenn Sie diese Dinge ändern wollen. Sie haben ebenso wie Ihr Kind ein Recht auf eine ungestörte Nachtruhe.

Eltern brauchen sowohl Zeit am Abend, um ihren eigenen Interessen nachzugehen, als auch den erholsamen Schlaf in der Nacht. Es macht den Umgang mit Ihrem Kind entspannter, wenn Sie genau wissen, dass es um sieben oder acht Uhr ins Bett geht und da auch bis zum Morgen bleibt. Es ist eine grundlegend wichtige Fähigkeit für ein Kind, freiwillig allein ins Bett zu gehen und die Nacht durchzuschlafen. Wir alle fühlen uns nach einer ruhigen durchschlafenen Nacht viel besser.

Wenn Sie das Schlaf-Verhalten Ihres Kindes ändern wollen, müssen Sie gut vorbereitet und entschlossen sein. Die wichtigste Regel ist, dass Sie, wenn Sie einmal begonnen haben, nicht mittendrin aufhören dürfen. Sie vermitteln ihrem Kind sonst ein völlig falsches Gefühl, nämlich, dass es Sie kontrollieren kann, und nicht anders herum. Wenn Sie dann einen neuen Versuch starten, werden Sie noch größere Schwierigkeiten haben als beim ersten Versuch.

Sie werden feststellen, dass das Verhalten Ihres Kindes anfangs schlimmer wird, bevor es sich bessert. Sie werden wahrscheinlich erst einmal weniger Schlaf bekommen und nachts, wenn Sie müde sind, wird es für Sie auch körperlich und emotional belastender, Ihr Kind unglücklich und gestresst zu erleben. Warten Sie mit dem Schlaf-Training am besten so lange, bis Sie an einen Punkt kommen, an dem Sie um jeden Preis durchhalten wollen, weil Sie so erschöpft sind.

Sollte es Ihnen zu einem Zeitpunkt besonders schwer erträglich sein, das Kind schreien zu lassen – weil jemand in der Familie krank ist oder Sie Freunde zu Gast haben und diese nicht stören wollen – sind Sie nicht entschlossen genug. Warten Sie mit dem Schlaf-Training, bis Sie wirklich bereit sind.

Stellen Sie sicher, dass ihr Partner und die anderen Familienmitglieder hinter Ihnen stehen; folgen Sie ihrem Vorhaben und versuchen Sie, die Last so aufzuteilen, dass Sie auch Schlaf bekommen.

Seien Sie sich bewusst, dass es einige Zeit dauern kann, aber seien Sie sich auch darüber im Klaren, dass jedes Verhalten geändert werden kann, wenn Sie stark genug und entschlossen sind.

Die Theorie des Schlaf-Trainings

Kinder müssen lernen, selbstständig schlafen zu gehen. Dies ist das wichtigste Element der Theorie, von dem alles Weitere abhängt. Sie müssen bereit sein, ihr Kind in seiner Wiege oder seinem Bett allein zu lassen, damit es dort einschläft. Kinder wachen normalerweise nachts hin und wieder auf, sollten aber in der Lage sein, dann selbstständig wieder einzuschlafen ohne dass Sie aufstehen müssen, um es zu beruhigen, mit ihm zu kuscheln oder ihm Gesellschaft zu leisten (Polke & Thompson, 1992).

Wenn ihr Kind anfangs Probleme hat, allein einzuschlafen oder nach dem Aufwachen in der Nacht wieder einzuschlafen, sollten Sie sich fragen, ob ihr Kind überhaupt bereits in der Lage ist, allein einzuschlafen. Achten Sie auf seine Schlaf-Routine und schauen Sie, ob es sich angewöhnt hat nur unter bestimmten Bedingungen schlafen zu können, beispielsweise nur, wenn Sie im Raum sind, wenn es sein Fläschchen hat, wenn es bei Ihnen im Bett liegt oder wenn der Fernseher läuft. Wenn dies zutrifft wissen Sie, dass es nachts nur deswegen nicht wieder einschlafen kann, weil diese Bedingungen nicht erfüllt sind. Sie müssen sich also sowohl mit der Einschlaf-Routine ihres Kindes auseinandersetzen als auch mit dem nächtlichen Aufwachen.

Die Praxis des Schlaf-Trainings

Schlafenszeit-Routine

Etablieren Sie eine sinnvolle Routine, die zum Schlafengehen hinführt, zum Beispiel: Baden, ein Buch anschauen und dann ins Bett. Diese sollte nicht zu lang sein und kein Toben oder Herumalbern beinhalten, da Sie das Kind sonst aufregen und überreizen könnten. Es sollte eine beruhigende, entspannende und gemütliche Routine sein.

Wenn die Zeit gekommen ist, das Kind allein zu lassen, sagen Sie gute Nacht und lassen Sie es mit einem guten Gefühl zurück. Aber Sie sollten konsequent sein.

Überprüfen Sie, ob es irgendein praktisches Problem gibt, ob dem Kind nicht etwa zu kalt oder zu warm ist (ein Schlafsack-Pyjama oder ein warmer, einteiliger Schlafanzug sind sinnvoll, wenn ihr Kind die Decke nachts immer wegstrampelt). Achten Sie darauf, dass das Kind abends nicht hungrig ist. Geben Sie ihm einen Becher Milch extra oder etwas Sättigendes wie Brei oder

Sahnequark zum Abendessen. Kindern mit sensorischer Integrationsstörung ist das Gefühl der Bettwäsche auf und um sich – die Textur und das Gewicht – sehr bewusst. Manchen gefällt es vielleicht, mit schweren Decken zugedeckt zu werden, während andere das überhaupt nicht mögen.

Beruhigen

Wenn Ihr Kind nicht alleine zur Ruhe kommen kann, können Sie zwei Strategien anwenden. Suchen Sie sich die aus, die am besten zu ihrer Situation und ihrem Temperament passt.

Lassen Sie ihr Kind allein, sobald Sie es ins Bett gelegt haben. Wenn es aufsteht, bringen Sie es immer wieder ins Bett und sagen Sie ihm, es sei Schlafenszeit. Sie müssen dies so lange wiederholen, bis das Kind liegen bleibt. In der ersten Nacht sind es vielleicht noch 20 Anläufe, in der nächsten sind es vielleicht nur noch wenige, denn sobald es lernt, dass ihm das Aufstehen nichts bringt, wird das Kind aufgeben und einschlafen.

Wenn Ihr Kind in einem Gitterbett schläft und aufsteht und weint, wenn Sie es alleine lassen, kommen Sie alle fünf Minuten ins Zimmer und legen es wieder hin (verlängern Sie die Zeitspanne erst auf zehn, dann auf 15 Minuten) bis es einschläft.

Sie können alternativ auch jede Nacht im Zimmer ihres Kindes bleiben, bis es eingeschlafen ist. Entfernen Sie sich aber jede Nacht etwas mehr von ihm. Setzen Sie sich am Anfang mit aufs Bett, in der nächsten Nacht auf den Boden neben dem Bett, in der Nacht darauf weiter weg bis Sie an der Türschwelle sind, dann im Flur und anschließend nur noch in der Nähe, bis es in der Lage ist, alleine einzuschlafen.

> *Jessica hatte nie Schwierigkeiten, in ihrer Wiege zu schlafen, aber als sie ein ‚richtiges' Bett bekam, mussten wir jeden Abend an ihrem Bett sitzen, bis sie einschlief. Anfangs war das noch in Ordnung, aber Steve gewöhnte sich an, neben ihr einzuschlafen und nach etwa einer Stunde völlig erschöpft aufzuwachen. Als Steve dann zum ersten Mal auf dem Boden neben dem Bett saß, wurde Jessica geradezu hysterisch, aber es stellte sich heraus, dass das der richtige Weg war. Wir bauten darauf auf, und nach drei Nächten, in denen wir uns immer weiter vom Bett entfernten, ließen wir sie alleine einschlafen und seither hat sie keine Schwierigkeiten mehr.*

Um es sich ein wenig zu erleichtern, können Sie auch versuchen, ihr Kind erst spät ins Bett zu bringen, wenn es schon sehr müde ist, und dann die Schlafenszeit jeden Tag um etwa 15 Minuten vorverlegen, bis Sie eine für Sie angemessene Schlafenszeit erreicht haben.

Wichtig ist, dass Sie ihrem Kind nicht nachgeben. Wie bei jedem anderen Verhaltens-Management gilt: Wenn Sie ihr Kind eine Stunde lang weinen lassen, um ihm dann nachzugeben, lehren Sie es, dass es bekommt, was es will, solange es genug weint. In der nächsten Nacht wird es also eine Stunde lang weinen, wissend, dass wenn es dies lange genug tut, Sie ihm nachgeben werden. Sie wollen ihm aber genau das Gegenteil beibringen – dass Sie unnachgiebig sind und es für das Kind besser ist, wenn es mit ihnen zusammenarbeitet.

Wenn Sie das Weinen ihres Kindes zu nervenaufreibend finden, sollten Sie sich eine Aktivität suchen, die Sie ablenkt; auch wenn es nur der Abwasch ist und Sie nebenbei Radio hören.

In der Nacht aufwachen

Kinder, die nachts aufwachen und von den Eltern wieder zum Einschlafen gebracht werden müssen, sind in der Regel dieselben, die Schwierigkeiten haben, in ihrem eigenen Bett von allein einzuschlafen. Wenn Sie dieses Problem erfolgreich gelöst haben, sollte das Aufwachen in der Nacht eigentlich auch kein Problem mehr darstellen. Alle Kinder können allerdings durch Albträume, Husten, Juckreiz oder andere Missempfindungen im Schlaf gestört werden. In diesen Fällen sollten Sie ins Kinderzimmer gehen, ihr Kind beruhigen und dann *sofort* wieder gehen.

Wenn Ihr Kind weiterhin oft nachts aufwacht, sollten Sie sich darüber Gedanken machen, ob Sie ihr Kind bewusst oder unterbewusst belohnen. Es kann ein Kuss oder Streicheln sein, etwas zu trinken, eine Nacht in ihrem Bett oder sogar Spiele. Diese Belohnungen sollten Sie sofort sein lassen. Sobald ihr Kind realisiert, dass es nichts davon hat, nachts aufzuwachen, wird es damit aufhören. Es gibt zwei Herangehensweisen, die Belohnungen zu vermeiden:
1. Hören Sie sofort mit allen Belohnungen auf. Wenn das Kind aufwacht, legen Sie es zurück ins Bett, sagen Sie ihm, dass es wieder einschlafen soll, halten Sie keinen Blickkontakt und überprüfen Sie alle 5 Minuten, ob alles in Ordnung ist.
2. Alternativ können Sie auch Schritt für Schritt die Belohnungen weglassen, bis ihr Kind von alleine einschläft. Wenn sich ihr Kind daran gewöhnt hat, dass Sie noch mit ihm kuscheln, machen Sie dies nur kurz und legen Sie es dann ins Bett. Verkürzen Sie die Kuschel-Zeit nach und nach, bis es nur

noch ein Kuss oder ein Tätscheln ist, und irgendwann gar nichts mehr. Wenn es sich daran gewöhnt hat, ein Glas Milch zu bekommen, geben Sie ihm erst Wasser und dann nichts mehr.

Wir haben die Schritt-für-Schritt Methode mit Ethan ausprobiert. Er hatte sich mit 8 Monaten so sehr daran gewöhnt, nachts die Brust zu bekommen und zu kuscheln, dass er oft aufwachte, obwohl er gar keinen Hunger hatte. Eines Nachts boten wir ihm dann ein Glas Wasser an, aber er war daran nicht interessiert. Wir ließen ihn weinen und überprüften nur hin und wieder, ob alles in Ordnung bei ihm war. Innerhalb weniger Tage konnte er die Nacht durchschlafen.

Im Elternbett schlafen

Kinder lieben es, in das Elternbett zu klettern, um morgens zu kuscheln oder zu spielen. Wenn Sie das gerne mögen ist das auch in Ordnung. Wenn Sie aber nicht möchten, dass Ihr Kind bei Ihnen im Bett schläft, auch nicht für kurze Zeit, sollten Sie eine klare Schlaf-Routine durchsetzen.

Sollte Ihr Kind mitten in der Nacht in Ihr Bett kommen, müssen Sie es umgehend zurück in sein eigenes bringen. Machen Sie keinen Aufstand darum, halten Sie keinen Blickkontakt und wiederholen Sie es so lange, bis ihr Kind aufgibt und in seinem eigenen Bett schläft.

Einige Kinder können sehr leise sein und sozusagen heimlich in Ihr Bett kommen, ohne dass Sie es bemerken. Wenn Ihr Kind dies häufig tut, können Sie etwas anbringen, das Sie weckt, zum Beispiel ein Glöckchen an der Tür. So können Sie ihr Kind schnell wieder in sein eigenes Bett bringen.

Wenn Kinder zu früh aufwachen

Wenn Ihr Kind zu früh aufwacht, sollten Sie versuchen, es erst einmal zu ignorieren. Lassen Sie es immer ein bisschen länger alleine, bis Sie eine Uhrzeit erreicht haben, die für Sie angemessen ist. Sie können spannende und besondere Spielzeuge im Kinderzimmer lassen und ein Treppenschutzgitter vor die Tür stellen, damit das Kind in seinem Zimmer bleibt. Zusätzlich können Sie, wenn Ihr Kind das schon verstehen kann, einen Radiowecker oder eine Lampe als Signal verwenden, damit es weiß, dass es Zeit zum Aufstehen ist. Wenn es im Sommer schon sehr früh hell wird kann es sein, dass Ihr Kind dies als Signal zum Aufstehen deutet. In dem Fall können Sie versuchen, das Kinderzimmer mit Vorhängen abzudunkeln.

Mittagsschlaf

Für manche Kinder und auch Erwachsene ist das Mittagsschläfchen als erholsam, dass sie zur Schlafenszeit nicht müde sind. Bei anderen ist das Gegenteil der Fall: Sie können nicht einschlafen, weil sie übermüdet sind. Beobachten Sie ihr Kind und finden Sie heraus, ob es mit oder ohne Mittagsschlaf abends besser einschlafen kann. Falls es mit besser einschlafen kann, planen Sie täglich ein Mittagsschläfchen ein. Wenn es aber nach einem Mittagsschläfchen abends nicht in den Schlaf findet, sollten Sie Gelegenheiten vermeiden, bei denen das Kind tagsüber einschlafen könnte, wie zum Beispiel vor dem Fernseher oder bei langen Autofahrten.

Ein guter Anfang

Wenn Sie ein sehr junges Baby haben, das nachts noch gefüttert werden muss, können Sie dennoch schon anfangen, eine Schlaf-Routine zu etablieren. Legen Sie das Baby hin und wieder noch wach in seine Wiege, damit es alleine einschläft, und gehen Sie nachts zu ihm, statt es mit in ihr Bett zu nehmen.

Weitere Punkte

- ✭ Wenn Ihr Kind krank ist, vergessen Sie die Schlaf-Routine und lassen Sie es erst wieder gesund werden, bevor Sie weitermachen.
- ✭ Wenn Sie die oben genannten Ansätze ohne Erfolg versucht haben, sollten Sie vielleicht versuchen herauszufinden, ob und wie Sie ihr Kind für das Aufwachen belohnen. Denken Sie darüber nach, was ihr Kind davon hat, aufzuwachen.
- ✭ Einige Familie stellen fest, dass sie sich außergewöhnliche Tagesabläufe angewöhnen, um das Kind zum Einschlafen zu bewegen. Wenn Sie sich in einer solchen Situation befinden, sollten Sie sich professionelle Hilfe holen, um wieder Normalität herstellen zu können.
- ✭ Wenn Sie häufig Angst um Ihr Kind haben und sich Sorgen machen, können diese Gefühle besonders bei Nacht zum Vorschein kommen und Sie daran hindern, ihr Kind allein lassen zu wollen. Sie sollten sich dann erst einmal mit diesen Gefühlen auseinandersetzen, bevor Sie sich an die Schlafprobleme heranwagen.

Toilettentraining

Sobald Sie den Eindruck haben, dass Ihr Kind sich der Tatsache bewusst ist, dass es in seine Windel pinkelt oder Aa macht, es richtig pinkelt statt beständig nur Tröpfchen zu verlieren und vielleicht auch schon Interesse daran zeigt, das Töpfchen oder die Toilette zu benutzen, sollten Sie mit dem Toilettentraining beginnen.

Toilettentraining ist einer der sensibelsten Bereiche der Entwicklung des Kindes. Versuchen Sie, sich nicht aus der Fassung bringen zu lassen. Das ‚richtige Alter', in dem Kinder bereit für das Toilettentraining sind, variiert, besonders bei Kindern mit Behinderungen, sehr stark. Wenn andere Eltern die Erfolge ihrer Kinder preisen, fühlen Sie sich vielleicht genötigt, auch mit dem Toilettentraining zu beginnen. Ignorieren Sie die anderen Eltern und konzentrieren Sie sich auf Ihr eigenes Kind, seine Bedürfnisse und seinen Entwicklungsstand.

Sie müssen sowohl darauf achten, dass ihr Kind bereit ist als auch auf ihre eigenen Bedürfnisse Rücksicht nehmen:

- Überlegen Sie, was das Toilettentraining für Sie bedeutet. Windeln wechseln ist eine Sache, aber ständig verschmutzte Hosen reinigen und Pfützen aufzuwischen kann sehr frustrierend sein. Sie dürfen ihrem Kind gegenüber nicht ärgerlich reagieren, was sehr schwierig sein kann. Stellen Sie sicher, dass Sie dieser Situation emotional gewachsen sind.
- Versuchen Sie es zu einer ruhigen Zeit, wenn es keine emotionalen Schwankungen gibt, wie zum Beispiel durch ein neues Baby oder eine lange Reise. Dies macht es dem Kind leichter.
- Es ist viel einfacher, das Toilettentraining zu Hause durchzuführen, wenn Sie nicht viel unterwegs sind und sich keine Gedanken um die teuren Teppiche anderer Leute machen müssen.

Vorbereitungen und praktische Vorrichtungen

Machen Sie allen das Leben so einfach wie möglich

Es kommt viel Waschen und Saubermachen auf Sie zu. Der Sommer bietet sich dafür am ehesten an, weil die Wäsche schnell trocknet, Kinder weniger Kleidung brauchen und Sie einen großen Teil des Toilettentrainings draußen machen können.

- ✯ Ziehen Sie ihrem Kind Kleidung an, die sich schnell ausziehen lässt, wie zum Beispiel Hosen mit Gummibund statt Latzhosen.
- ✯ Kaufen Sie Unmengen an Hosen und Unterhöschen – Sie werden sie sehr häufig wechseln müssen.
- ✯ Ein Zeitraum, in dem ihr Kind nicht in die Spielgruppe geht, wie zum Beispiel in den Ferien, ist die beste Zeit. Sie können ohne weiteres zu Hause bleiben und Leute können zu ihnen kommen. Wenn Ihr Kind einen Spielkreis, eine Schule oder eine Tagesmutter besucht, sollten Sie diese informieren, wie Sie vorgehen, damit dort die gleichen Methoden eingesetzt werden.
- ✯ Benutzen Sie entweder ein Töpfchen oder einen Kinder-Toilettensitz, je nachdem, was besser zu ihrem Kind passt. Anfangs sollten Sie diese immer in der Nähe haben. Deponieren Sie zum Beispiel immer ein Töpfchen im WC unten, eins im WC oben und eins im Auto oder Kinderwagen, wenn Sie rausgehen. Spezielle Vorrichtungen können Sie bei einem Ergotherapeuten bekommen.

Die Theorie

Wenn Sie einmal begonnen haben, sollten Sie nicht wieder aufhören, sondern konsequent bleiben, unabhängig davon, wie lange es dauert.

Sollten Sie aber feststellen, dass ihr Kind noch nicht bereit für das Toilettentraining ist, sollten Sie erst einmal wieder zu den Windeln zurückkehren und es in drei bis sechs Monaten erneut versuchen.

Erfolge überschwenglich loben und Misserfolge ignorieren

Gehen Sie so entspannt wie möglich an die Sache heran. Es ist wichtig, dass Sie nicht böse werden oder Verdruss und Frustration äußern, weil Sie schon wieder wegen ihres Kindes saubermachen müssen. So ein Verhalten ist kontraproduktiv und kann ihr Kind gegen Sie aufbringen.

Sie brauchen ein Wort, Zeichen oder Symbol, das ‚Toilette' bedeutet. Es kann sich um ein Foto oder eine Zeichnung einer Toilette handeln, das Wort ‚Toilette' oder ‚Pipi', das Zeichen aus der Gebärdensprache oder ein selbst ausgedachtes Zeichen oder Wort.

Die Hauptsache ist, dass es von Ihrem Kind sofort verstanden wird. Wenn Ihr Kind bis jetzt noch kein Zeichen dafür kennt, bringen Sie ihm eins bei.

Zeigen oder sagen Sie es ihm jedes Mal, wenn es auf die Toilette oder das Töpfchen geht. Achten Sie auch darauf, dass alle Menschen in Umfeld des Kindes dieses Zeichen kennen.

Mein Sohn benutzt das Zeichen für ‚Pferd', weil wir auf dem Land wohnen und viel Pferdekot herumliegt. Mein Sohn hat eine logische Verbindung zwischen den Pferden und dem Kot hergestellt! Nach einiger Zeit hat er dann das richtige Wort für Toilette übernommen.

Seien Sie geduldig

Es kann Tage, Wochen oder Monate dauern. Unabhängig davon, wie lange es dauert: es kann immer noch Ausrutscher geben. Eine Veränderung im Alltag, zu viel Aufregung, Krankheit, ungewohntes Essen oder eine neue Umgebung können das Toilettentraining für einige Stunden oder auch Tage wirkungslos machen.

Die Praxis

Zeigen Sie Ihrem Kind, was es tun soll. Nehmen Sie es mit auf die Toilette und zeigen Sie ihm, wie Sie selbst es machen. Wenn Sie mögen, können auch versuchen, das Töpfchen selbst zu benutzen. Setzen Sie ihr Kind auf das Töpfchen, wenn Sie glauben, dass es muss. Wenn Sie zum Beispiel wissen, dass es nach dem Mittagessen immer Aa machen muss, können Sie ihm dann die Windel abnehmen und es aufs Töpfchen setzen.

Irgendwann aber müssen Sie den Sprung wagen und die Windeln weglassen. Setzen Sie ihr Kind auf das Töpfchen, entweder, wenn Sie glauben dass es muss, oder einfach sehr regelmäßig (zum Beispiel erst einmal alle halbe Stunde).

Ignorieren Sie Missgeschicke und ärgern Sie sich nicht, wenn das Kind erst einmal gar nichts ins Töpfchen macht. Wenn es dann eines Tages doch gelingt, sollten Sie es überschwenglich loben. Versuchen Sie, die ganze Familie dazu zu bringen, dem Kind für seine Leistung zu gratulieren. Übertreiben Sie es ruhig mit Applaus, Lächeln, Jubeln und so weiter.

Als Elternteil können Sie vielleicht schon an der Körpersprache ihres Kindes erkennen, dass es auf die Toilette muss, zum Beispiel wenn es sich an den Oberschenkeln kratzt oder zappelig wird. Nutzen Sie diese Hinweise.

Das ist schon alles. Sie müssen nur darauf warten, dass ihr Kind ins Töpfchen macht und es anschließend loben und belohnen und dadurch ermutigen, es immer wieder zu tun.

Anfangs sollten Sie kontrollieren, wann ihr Kind auf die Toilette geht. Es ist zwar etwas lästig, immer daran zu denken das Kind aufs Töpfchen zu setzen, aber Ihr Kind empfindet dies auch als unangenehm und wird irgendwann lernen, Nein zu sagen, wenn es nicht auf Toilette möchte.

Mein Sohn zog sich einfach die Hose direkt wieder hoch und lernte dann, vehementes Kopfschütteln als Reaktion auf ‚Musst du auf die Toilette?' zu benutzen.

Früher oder später wird Ihr Kind Ihnen mitteilen können, wann es auf die Toilette muss. Anfangs wird es Ihnen aber nur sehr kurzfristig Bescheid geben können. Selbst wenn es zu spät ist, sollten Sie ihr Kind dafür loben, dass es Bescheid gesagt hat. Es wird Schritt für Schritt seine Bedürfnisse besser einschätzen können und Ihnen dann rechtzeitig ein Signal geben. Tragen Sie immer ein Töpfchen mit sich herum und scheuen Sie sich nicht, das Kind auch in der Öffentlichkeit immer wieder draufzusetzen. Das ist immer noch angenehmer, als wenn es sich unterwegs in die Hose macht.

Woran Sie denken sollten

- Manchmal ist es schwierig, ein Kind dazu zu bewegen, auf dem Töpfchen sitzen zu bleiben. Versuchen Sie, es mit etwas, dass es gerne mag, zu unterhalten – Vorlesen, Singspiele oder Seifenblasen – und es damit ein paar Minuten auf dem Töpfchen zu halten.
- Wenn Sie mit dem Toilettentraining anfangen, ist es anfangs sehr verlockend, einfach wieder Windeln anzulegen, wenn Sie das Haus verlassen. Letztendlich müssen Sie aber den Sprung wagen und die Windeln vollständig weglassen. Für das Kind ist es schwer zu begreifen, warum es in Windeln pinkeln darf, wann es will, aber ohne Windeln nur auf dem Töpfchen pinkeln darf.
- Wenn sich Ihr Kind in die Hosen macht, sollten Sie den Inhalt erst einmal in das Töpfchen ‚leeren', um ihrem Kind deutlich zu machen, dass Aa in das Töpfchen gehört, und nicht in die Hose.
- Achten Sie darauf, dass Sie aus einem Misserfolg keine Belohnung machen. Einige Kinder mögen den Aufwand, der beim Säubern ihrer Kleidung gemacht wird. Wenn das der Fall ist, lassen Sie das Kind nur so kurz wie möglich an der Säuberungsprozedur teilnehmen.

- Einige Kinder lernen erst, in das Töpfchen zu pinkeln, andere lernen erst, Aa zu machen, und wieder andere können beides gleichzeitig. Es gibt hier keine richtige Reihenfolge. Sie können nichts tun als Geduld zu haben.
- Wenn sich beim Toilettentraining irgendwann ein Rückschritt einstellt, sollten Sie das Lob verstärken, um wieder auf den richtigen Weg zu kommen. Es könnte sein, dass Sie darin nachgelassen haben, den Erfolg ihres Kindes zu loben.

Trocken in der Nacht

Sie können nicht viel dazu tun, dass Ihr Kind in der Nacht trocken bleibt. Sie können nur abwarten. Wenn Ihnen auffällt, dass die Windeln morgens immer trocken sind, lassen Sie Sie über Nacht weg und schauen Sie, was passiert. Probieren Sie die folgenden Ideen aus, um eine sichere Routine einzuführen, und für den Fall, dass es nicht so läuft wie erwartet:

- Setzen Sie ihr Kind direkt vor dem Schlafengehen und nach dem Aufwachen aufs Töpfchen.
- Wenn ihr Kind kurz vor dem Aufwachen ins Bett macht, stellen Sie sich einen Wecker auf eine halbe Stunde früher und setzen Sie ihr Kind aufs Töpfchen, um die Routine einzuhalten. Wenn es dann wieder trocken ist, können Sie sich langsam wieder der alten Zeit zum Aufstehen annähern.
- Lassen Sie ein Töpfchen im Kinderzimmer, damit ihr Kind es benutzen kann, wenn es muss.
- Wenn es im Winter sehr dunkel ist, fürchtet sich ihr Kind vielleicht, zur Toilette zu gehen. Lassen Sie eine Lampe an, damit es den Weg ohne Schwierigkeiten finden kann.
- Benutzen Sie wasserfeste Matratzen-Auflagen und Bettlaken, die sich leicht entfernen lassen, um das Bettzeug nachts einfach wechseln zu können.
- Benutzen Sie Tafeln mit Sternchen-Stickern oder andere Belohnungssysteme, sobald ihr Kind diese begreifen kann.

10 Unterstützungsmöglichkeiten

Unterstützung durch Gesundheits-, Erziehungs- und soziale Einrichtungen

In diesem Kapitel sind verschiedene Fachleute, Dienstleistungen und Einrichtungen aufgeführt, mit denen Sie vielleicht in den frühen Jahren ihres Kindes zu tun haben werden. Abhängig davon, wo Sie leben, bietet der Staat Unterstützung für Familien mit behinderten Kindern an. Kinder sollten in ihren besonderen Bedürfnissen unterstützt werden, und dafür gibt es Fachleute, die zusammenarbeiten, und flexible Dienstleistungen, die ihren Bedürfnissen entsprechen und ihnen helfen sollen. Sie müssen sich aber wahrscheinlich selber informieren und dafür einsetzen, dass Sie diese Unterstützung auch bekommen. Lokale Einrichtungen und Netzwerke können Ihnen behilflich sein herauszufinden, was in ihrem Umfeld angeboten wird.

Geburt – 2 Jahre

In den frühen Jahren werden Sie ihr Kind wahrscheinlich mit Unterstützung von Ärzten und Therapeuten zu Hause betreuen. Sie werden möglicherweise auch Kontakt zu Selbsthilfegruppen aufnehmen. Unten sind einige Fachleute, Dienstleistungen und Einrichtungen aufgelistet.

Fachleute

Hausarzt
Der Hausarzt oder Kinderarzt ist meist die erste Kontaktperson, mit der Sie zu tun haben, wenn es um die Gesundheit und Entwicklung Ihres Kindes geht. Er wird Ihr Kind zu Spezialisten überweisen, wenn das notwendig ist. Er sollte Sie in jeder Hinsicht unterstützen und sich dafür einsetzen, dass ihr Kind die Behandlung bekommt, die es braucht.

Ergotherapeut
Ergotherapeuten beschäftigen sich mit der Fein- und Grobmotorik, dem Sitzen und Positionieren, dem Toilettentraining, der Nahrungsaufnahme, dem An- und Ausziehen, mit sensorischer Integration und Wahrnehmungsfähigkeit.

Sie arbeiten mit den Eltern zusammen an einem Programm, das die Eltern auch zu Hause durchführen können, und bieten Hilfsmittel und Geräte an, die beispielsweise beim Füttern oder Sitzen helfen und die Entwicklung des Kindes fördern. Die Häufigkeit, mit der Sie den Ergotherapeuten besuchen müssen, hängt davon ab, welche Schwierigkeiten ihr Kind hat. Sie kann zwischen einem wöchentlichen Termin und seltenen, unregelmäßigen Besuchen variieren.

Ergotherapeuten arbeiten mit Kindern in deren Zuhause, im Kindergarten und in der Schule, und sie sollten immer in engem Kontakt zu den Eltern stehen.

Kinderarzt
Der Kinderarzt ist auf Kinderkrankheiten spezialisiert. Er oder sie ist für das Allgemeinwohl Ihres Kindes zuständig, er überwacht seine Gesundheit und Entwicklung und sorgt dafür, dass es die Unterstützung bekommt, die es braucht.

Physiotherapeut
Physiotherapeuten beschäftigen sich mit der körperlichen Entwicklung. Sie arbeiten hauptsächlich an der Grobmotorik, gegebenenfalls behandeln sie aber auch feinmotorische Störungen.

Sie führen mit den Kindern Bewegungsübungen durch und geben den Eltern Vorschläge an die Hand, wie sie mit dem Kind in häuslicher Umgebung üben können. Manche Kinder brauchen jahrelang die Unterstützung eines Physiotherapeuten, manche benötigen ihn nur für eine kurze, aber dafür sehr intensive Phase und bei manchen reicht eine relativ kurze Behandlungsdauer.

Kinder im Vorschul-Alter können zu Hause besucht werden, andere im Kindergarten oder der Schule. Die Eltern sollten aber immer involviert sein.

Familienhelfer
Familienhelfer können von verschiedenen Trägern vermittelt werden. Sie kümmern sich in der Regel um die ganze Familie und sorgen dafür, dass sie die nötigen Informationen und Hilfen erhalten, wie beispielsweise Hilfe im Haushalt, Kinderbetreuung, Therapien und Hilfsmittel.

Logopäden
Logopäden arbeiten mit Kindern, um deren Kommunikationsfähigkeit zu verbessern und in manchen Fällen auch ihre Fähigkeiten zur Nahrungsaufnahme. Sie beurteilen die Fähigkeiten des Kindes und stellen ein Programm aus Übungen auf, die auch von den Eltern durchgeführt werden können. Diese Übungen können auch in der Schule von den Lehrern oder anderen Betreuern übernommen werden. Wichtig ist, dass regelmäßig mit dem Kind geübt wird.

Zum Umgang mit Fachleuten

Denken Sie immer daran, dass Sie als Eltern das Kind weit besser kennen als andere Menschen. Sie müssen das Selbstvertrauen und den Mut haben, Entscheidungen für ihr Kind zu treffen und Forderungen zu stellen. Sie wissen besser als jede andere Person, was ihr Kind kann, wo seine Schwächen liegen, wobei es Hilfe benötigt und wo es sich nicht gut aufgehoben fühlt. Fachleute sind dazu da, Sie und ihr Kind zu unterstützen und Ihnen zu helfen. Vergessen Sie aber nicht, dass sie nicht zwangsläufig Experten sind, was ihr Kind betrifft. Vertrauen Sie auf Ihre Einschätzungen und Erfahrungen und sagen Sie dem Fachpersonal ruhig, was Sie denken, denn das können sehr hilfreiche Informationen sein. Die besten Ergebnisse werden erzielt, wenn die Eltern mit den Fachleuten auf Augenhöhe zusammenarbeiten. Versuchen Sie, eine gute Beziehung zueinander aufzubauen. Auf diese Weise bekommen Sie wahrscheinlich mehr Hilfe, Rat und Unterstützung, und Sie können besser miteinander kommunizieren.

Es kann sein, dass Sie nur wenige Möglichkeiten haben, diese Unterstützung zu bekommen, einfach weil in Ihrer Nähe wenig Hilfe angeboten wird. Sie sollten trotzdem alles Erdenkliche unternehmen, um Unterstützung für ihr Kind zu bekommen, auch wenn Sie drängen, nerven und kämpfen müssen, damit etwas passiert. Sie können trotz allem ein gutes Verhältnis zu ihrem jeweiligen Ansprechpartner wahren.

Schreiben Sie alle Fragen auf, die Sie einem Fachmann/einer Fachfrau bei einem Termin stellen wollen. Es könnte sonst sein, dass Sie wichtige Details vergessen. Nehmen Sie jemanden mit, der währenddessen auf das Kind aufpassen kann. So können Sie sich besser auf das Gespräch konzentrieren und die Person, die Sie mitgenommen haben, kann ihnen als Erinnerungsstütze dienen, falls Sie Einzelheiten des Gespräches vergessen haben sollten.

3 Jahre – Vorschulalter

Den richtigen Kindergarten auswählen

Kinder haben ab dem Alter von 3 Jahren Anspruch auf einen Betreuungsplatz. Aufgrund des Gleichstellungsgesetzes dürfen Regel-Kindergärten kein Kind mit Behinderung abweisen und alle Einrichtungen sollten die notwendigen Maßnahmen ergreifen, die Gebäude auch für diese Kinder zugänglich zu machen. Sie können sich aber auch dafür entscheiden, dass Ihr Kind besser in einer speziellen Fördereinrichtung aufgehoben ist, oder dass eine Mischung aus beiden Angeboten der beste Weg ist.

In der Regel stehen mehrere unterschiedliche Kindergärten in ihrer Umgebung zur Auswahl. Es lohnt sich, diese zu besuchen, um ein Gefühl dafür zu bekommen, wie sie ausgestattet sind, ob die Atmosphäre angenehm ist und welchen Ansatz sie in der Betreuung haben, wie dort mit den Kindern umgegangen wird und ob das Personal ausreichend ausgebildet und erfahren ist. So können Sie am besten entscheiden, welche Einrichtung zu ihrem Kind passt. Wichtig ist, dass Sie das sichere Gefühl haben, dass die Mitarbeiter auf ihr Kind eingehen und bereit sind, ihr Kind seinen Bedürfnissen entsprechend individuell zu betreuen.

Behalten Sie die Bedürfnisse Ihres Kindes im Auge. Sie können sich dabei an den Überschriften der Kapitel dieses Buches orientieren (körperlich, kognitiv,...), und nutzen Sie Sie als Leitfaden für die Entscheidung, welche Unterstützung ihr Kind am meisten braucht.

Grundschulalter

Ab dem Alter von sechs Jahren sind Kinder schulpflichtig.

Die richtige Schule auswählen

Eltern von geistig oder körperlich behinderten Kindern haben die Wahl, ihr Kind in einer Regelschule, einer speziellen Sonder- oder Förderschule oder in einer Regelschule mit Integrationsklassen anzumelden.
  ✶ Es ist von Vorteil, sich alle in Frage kommenden Schulen in Ihrer Umgebung aufmerksam anzusehen. Überlegen Sie genau, was Ihr Kind in seiner aktuellen Lebensphase besonders braucht. Versuchen Sie, Vorurteile ge-

gen eine bestimmte Schulform zu vermeiden. Finden Sie heraus, in welcher Art von Schule Ihr Kind sich am wohlsten fühlen würde und wo es die beste Förderung bekommt. Im Folgenden habe ich ein paar Orientierungshilfen aufgeführt:

* Soll die Schule in unmittelbarer Nähe Ihres Wohnortes sein (die anderen Familien wohnen in der Nachbarschaft, Anfahrtszeiten, Transportmöglichkeiten)?
* Integration oder Aussonderung (gemeinsames Lernen mit ‚normalen' Kindern, Rollenmodelle, mögliche Hänseleien)?
* Geschulte Sonderpädagogen oder ‚normale' Grundschullehrer (spezielle Ausbildung und Erfahrung im Umgang mit Behinderungen, besserer Personalschlüssel)?
* Vorhandensein von Therapeuten (Physiotherapie, Logopädie, Ergotherapie).
* Ausstattung (Hydrotherapie, Physiotherapie, Musiktherapie).
* Lehrplan (Lernniveau, Unterrichtsstruktur, Eignung des Lehrplans für die individuellen Bedürfnisse Ihres Kindes).

Übergang vom Kindergarten zur Grundschule

Der Kindergarten Ihres Kindes sollte sich mit der Grundschule Ihrer Wahl in Verbindung setzen, um die vielfältigen Informationen an die zukünftigen Lehrer und Betreuer weiterreichen zu können. So kann man auf die Erfahrung der ersten Jahre aufbauen und das Vorhandene für die bestmögliche Betreuung und Förderung des Kindes nutzen.

Der Übergang vom Kindergarten zur Schule sollte in jeder Hinsicht gut vorbereitet sein. Nicht nur die Lehrer sollten mit Informationen versorgt werden, auch Ihr Kind sollte auf den Wechsel vorbereitet sein. Es sollte eine Vorstellung davon haben, was auf es zukommt: Neue Personen, neue Regeln und neue Anforderungen. All das sollten Sie so klar wie möglich kommunizieren. Überlassen Sie diese Vorbereitung nicht allein den Betreuern Ihres Kindes.

11 Anhang

Weiterführende Literatur

Aufmerksamkeits-Defizit-Syndrom (ADHS)

Naumann, K., Schlottke, P.F., Lauth, G.W. & Wilkens, U. (2007). *Rastlose Kinder, ratlose Eltern: Hilfen bei ADHS*. München: dtv.

Autismus

Aarons, M. & Gittens, T. (2005). *Autismus kompensieren. Soziales Training für Kinder und Jugendliche ab drei Jahren*. Weinhcim/Basel: Beltz.

Aarons, M. & Gittens, T. (2007). *Das Handbuch des Autismus. Ein Ratgeber für Eltern und Fachleute*. Weinheim/Basel: Beltz.

Amlang, M. & Freund, H. (2011). *Autismus. Verstehen und Helfen*. Tübingen: dgvt-Verlag.

Bernhard-Opitz, V. (2004). *Kinder mit Autismus Spektrum Störungen. Trainingsmaterial zum strukturierten Lernen*. Stuttgart: Kohlhammer.

Hartmann, H. (2011). *Erweiterte Aufmerksamkeits-Interaktions-Therapie AIT. Kleines Lehrbuch der modernen Autismus-Therapie mit dialogischem Schwerpunkt*. Tübingen: dgvt-Verlag.

Patrick, N. J. (2012). *Soziale Kompetenz für Teenager und Erwachsene mit Asperger-Syndrom. Ein praktischer Ratgeber für den Alltag*. Tübingen: dgvt-Verlag.

Down-Syndrom

Ahrens, M. (2006). *Glück, ich sehe dich anders: Mit behinderten Kindern leben*. Köln: Bastei-Lübbe.

Reinoss, F. (2012). *Stell dir vor es ist Trisomie und keiner guckt hin: Down-Syndrom im ersten Lebensjahr*. Books on Demand.

Havemann, M. (2013). *Entwicklung und Frühförderung von Kindern mit Down-Syndrom: Das Programm „Kleine Schritte".* Stuttgart: Kohlhammer.

Williams, N. (2013). *Yogatherapie für Kinder mit Behinderungen. Förderung in vertrauter Umgebung.* Tübingen: dgvt-Verlag.

Einschlafhilfen

Petermann, U. (2007). *Entspannungstechniken für Kinder und Jugendliche: Ein Praxisbuch.* Weinheim/Basel: Beltz.

Epilepsie

Brandl, U. (2006). *Mein Kind hat Epilepsie: Aufklärung und Hilfe für Eltern.* München: Irisiana.

Schneble. H. (1999). *Epilepsie bei Kindern: Wie Ihre Familie damit leben lernt. Was Epilepsie ist. Wie der Arzt untersucht und behandelt. So nutzen Sie die besten Chancen für Ihr Kind.* Stuttgart: Trias.

Volkers, H. (2006). *Das Anfallskind: Antworten auf Elternfragen zu Epilepsien im Kindes- und Jugendalter.* Books on Demand.

Hörbehinderung

Fritsche, O. & Kestner, K. (2006). *Diagnose Hörgeschädigt: Was Eltern hörgeschädigter Kinder wissen sollten.* Schauenburg: Karin Kestner.

Leonhardt, A. (2012). *Frühes Hören: Hörschädigungen ab dem ersten Lebenstag erkennen und therapieren.* München: Reinhardt.

Kommunikation und Sprache

Giel, B. (2011). *Sprach- und Kommunikationsförderung bei Kindern mit Down-Syndrom: Ein Ratgeber für Eltern, pädagogische Fachkräfte, Therapeuten und Ärzte.* Idstein: Schulz-Kirchner.

Hallbrügge, Th. & Schneeweiß, B. (Hrsg.) (2012). *Sprache, Kommunikation und soziale Entwicklung: Frühe Diagnostik und Therapie*. Stuttgart: Klett-Cotta.

Hedderich, I. (2006). *Unterstützte Kommunikation in der Frühförderung: Grundlagen – Diagnostik – Beispiele*. Bad Heilbrunn: Klinkhardt.

Janssens, M. (2010). *Humor als Intervention, die Betreuung verändert. Spaß mit Menschen, die mit einer geistigen Behinderung leben*. Tübingen: dgvt-Verlag.

Sehbehinderung

Nedwed, B. (2008). *Kinder mit Sehschädigungen: Ein Ratgeber für Eltern und pädagogische Berufe*. Idstein: Schulz-Kirchner.

Strothmann, M. (Hrsg.) (1999). *Was tun? Von der frühen Förderung mehrfachbehinderter, sehgeschädigter Kinder. Ein Lesebuch*. Würzburg: Bentheim.

Toilettentraining

Batts, B. (2013). *Aufs Klo, fertig, los! Toilettentraining bei Kindern mit Autismus und anderen Entwicklungsstörungen*. Tübingen: dgvt-Verlag.

Zerebralparese

Bobath, B., Bobath, K. & Staehle-Hiersemann, E. (2005). *Die motorische Entwicklung bei Zerebralparesen*. Stuttgart: Thieme.

Holtz, Renate (2004). *Therapie- und Alltagshilfen für zerebralparetische Kinder: Für Physiotherapeuten, Ergotherapeuten, Pädiater, Kinderorthopäden, Erzieher, Sonderschullehrer und auch für die Eltern*. München: Pflaum.

Spielanregungen

Beckerleg, T. (2012). *Spaß mit Schmuddelspielen. Kinder mit Behinderungen spielen mit allen Sinnen.* Tübingen: dgvt-Verlag

Beyer, J. & Gammeltoft, L. (2004). *Autismus und Spielen: Kompensatorische Spiele für Kinder mit Autismus* (Edition Sozial). Weinheim: Beltz Juventa.

Canales, L.K. & Lytle, R.K. (2012). *Körperliche Aktivierung von Kindern mit schweren Beeinträchtigungen: therapieren – spielen – fördern.* München: Urban & Fischer – Elsevier.

Nützliche Adressen für Eltern behinderter Kinder

Im Folgenden finden Sie eine Liste von Einrichtungen und Organisationen, bei denen Eltern behinderter Kinder im Vorschulalter Unterstützung und Informationen erhalten. Es werden sowohl Regeleinrichtungen als auch alternative Angebote aufgeführt. Nehmen Sie am besten direkt Kontakt zu der betreffenden Stelle auf und informieren Sie sich über ihre Angebote oder lassen sich gegebenenfalls weitervermitteln.

Es gibt außerdem unzählige Selbsthilfegruppen und Stiftungen, die hier nicht alle aufgelistet werden können.

Die meisten Organisationen bieten kostenlose Beratung an. In manchen Vereinen müssen Sie vielleicht Mitglied werden, um im vollen Umfang an ihren Angeboten teilnehmen zu können. Die Beiträge sind aber meist recht gering und die Investition lohnt sich. Viele Vereine und Einrichtungen bieten auch hilfreiche Broschüren und Literaturlisten an.

Bundesvereinigung Lebenshilfe e.V.
Raiffeisenstraße 18, 35043 Marburg
Tel. 06421/491-0
E-Mail: bundesvereinigung@lebenshilfe.de
www.lebenshilfe.de

Hilfe für das Autistische Kind
Vereinigung zur Förderung autistischer Menschen e.V.

Bebelallee 141, 22297 Hamburg
Tel.: 040/5115604
E-Mail: info@autismus.de
Internet: www.autismus.de

Aktion Mensch
Heinemannstr. 36, 53175 Bonn
Tel: 0228/2092300
E-Mail: info@aktion-mensch.de
Internet: www.aktion-mensch.de

Bundeszentrale für gesundheitliche Aufklärung
Ostmerheimer Straße 220, 51109 Köln
Tel.: 0221/8992-0
Internet: www.kindergesundheit-info.de

Info- und Kontaktseite zur Integration blinder/sehbehinderter Kinder
www.integrationskinder.org
E-Mail: kontakt@integrationskinder.org

BFS – Bund zur Förderung Sehbehinderter
Perleberger Str. 22, 41564 Kaarst
Tel.: 02131/60 68 63
Fax: 02131/60 68 24
E-Mail: m.reinhardt@bfs-ev.de
Internet: www.bfs-ev.de

Deutscher Gehörlosen-Bund e.V.
Am Zirkus 4, 10117 Berlin
Tel.: 030/609 895 360
E-Mail: info@gehoerlosen-bund.de
Internet: www.gehoerlosen-bund.de

Deutsches Rotes Kreuz – Behindertenhilfe
www.drk.de/angebote/gesundheit/behindertenhilfe.html

Literaturverzeichnis

Bruner, J. (1983). *Child Talk*. Oxford: Oxford University Press.

Bruner, J. (1990). *Acts of Meaning*. Cambridge, MA: Harvard: University Press.

Cooper, J., Moodley, M. & Reynell, J. (1978). *Helping Language Development*. London: Arnold.

Cribbin, V., Lynch, H., Bargshawe, B. & Chadwick, K. (2003) *Sensory Integration Information Booklet*. Blackrock, Co Dublin: Sensory Integration Network.

Cunningham, C.E., Reuler, E., Blackwell, J. & Deck, J. (1981). Behavioural and linguistic developments in the interaction of normal an retarded children with their mothers. *Child Development 52,* 62–70.

Frost, L.A. & Bondy, A.S. (1994). *PECS The Picture Exchange Communication System Training Manual*. Cherry Hill, NJ: Pyramid Educational Consultants Inc.

Gray, C. & Leigh White, A. (Hrsg.) (2002). *My Social Stories Book*. London: Jessica Kingsley Publishers.

Holmes, J. (1993). *John Bowlby and Attachment Theory*. London: Routledge.

Jones O.H.M. (1977). *Mother-child Communication with Pre-linguistic Down Syndrome and Normal Infants*. In R. Schaffer (Hrsg.), *Studies in Mother-Infant Interaction*. London: Academic Press.

Law, J. (1994). *Before School: A Handbook of Approaches to Intervention with Pre-school Language Impaired Children*. London: AFASIC.

Nadel, J. & Camaoini, L. (Hrsg.) (1993). *New Perspectives in Early Communication Development*. London: Routledge.

Piaget, J. (1953). Das Erwachen der Intelligenz des Kindes. London: Routledge and Kegan Paul.

Polke, L. & Thompson, M. (Hrsg.) (1994). *Sleep and Settling Problems in Young Children*. Southampton: Southampton Community NHS Trust, Child and Family Guidance Service for the Under Fives.

RNIB und Play Matters/NATLL (1987). *Look and Touch*. London: RNIB.

Sheridan, M.D. (1977). *Spontaneous Play in Early Childhood*. London: Routledge.

Simer, M. (1980). *Read Your Child's Thoughts:* Pre-School Learning Piaget's Way. London: Thames and Hudson.

Smith, C.A. & Fluck, M.J. (2001). *Scheme to Promote Early Interactive Conversations. A Development Scheme to Establish Pre-Linguistic Interpersonal Processes Involved in Sharing a Conversation for Children with Difficulties in Acquiring the Ability to Communicate.* Portsmouth: University of Portsmouth.

Sonksen, P.M. (1984). Vision and Early Development. In K. Wybar & D. Taylor (Hrsg.), *Pediatric Ophthalmology: Current Aspects.* New York: Marcel Dekker.

Sonksen, P.M. (1984). A developmental approach to sensory disabilities in early childhood. *International Rehabilitation Medicine 7,* 27–32.

Sonksen, P.M. & Levitt, S. (1984). Identifications of constraints acting on motor development in young, physically disabled children and principles of remediation. *Child Care, Health and Development 10,* 273–286.

Streeter, E. (1993). *Making Music with the Young Child with Special Needs.* London: Jessica Kingsley Publishers.

Wells, G. (1985). *Language Development in the Pre-School Years.* Cambridge University Press.

Williams, M.S. & Schellenberger, S. (1994). *How Does Your Engine Run? A Leaders Guide to the Alert Programme for Self-Regulation.* Alberquerque, NM: Therapy Works Inc.

Winnicott, D.W. (1971). *Playing and Reality.* London: Routledge.